여신은 칭찬일까?

여신은 칭찬일까?

여성 아이돌을
둘러싼
몇 가지 질문

최지선 지음

산디

일러두기

1. 이 책에 나오는 영어 표현은 국립국어원 외래어 표기법 규정을 기준으로 하되 통용되는 표기가 있을 경우 그를 따랐습니다.

2. 정규 앨범·미니 앨범·리패키지 앨범·싱글을 수록한 피지컬 앨범 등 노래가 두 곡 이상 실린 작품은 《 》, 노래는 〈 〉, 책과 잡지는 『 』, 기타 작품 제목은 「 」로 표기했습니다.

왜 여성 아이돌에 대해 질문하게 되었을까?

나는 아이돌을 좋아한다. 그렇다고 특정 아이돌에게 열정적으로 지지를 보내는 쪽은 아니다. 두루 듣고 보는 편이다. 평론을 한다는 명목으로 객관적인 시선이 필요하다며 거리를 두었기 때문이기도 하다. 남녀 아이돌을 가리는 것은 아니지만 여성 아이돌(이하 여돌)에 더 관심을 가지게 된 건 두 아들과 함께 이야기를 나누기에 좋다는 점 때문만은 아니다. 대중음악 이론과 역사를 공부하는 동안, 음악에 대한 글을 써오는 세월 내내 여성 아티스트들의 음악과 삶을 들여다보는 것이 좋았기 때문이다. 이것은 또한 여성으로서 살아가는 나의 삶을 정의하는 일과 비슷하다고 여겼기 때문이다.

시작은 소박했다. 그간 여돌을 둘러싸고 생겨난 나만의 물음을 제출하는 것, 나만의 시선으로 이들을 지켜본 결과를 가능하면 있는 그대로 보여주는 것. 가장 먼저 '왜 여돌 작곡가나 프로듀서는 잘 보이지 않을까' '여돌은 왜 힙합을 시도하고 실패하는

가'라는 질문에서 출발했다. 질문을 이어가면서 아이돌로서, 그리고 여성으로서 여돌이 처한 이중고에 대해 생각하게 되었다. 그러다 보니 크고 작은 궁금증이 꼬리를 물었다. 열네 가지 질문으로 나누었지만, 그 안에도 세부 질문들이 포함되어 있다. 이 질문들은 동떨어져 있는 것이 아니라 서로 연관되고 중첩되어 있다.

이 책은 올바른 여돌상이 무엇인지 제시하려는 것은 아니다. 그런 것이 있는지에 대해서도 대답을 유보하고 싶다. 이 책에서 다소 부정적인 시선으로 여돌 그룹이나 작품을 바라보았다고 해서 이들이 모두 틀렸다고 말하는 것도 아니다. 심지어 긍정적으로 묘사한 사례들조차 진정한 대안이라고 내세울 수 있는지에 대해서는 의문이 있다.

전반적으로 남돌과의 비교와 대조를 수행했는데 남녀 아이돌 사이에 차이도 많지만 공통분모도 상당수 존재한다는 점을 말해두고 싶다. 따라서 단지 남녀 아이돌의 대립만을 부추기기 위해 이 글을 쓴 것은 아니다. 여돌과 남돌의 현재 모습과 상황이 그저 현실의 (무)의식적 '반영'일 뿐이라기보다는 다양한 이유와 목적으로 '구성'된 것이라는 관점에서, 지금 어떤 일이 일어나고 있고 또 어떻게 보이고 있는지를 가능하면 있는 그대로 보여주고, 함께 생각해볼 거리를 제공하고 싶었다. 이를 위해 여성학이나 젠더 이슈뿐 아니라 인문·사회 또는 예술 분야의 여러 시각과 정보를 기반으로 풍부하고 다양하게 논의를 전개하고자 했다.

이 책에서 사용하는 용어들이 성중립적으로 사용되기를 바랐다. 우선, '중성적인'보다는 '성중립적인'이라는 표현을 사용했다. 나아가 걸 그룹/보이 그룹 대신에 '여성 아이돌 그룹'/'남성 아이돌 그룹'이라는 용어를 사용했고, 이를 축약하여 '여돌 그룹'/'남돌 그룹'으로 표기했다. 미성숙이나 미완성을 내포하는 10대의 소녀/소년이라는 표현 대신에 온전한 주체라는 의미로 선택한 것이다. 아이돌 대신 아티스트라는 표현을 쓸 수도 있지만, 일반적으로 통용되는 아이돌이라는 단어를 사용했다. 팬덤에 대한 내용은 제외했다. 이 책이 결과적으로 생산 또는 생산품을 보는 행위에 대한 한 수용(자)의 기록인 셈이지만 수용 및 팬덤 자체는 또 다른 전문 분야로 심도 깊은 논의가 필요하여 다루지 않기로 했다.

애초 나는 많은 질문을 품고 이 글을 쓰기 시작했다. 여돌과 그 음악이 포괄할 수 있는 영역은 어디까지일까. 진정 여성적인 것은 무엇이고 그것은 구현할 수 있을까. 여돌/여성 스스로의 주체적인 시선이란 과연 가능한가. 암암리에 여돌을(나아가 여성 가수를) 희생자이자 피해자로 바라보는 관점으로 치우쳐 있었던 것은 아닐까. 그것은, 보호받아야 할 대상으로 여성을 바라보는 보수적인 입장과 동일해진다는 점에서 굉장히 위험하다. 나아가 아이돌을 좋아하는 것은 올바른 것일까.

질문에 대한 정답을 모두 얻지는 못했다. 그렇지만 나의 질문을 여러 사람과 공유하며 이야기를 나누는 것이, 그리고 해답을 찾아나가는 과정 자체가 중요하다고 생각하면서 발걸음을 떼었다. 나의 질문들이 누군가에게 공유되고, 함께 토론되는 계기가 된다면 더할 나위 없이 기쁠 것 같다. 여러 질문을 제기하고 이를 풀어나가는 과정에서 음악과 관련된 제반 요소를 다루고자 했지만, 사운드 자체보다는 가사나 영상, 시각적 이미지가 더 많이 언급되었다. 참고한 노래 및 작사가는 책 뒤에 별도의 목록으로 정리해 두었다. 뮤직비디오의 연출에 대한 정보는 뮤하이브(muhive.net)와 해당 아이돌 공식 홈페이지 및 뉴스 검색을 통해 얻었다.

이 작업을 통해 그동안 여돌과 여성 아티스트에 대해 썼던 얼마 안 되는 글이 얼마나 얄팍하고 제한적이었으며, 잘못된 프레임에 갇혀 있었는지를 반성하게 되었다. 그러한 반성과 성찰도 이 책을 쓰는 동안 담아내고 싶었다. 그렇지만 많은 걸 제대로 해내지 못했다는 아쉬움이 다시금 남는다. 이 책에서 부지불식간에 저지른 오류와 오해가 있다면 미리 용서를 구한다.

이 글을 쓰는 동안 마음 아픈 일들이 많이 일어났다. 어떤 여돌은 이 세상을 떠났다. 누군가는 나쁜 짓을 저질렀다. 방치하고 방관하는 동안 시간은 또 흘렀다. 슬프고 아픈 순간을 목도하면서 이 일을 덮고 싶을 만큼 회의감도 일었다. 오랜 친구이자 출판사 산디의 대표인 이민희가 아니었다면 완주는 불가능했을 것이다. 많은 아이디어를 제공해주고 함께 의논해준 멘토이자 버팀목이었다. 늘 의심하고 회의하던 내게 확신을 주어 고맙다. 함께 이야기를 나눈 현채와 민채 덕분에 긴장의 끈을 놓치지 않을 수 있었다. 나의 부족한 글을 꼼꼼히 살펴 날카로운 조언을 더해준 작가 탱알, 더할 나위 없는 찬사로 추천의 글을 작성해준 평론가 김윤하에게도 감사의 인사를 전한다.

2020년 12월

최지선

차례

1. 여돌은 어떻게 다를까

여성 아이돌이란?
여돌의 이름은 왜 컬러풀할까?
우주에는 여돌의 공간이 있을까?
여돌의 공간은 얼마나 넓은가?

여성 아이돌이란?

한국 여성 아이돌의 짧은 역사

　이 책의 주인공은 여성 아이돌(여돌)이다. 특히 여돌 그룹이 중심 화제다. 이 이야기를 나누기에 앞서 아이돌이라는 개념부터 살펴보려 한다. '아이돌'은 오늘날 쉽게 사용하는 단어지만 쓰기 시작한 지 그리 오래되지 않았고, 포괄적인 관점에서 인기를 얻는 스타로 볼 수도 있지만 현재 한국에서 통용되는 의미와 기준은 조금 다르다.

　'한국형' 아이돌은 엔터테인먼트 회사(또는 연예기획사) 주도하에 만들어지는 하나의 상품이다. 기획사에 의해 선발된 후 다년간 춤과 노래, 어학과 연기 등 여러 분야에 걸친 훈련(여기에는 외모도 포함될 수 있다)을 통해 탄생한다. 하나의 아이돌을 탄생시키기 위해 엔터테인먼트 회사는 이른바 연습생 선발부터 육성, 기획과 제작, 관리와 홍보 등에 이르는 다각도의 업무를 수행하기 때문에 이를 '토털 매니지먼트'라 부르기도 한다. 주요 엔터테인먼트 회사들은 새로 사옥을 지은 뒤 그 안에 모든 시설을 구비하여 자체적으로 아이돌을 제작할 수 있는 '인하우스 시스템'을 구축한다. 여기서 각 분야 전문가들의 분업으로, 혹은 외주를 통해 아이돌이 탄생하고 유지된다.

아이돌은 솔로보다는 그룹 형태를 지칭하는 경우가 많다. 각각의 멤버에게 개별적이고 특정한 상(이미지)을 부여하고 이를 통합해 그룹 전체의 이미지를 만든다. 예를 들어 김남준이 아닌 RM이 방탄소년단BTS을, 박채영이 아닌 로제가 블랙핑크를 구성한다. 본명을 쓰는 경우도 있지만 각 멤버에게 배당된 특정한 활동명은 하나의 캐릭터를 형성하는 수단이 되기도 한다.

세대(연령) 측면에서 아이돌은 예나 지금이나 10대 초중반에 발탁되어 10대 중후반에 데뷔하는 경우가 많다. 보아는 2000년, 만 13세에 데뷔했다. CJ ENM의 케이블 채널 엠넷에서 제작한 신인 여돌 그룹 선발 프로그램 「프로듀스 101」(2016)에 참가한 전소미는 당시 열여섯 살이었고, 엠넷과 빅히트엔터테인먼트가 합작해 만든 「아이랜드」(2020)에서 남성 지원자의 평균 나이는 만 열일곱 살이었다. 이러한 경향은 다른 대중음악 분야에서도 나타난다. 중고등학생을 대상으로 한 래퍼 선발 프로그램인 엠넷 「고등래퍼」가 그 예다.

아이돌의 음악은 케이팝K-pop이라고 부르는 음악에 포괄된다. 발라드로 통칭되는 노래를 부르는 경우도 있지만, 아이돌은 대개 춤을 동반하기 좋은, 템포가 빠른 댄스 음악으로 활동하며 여기에는 EDM과 일렉트로니카를 비롯해 랩과 힙합이 활용될 수 있다. 이처럼 아이돌의 음악은 특정한 장르나 하나의 스타일이라기보다 여러 양식이 합성된 '범장르적 한국형 댄스 음악'을 가리킨다. 때문에 본격 장르의 외피만을 차용한다는 비판을 받기도 한다. 또한 아이돌에 편중되는 주류 음악계의 기형 현상에 대해서도 많은 지적이 있다.

아이돌은 싱글 및 앨범을 지속적으로 발표하는 가수이지만 음악으로만 설명되지 않는다. 음악 외에 패션과 댄스, 드라마와 광고 등이 유기적으로 얽혀 있는 총체적이고 복합적인 산물이기 때문이다. "시각화"를[1] 염두에 두고 곡을 만든다는 YG엔터테인먼트의 대표 작곡가 테디, "무대와 곡을 일체화"해[2] 삭곡한다는 SM엔터테인먼트의 대표 작곡가 유영진의 언급처럼 아이돌의 음악은 춤·영상·무대 등을 포함하는 시각적인 이미지와 긴밀히 연결된다. 빅히트엔터테인먼트 대표 방시혁에 따르면 "매력적인 외모, 놀라운 무대 퍼포먼스, 완성도 높은 뮤직비디오, 글로벌 트렌드를 반영한 음악이 모두 합쳐진 토털 패키지가 케이팝 아이돌"이다.[3] 그리고 이들은 수용자에게 우상이자 연애의 대상이 되는데, 따라서 도덕적으로도 무결점의 존재가 되어야 한다.

그러나 아이돌이라는 용어에는 부정적인 의미가 있다. 음악의 생산적 주체가 아니며 음악적 실력 없이도 다른 요소에 의거

해 인기를 얻는다는 비판이 따라오기 때문이다. 하지만 몇몇 아이돌은 창작을 포함해 안무와 가창 등 자신만의 영역을 구축하며 '케이팝 아티스트'로 불리기도 한다.

케이팝 여돌의
원형을 찾아서[4]

한국 여돌 그룹의 원형을 찾기 위해서는 한국·일본·미국 대중음악사의 여러 흔적을 조합해 보아야 한다.

19세기 후반부터 유럽과 북미에서 유행한 보드빌vaudeville(노래·춤·촌극·마술·곡예 등을 뒤섞은 버라이어티 쇼)과 뮤지컬 시대에도 보컬 중심의 여성 그룹이 있었지만, 가장 일반적이고 상징적인 걸 그룹은 1950년대 후반에서 1960년대 중반 미국에서 번성했다. 당시 '걸 그룹 사운드'는 프로듀서 필 스펙터Phil Spector 및 캐럴 킹Carole King·게리 고핀Gerry Goffin 같은 송라이팅 팀의 복합적 산물이었다. 한편 미국 흑인 음악의 메카 모타운Motown 레코드사의 공장 같은 시스템은 슈프림스The Supremes 같은 인기 여성 보컬 그룹을 배출했다. 소울과 R&B 외에 팝 사운드, 캐치한 멜로디에 (특히 소년에 대한) 순수한 마음과 유머 감각을 바탕으로 하는 이들의 음악은 1960년대 폭발한 로큰롤을 비롯해, 비틀스를 위시한 브리티시 인베이전British Invasion의 자양분이

되기도 했다.[5]

이후 전 세계적으로 큰 영향력을 끼친 걸 그룹은 1990년대 후반 영국에서 등장한 스파이스 걸스Spice Girls였다. 이들은 상업적으로 대성공을 거두며 '걸 파워'를 증명했고, 이 열풍은 당대의 문화 현상이 되어 소녀 문화를 학계의 연구 대상으로까지 올려놓았다. 미국의 TLC와 데스티니스 차일드Destiny's Child도 인기를 끌었다. 이후에는 미국의 푸시캣 돌스Pussycat Dolls, 영국의 슈거베이브스Sugababes와 아토믹 키튼Atomic Kitten 등이 활동했다.

한국의 대중음악사에도 '시스터즈' 또는 '자매들'이라는 그룹 이름이 유행한 때가 있다. '시스터즈'형 그룹은 '브러더스'형 그룹과 마찬가지로 보컬 하모니를 강조한 중창단 스타일이 많았다. 이는 미국 모타운의 걸 그룹, 혹은 그 이전의 가스펠이나 소울 그룹에서 (때때로 일본을 경유하여) 영향을 받은 형태이지만 서양의 팝 스타일과 일치하지는 않는다.

한국의 첫 걸 그룹으로 일제 강점기 시대에 등장해 악극단에서 활동한 저고리시스터즈를 꼽는다. 1960년대 전후로는 미국진출의 원조격인 김시스터즈를 비롯해 이시스터즈·김치캣츠·아리랑시스터즈·펄시스터즈·준시스터즈·바니걸스(토끼자매) 등 열거하기 어려울 만큼 수많은 '시스터즈'가 태어났다. 노래 말고도 연주를 직접 한 김시스터즈 같은 경우는 흔치 않았다. 대부분 창작이나 연주 활동 없이 화음을 강조한 스타일이거나 '그룹사운드'의 연주에 맞춰 노래만 하는 형태였다(신중현은 덩키스나 더멘 등 자신의 밴드에 펄시스터즈·김추자·김정미 등 객원 여자 가수를 프런트우먼으로 내세워 '소울 사이키델릭 사운드'를 완성했다). 1980년대까지도 국보자매·서울시스터즈·희자매 등이 활동했는데 대개 보컬의 지분이 컸지만, '율동'이 가미되기도 했다. 후대의 댄스와 비교할 수는 없겠지만 희자매는 꽤나 선정적인 이미지를 가지고 있었고 서울시스터즈는 나름의 역동적인 동작을 선보였다. 그렇지만 이러한 걸 그룹은 1990년대 이후 집단적 흐름을 창출한 한국 여돌 그룹과는 거리가 있다.

몇 가지 주목할 만한 사례들이 곧 등장한다. 1980년대 일본의 3인조 걸 그룹 쇼조타이少女隊를 벤치마킹해 1988년 데뷔한 세또래가 선구적으로 언급될 만하다. 쇼조타이가 남성 그룹 쇼넨타이少年隊의 스핀오프 형태였던 것처럼, 세또래는 3인조 남성 댄스 그룹 소방차와 유비되기도 한다.[6] 그 밖에 '한국의 마돈나' 김완선과 '하이틴 가수' 이지연 등도 스타로서의 아이돌이었다.

1993년 8월 경향신문에는 "여성 그룹 가요계에 새바람"이라는 제목의 기사가 실렸다.[7] 그해 9월 비슷한 내용을 다룬 한겨레신문 기사의 제목은 "대중가요계 걸 그룹 선풍"이다.[8] 이 시기에 출현한 여성 그룹에 대한 매체의 평가는 대부분 부정적이었다. S.O.S.는 모델 출신, 점프는 에어로빅 강사 출신이라는 점이 부각되며 "음악성은 기대 이하"인데 "늘씬한 몸매와 율동"으로 '상품화'했다는 비판을 받았다. 위 기사에서 그나마 유의미한 성과를 거두었다고 언급한 와일드로즈(부산 출신 5인조 록 밴드)와 칼라(MBC 강변가요제 대상 수상)조차도 음악적 성과에 대해서는 논란이 있다. 1993년 데뷔한 애플, 1995년 데뷔한 쎄쎄쎄도 여성 3인조로서 춤을 추며 노래했다는 점에서 오늘날의 아이돌과 비슷한 구석이 있지만 당시엔 큰 반응을 얻지 못하고 사라졌다. 이들은 오늘날의 아이돌 시스템이 정착하는 데 큰 영향을 끼친 서태지와 아이들에 대한 대응책 정도로만 언급되었다. 1990년대 초중반에는 듀스·잼·노이즈·DJ DOC·룰라·투투·쿨·R.ef 등 남성 또는 혼성 그룹이 인기를 얻었다. 이들의 음악은 'X세대 인기 가요' '신세대 댄스 가요'로 분류되었나.

한국의 여돌 그룹에 보다 큰 영향을 끼친 것은 일본의 제이팝 J-pop이다. 맥스·스피드·모닝구 무스메·AKB48·퍼퓸·모모이로 클로버 제트 등 일본의 인기 여돌 그룹은 처음에는 완벽하지 않지만 차츰 완성되어가는 모습을 보여주는 성장형 모델로서 귀여운 이미지가 주효했다. 반면 한국의 여돌은 처음부터 춤과 노래 등이 완성된 모습으로 데뷔하는 것을 목표로 삼는다.[9] 이후에도 한국의 여돌 그룹은 점차 다른 길을 가기 시작한다.

이 글은 1990년대 후반 이후부터 2020년 무렵까지 세 번에 걸쳐 여돌 그룹 붐이 형성되었다고 보고 그 시기를 다음과 같이 크게 나누려 한다. 첫 번째는 한국형 아이돌이 처음 등장한

1990년대 후반, 두 번째는 원더걸스와 소녀시대 등의 여돌이 활약한 2000년대 중후반, 세 번째는 러블리즈부터 블랙핑크까지 대중적이면서도 유의미한 평가를 얻은 여돌이 다시 한 번 대거 등장한 2010년대 중후반이 될 것이다.

이러한 구분에 '세대'라는 용어를 쓰기도 한다. H.O.T.와 젝스키스, S.E.S.와 핑클이 경쟁 구도를 형성한 1990년대 후반을 1세대(또는 1기)로 꼽는 시각이 일반적이지만, 이후 세대(또는 기수) 구분은 사실 논쟁적이고 유동적이다. 2020년 현재까지 활동한 바 있는 아이돌을 3세대 또는 4세대로 구분하는 경우가 다수이며 그 사이마다 등장한 아이돌을 '쩜오(.5)' 세대로 분류하기도 한다.[10] 이 글은 그러한 명확한 구분을 중요하게 여기지 않는다.

세대교체에 있어 남돌과 여돌 사이에는 시간 차이가 있다고 보기도 한다. 여돌 붐이 상대적으로 늦게 형성되었다는 뜻인데, 팬덤의 규모와 결집력이 남돌에 비해 약하고 이에 따라 경제 논리에서 밀렸기 때문이라고 보는 시각이 있다.[11] S.E.S.를 "여성판 H.O.T."로, 투애니원을 "여자 빅뱅"으로[12] 소개한 기사의 제목이 보여주듯 여돌 그룹은 대개 남돌 그룹의 '후속'으로 출발해 이후에도 실험이나 혁신을 추구하기보다는 대중적인 노선을 따르는 경향을 보이곤 했다. 그 결과, 대중적 붐은 여돌 그룹이 만들지만 새로운 시대의 개시와 혁신적 성과는 남돌이 차지하곤 한다.

그리고 이는 여돌이 넘어야 하는 '장벽'이 되었다.

1990년대 후반,
아이돌 시대의 개막

SM엔터테인먼트(당시 SM기획)의 H.O.T.가 1996년 데뷔하며 본격적으로 아이돌의 시대가 개막한다. 이어서 DSP미디어(당시 대성기획)의 젝스키스가 1997년에 데뷔하면서 둘은 양대 라이벌로 인식되었고, NRG와 태사자 등이 이 무렵 활동했다. 이후에도 SM엔터테인먼트는 아이돌 시스템을 선도하고 공식화하는 가장 대표적인 회사로서 훈련을 통해 아이놀의 모범형을 생산했다면, DSP미디어는 이에 대한 대항으로 보다 친근한 캐릭터를 발 빠르게 창출했다.

1990년대 후반부터 몇몇 엔터테인먼트 회사들은 체계적인 아이돌 시스템을 만들어가기 시작한다. 오디션이나 '길거리 캐스팅'으로 멤버를 선발해 연습과 훈련을 거쳐 음반을 발표하고, 타이틀곡(과 후속곡)의 뮤직비디오를 만들어 지상파 TV 방송을 중심으로 활동한다. 이런 과정에서 공식 팬클럽이 창단되고 대형 콘서트가 개최된다. 약 3~6개월 단위의 앨범 활동이 끝나면 다음 음반 작업을 위해 휴지기에 들어간다.

이 시기 등장한 여돌 그룹들도 경쟁 관계를 형성했지만 공통

적으로 '요정' 콘셉트를 내세웠다. 1997년 데뷔한 S.E.S.가 신비
로우면서도 모범적인 유형이었다면, 1998년 데뷔한 핑클은 '옆
집 소녀' 같은 현실적이고 친근한 유형이었다. 그와는 다른 계
열의 여돌 그룹들도 등장했다. 힙합을 동반하거나 사회적 이슈
를 담는 등 강한 이미지를 선보였던 디바와 베이비복스는 각자
다른 방향으로 선회해서 대중적인 인기를 구가했다. 디바는 경
쾌하고 발랄한 〈왜 불러〉(1998)로, 그 뒤에는 악동 이미지('여자
DJ DOC')로 경력을 이어나가고, 베이비복스는 섹시하면서도 강
렬한 이미지를 구축했다. 두 그룹은 '무서운 언니들'이자 서로
'앙숙'으로 비치기도 했다.[13] 팬덤과 언론을 통해 가열된 이러한
대결 구도는 아이돌의 점유율을 키우는 시너지 효과를 유발했
다.

　여돌 그룹은 남돌 그룹에 비해 '화력'이 약했다. H.O.T.가 데뷔
다음 해인 1998년부터 매년 단독 콘서트를 열었던 것과 달리
S.E.S.는 3집을 발표한 후 2000년에야 첫 단독 콘서트를 열었는
데 이는 그들의 마지막 단독 콘서트이기도 했다. 이때부터 이미
해외 시장을 염두에 두었다는 사실은 S.E.S.의 두 멤버 유진(괌)
과 슈(일본)가 교포 출신이라는 점에서 드러난다. 베이비복스는
중화권 시장에서 큰 인기를 끌며 '한류' 시장을 개척했다.

　후발 주자였던 싸이더스(당시 EBM)와 JYP엔터테인먼트의 합
작품 지오디는 이른바 '관찰 예능'의 초기 모델인 MBC 리얼리

티 프로그램 「목표달성! 토요일 - god의 육아일기」(2000~2001)를 통해 친근한 캐릭터를 형성하고, 보편적인 노랫말로 폭넓은 지지를 획득했다. H.O.T.에 뒤이은 SM엔터테인먼트의 남돌 그룹 신화는 차차 남성적인 면모를 강화하였으며 지속적이고 열성적인 팬덤을 통해 장수했다. YG엔터테인먼트(처음에 MF기획, 이후 양군기획)는 철저한 기획과 훈련을 표방하는 SM엔터테인먼트와 다르게 대중적인 힙합 중심의 레이블로서 지누션과 원타임 등 창의적이고 자유로운 이미지의 아이돌을 인기 가수의 반열에 올려놓았다.

이러한 아이돌 시스템은 '기획사의 꼭두각시'를 만들어내고, 획일적이고 편협한 댄스 음악 중심의 구조를 양산한다는 비판을 받기도 했다. 불공정 계약과 보상에 대한 문제도 대두되었다. 가창력 논란, 잦은 표절 시비, 특정 장르 및 스타일의 겉핥기식 차용 등에 대한 논란도 끊이지 않았다. 활동은 지상파 TV에 편중되고 손익분기점이 높아지는 고비용 구조가 계속 이어지면서 IMF 구제 금융으로 대변되는 경제적 불황과 급변하는 시대에 적응하지 못한 일부 아이돌은 도태되었다.

여돌 그룹,
산업 재편의 첨병

1990년대 말부터 2000년대 초 일부 아이돌 그룹은 아시아 시장에서 약진하기도 했지만 2000년대 들어 대개 해체나 활동 중단 수순을 밟았다. 대신 슈퍼스타급 솔로 가수들이 '한류 스타'로 등극했다.

남돌로 JYP엔터테인먼트의 비와 YG엔터테인먼트의 세븐이 대결 구도를 펼쳤다면 여돌은 SM엔터테인먼트의 보아가 한 획을 그었다. 이는 제이팝에서 전통적으로 아무로 나미에나 우타다 히카루 같은 '디바'를 중요시하는 흐름과 잘 맞아떨어지는 것이기도 했다. 보아와 동방신기는 현지화 전략을 통해 제이팝처럼 소비되면서 일본 시장에서 성공을 거두었으며, 비는 동남아시아 권역에서 히트한 후 미국 시장에 도전했다. 한편 1세대 그룹 멤버 일부는 솔로 가수로 커리어를 이어갔다. 각 그룹의 메인 보컬이었던 바다(S.E.S.)와 옥주현(핑클)은 가창력을 부각한 노래로 활동하면서 뮤지컬로 진출했고, 이효리는 2000년대 중반 이후 독보적인 스타의 자리에 올라섰다.

2000년대 들어 인터넷과 휴대폰이 보편화되고 테크놀로지가 발전하면서 대중음악 시장은 급격히 변화했다. 온라인 음원 시장이 급성장한 대신 CD와 카세트테이프를 중심으로 한 음반 산업은 사양세로 돌아섰다. 소리바다와 벅스뮤직 등 무료 스트리

밍 사용과 무단 다운로드 논란이 지속되다가 2000년대 중반에는 모두 유료화가 결정되었고, 멜론처럼 이동 통신사와 제휴한 유무선 음원 사이트가 론칭했다. 앨범이 아닌 곡 단위 시장이 형성되면서 음악의 생산과 수용도 이에 걸맞게 변화되기 시작했는데, 아이돌 시스템도 예외일 수는 없었다.

이러한 변화를 주도한 것은 주로 남돌이었다. 2004년 1월 동방신기가 싱글 〈Hug〉를 발표하면서 데뷔하고, 그해 12월 세븐이 디지털 싱글 〈Crazy〉를 발표한 일은 앨범에서 싱글로 이동한 산업의 변화에 대응한 대표적인 사례였다. 특히나 동방신기는 '아카펠라 그룹'을 표방하고 데뷔해 아이돌의 논란거리였던 가창력을 보완하고자 했고, 보아에 이어 성공적인 일본 진출을 하며 새로운 시대의 요구에 부응하는 아이돌의 선두 주자가 되었다.

남돌의 새로운 세대(또는 2세대)를 동방신기(2004년 첫 싱글 발표) 또는 빅뱅(2006년 첫 싱글 발표)으로 보는 관점이 있다면, 여돌의 새로운 세대는 조금 나중에 도래했지만 돌풍의 주역이 되었다. 2006년에는 브라운아이드걸스가, 2007년에는 원더걸스·카라·소녀시대가, 2009년에는 애프터스쿨·투애니원·포미닛·티아라·에프엑스가 데뷔했다.

JYP엔터테인먼트는 〈Tell Me〉(2007) 〈So Hot〉(2008) 〈Nobody〉(2008)로 연이어 히트를 기록한 원더걸스로 1960년대 미

국 모타운의 걸 그룹 스타일을 재현해 미국 시장 진출을 위한 초석으로 삼았다. SM엔터테인먼트의 소녀시대는 유로 팝 스타일의 〈Gee〉(2009) 〈소원을 말해봐〉(2009)로 대표적인 여돌 그룹으로 자리 잡았는데, S.E.S.처럼 단정하고 신비로운 소녀 이미지를 계승했다. 〈Honey〉(2009) 〈미스터〉(2009) 등으로 인기를 얻은 DSP미디어의 카라는 핑클의 직계 후예로, 귀엽고 친근한 '옆집 소녀' 이미지를 이어갔다.

이들에 반해 투애니원은 〈Fire〉(2009) 〈I Don't Care〉(2009) 〈내가 제일 잘 나가〉(2011)에서 힙합·R&B·일렉트로닉·레게 등의 장르를 오가며 자유분방하고 거침없는 이미지를 구현했고, "R&B와 힙합이 접목된 하이브리드 소울"을[14] 표방한 브라운아이드걸스는 〈Abracadabra〉(2009)로 부상했다. '한국의 푸시캣돌스' 애프터스쿨은 섹시하고 강렬한 이미지를 부각했고, 포미닛의 〈Hot Issue〉(2009)는 '캔디 펑크' 스타일로 불렸다. 이처럼 여돌은 전통적 정서와 분위기(섹시함·귀여움·발랄함·신비로움·친근함 등)의 연속선상에 있으면서도 자유롭고 강렬한 이미지를 표출했고 섹슈얼리티 측면에서도 다면적으로 분화했다.

이 시기 남돌 그룹의 경우 YG엔터테인먼트의 빅뱅이 가장 대표적인 아이돌로 자리를 잡았고, SM엔터테인먼트의 슈퍼주니어와 샤이니, JYP엔터테인먼트의 2PM 등이 활약했다. FT아일랜드와 씨엔블루처럼 밴드형 아이돌이 만들어지기도 했다.

2PM은 섹시한 남성미를 표방했고(소위 '짐승돌'), 샤이니는 귀여운 연하남의 이미지를 재현했다. 이는 팬덤의 확대 및 팬 연령의 세분화와도 관계가 있다. 여돌 그룹은 '삼촌팬'으로 대변되는 30대 이상의 남성 수용자들을 포괄하기에 이른다. 브라운아이드걸스는 20~30대 여성의 지지를 획득한 반면 에프엑스는 10대 소녀를 겨냥했다. 남돌 그룹도 이른바 '누나팬' '이모팬' 같은 중년층 이상의 여성 수용자까지 포섭했다.

한편 그룹 멤버는 이전에 비해 많아졌는데, 단일한 그룹으로서의 정체성을 유지하면서도 때에 따라 멤버 구성과 콘셉트를 달리할 수 있는 '유닛' 형태가 등장했다. 이는 여러 각도에서 이윤을 얻기 위해 각기 다른 능력을 가진 멤버들을 활용하는 '원 소스 멀티 유즈' 전략이자 특정 해외 시장을 겨냥하고자 한 포석이었다. 미쓰에이의 페이와 지아(중국인), 에프엑스의 빅토리아(중국인)와 엠버(대만계 미국인) 등 외국인 멤버를 채용하는 것도 흔한 현상이 되었다. 한국인이라 해도 해외에서 출생하거나 거주한 경험이 중요했다. 소녀시대의 티파니와 제시카, 카라의 니콜은 미국 국적 보유자였고, 투애니원의 산다라박은 필리핀에서 지내다가 한국으로 역이주했다.

가수가 발표하는 앨범이 EP(미니 앨범)로 축소되고 싱글 개념이 보편화되면서 히트곡의 순환은 더 빨라졌다. 전통적인 매체인 지상파 순위 프로그램에 대한 의존도는 전에 비해 낮아진 반면 다양한 매체에 힘이 실렸다. 아이돌 산업은 케이블 채널의 리얼리티 프로그램·인터넷 블로그·UCC(사용자 제작 콘텐츠) 등을 이용하기 시작했는데, 여돌 그룹 열풍의 시작점은 원더걸스의 〈Tell Me〉 댄스 UCC 동영상이었다. 빅뱅이 멤버 선발 과정을 포함해 데뷔 전 성장 스토리를 담은 MTV 코리아 「리얼 다큐 빅뱅」(2006)을 통해 인지도를 높였다면 투애니원은 '해적 방송' 스타일로 시작한 엠넷 「2NE1 TV」(2009~2011)에서 24시간 사생활을 가감 없이 노출했다. 한편 엠넷 「슈퍼스타K」(2009~2016) 같은 서바이벌 오디션 프로그램을 지상파 방송이 차차 수용했다. 3대 엔터테인먼트 회사 주도로 제작해 여섯 번째 시즌까지 진행된 SBS 「K팝스타」(2011~2017)가 그 예다.

　아이돌 열풍은 여돌 그룹 붐으로 시작되어 아이돌 전반으로 확대되었는데, 대중적 지지는 물론 비평적 관심까지 획득하며 사회적 문화적 이슈로 떠올랐다. 이 산업과 시장을 이끈 것은 3대 엔터테인먼트 회사다. 모범으로 손꼽히는 남녀 아이돌 그룹을 만든 데 이어 후발 주자까지 안착시킨 SM엔터테인먼트가 이 흐름을 선도했다면, JYP엔터테인먼트는 여돌 그룹을 통해 급부상했고, YG엔터테인먼트는 아이돌 그룹을 실력파로 격상시켰다. 음악적으로는 전 세계적 주류 트렌드에 동시적으로 접근하며 해외 시장 지향성을 드러냈다. 이는 국내 시장의 한계를 돌파하려는 산업적 이유와 맞물렸다.

곡을 만드는 방식도 달라졌다. 한 곡에 다수의 작곡가가 참여하기 시작했고, 전문 작곡가 팀이 출현했다. 해외 작곡가(혹은 팀)와 함께 곡을 쓰는 것도 흔한 현상이 되어 북유럽 작곡가+한국 프로듀서+미국 안무가로 구성된 협업 체계가 유행하기도 했다. SM엔터테인먼트는 소녀시대의 〈소원을 말해봐〉처럼 국내외 작곡가가 합작해 만든 곡을 내놨고, 다국적 작곡가 인력 풀을 확보하기 위해 '송라이팅 캠프'를 개최하기도 했다. 2000년대 후반 들어 급부상한 YG엔터테인먼트는 힙합과 R&B 등 흑인 음악 지향을 강화했다. JYP엔터테인먼트의 원더걸스를 비롯해 몇몇 아이돌은 미국 진출을 큰 목표로 삼았(지만 큰 성과를 거두지 못했)다. 빅뱅과 투애니원은 서서히 북미에서 반응을 얻기 시작했다. 그렇지만 아직 본격적인 흥행은 아니었다.

이러한 글로벌한 지향은 국내 작곡가의 작품에도 그대로 반영되었다. 주로 일렉트로닉 댄스 스타일의 음악에 나타난 경향으로, 대개 반복적이고 단순화된 양식으로 수용되어 이른바 '훅송hook song'이라는 이름의 유행으로 압축되었다. 이러한 미니멀리즘은 비슷한 스타일의 양산이라는 부정적 결과를 낳기도 했다. 표절 시비도 잦았다. 특히 아이돌 음악에 편중된 양상은 전체 음악 산업의 발전을 저해한다는 비판이 잇따랐다. 더불어 아티스트와 소속사 간의 불공정 계약 문제, 소속사와 방송사의 유착 등에 이르는 비리도 변함없는 사회 이슈였다. 그럼에도 불구하고 성공한 아이돌을 선망하는 10대가 늘면서 길고 고된 훈련을 거쳐야 하는 연습생 시스템은 보다 엄격화되었다.

이후 여돌 그룹은 춘추전국시대에 돌입했다. 2010년 미쓰에이·씨스타·걸스데이, 2011년 에이핑크·스텔라, 2012년 EXID·크레용팝 등 이 시기에 데뷔한 여돌 그룹은 이른바 '청순'과 '섹시' 사이에서 방황하며 혼전의 양상을 보였다. 아니면 우연적이고 돌발적으로 대중의 주목을 받았다. 크레용팝은 '직렬 5기통 춤'과 '병맛' 코드로 예상 밖의 선전을 했고, EXID는 팬이 촬영한 '직캠' 영상이 뒤늦게 화제가 되면서 '역주행의 아이콘'이 되었다.

이는 여돌 그룹 시장의 허약함을 역설적으로 증명하는 것이기도 했다. 2010년대 중반은 다소 암흑기처럼 인식되었고, 아이돌에 대한 전문적인 기사를 작성하던 매체들은 '걸 그룹 시장'의 "좋았던 시절이 이렇게 끝나간다"고 진단하기도 했다.[15] 아이돌 전반의 포화에 대한 우려도 있었다.[16]

글로벌 케이팝 아티스트로,
여돌 그룹의 큰 파도들

이동 통신사 중심으로 개편된 음악 산업의 실세는 점차 인터넷 정보 매개 서비스 업체로 이양되었다. 2010년대 중후반 이후 음악 산업의 블루칩으로 부상한 카카오/카카오M은 여러 엔터테인먼트 회사(이담, 스타쉽 등)의 모기업이 되었고, 미디어 브랜드(원더케이)를 설립해 유튜브 채널을 운영했다. 최대 규모의 음원 서비스 플랫폼 멜론 역시 카카오의 소유가 되었다.[17] 벅스뮤직과 소리바다는 건재했지만 다른 음원 서비스는 바이브(네이버)·지니뮤직(KT)·플로(드림어스/SKT) 등과 같이 이름과 역할에 변화가 일었다. 애플 뮤직과 유튜브 뮤직 같은 외국의 음원 서비스 역시 가세했다.

무엇보다 시간과 공간의 제약 없이 누구나 쉽게 정보와 콘텐츠를 이용할 수 있는, 유튜브로 대변되는 '초연결 시대'가 되었다. 페이스북과 트위터, 브이라이브와 틱톡 등 각종 소셜 미디어 플랫폼이 등장하고 세분화된 반면 지상파 방송의 영향력은 한층 약화되었다. 컴퓨터·휴대폰·인터넷 기술을 근간으로 하여 아이돌의 활동 범위와 양상은 크게 변모했다. 아이돌과 팬이 실시간으로 손쉽게 소통할 수 있게 되면서 각자의 채널을 통해 자체 제작한 영상물이 인터넷을 통해 세계 각 곳으로 공유되었고 수용자 주도의 생산물 역시 급증했다. 이를 통해 아이돌은 글로벌한 성장을 할 수 있는 발판을 마련했다.

3강 엔터테인먼트 회사는 여전히 강력했지만 예전만큼의 위세는 떨치지 못했고 중소형 회사들이 약진하기 시작했다. WM 엔터테인먼트(오마이걸), 큐브엔터테인먼트((여자)아이들), FNC

엔터테인먼트(AOA와 체리블렛), 스타쉽엔터테인먼트(우주소녀), 블록베리크리에이티브(이달의소녀) 등이 대표적이다. 성장세가 가장 두드러진 빅히트엔터테인먼트에는 아직 여돌이 없는데, 쏘스뮤직(여자친구)과 플레디스엔터테인먼트를 인수했다.

케이블 방송은 CJ ENM의 채널 엠넷이 여전히 강세였다. 시청자 투표로 서바이벌 오디션을 진행해 프로젝트 그룹으로 활동하도록 기획된 「프로듀스」(2016~) 시리즈는 아이돌 멤버의 선발부터 양육까지 적극적으로 수행하는 팬덤 문화의 확장으로 이어졌다. 「컴백 전쟁: 퀸덤」(2019) 「로드 투 킹덤」(2020) 등 현직 아이돌을 대상으로 한 서바이벌 프로그램도 호응을 얻었다.

활동 형식도 다분화되었다. 싱글과 EP에 이어 정규 앨범(또는 리패키지 앨범)을 발매하는 관행을 따르지 않는 아이돌이 생겼다. 이달의소녀처럼 데뷔조차 2년 가까이 걸리기도 했다. 한편 세계관을 만들고 이를 반영한 싱글과 앨범을 연작 형태로 발표하면서 그룹의 정체성을 음악에 담고자 했다. 이것은 엑소에서 촉발되어 방탄소년단이 꽃을 피운 흐름이다. 싱글의 시대였지만, 이를 통해 앨범 패키지도 강화되었다.

이 시기에도 해외 시장 접근을 위해 외국인 멤버는 여전히 중요했다. 슈퍼주니어-M·엑소-M·NCT 프로젝트 등 특정 국가나 지역권에서 활동하는 남돌 유닛이 결성되었고, 일본이나 중국의 엔터테인먼트 시스템과 합작해 만든 다국적 여돌 그룹이 탄생했다. 스타쉽엔터테인먼트가 중국 위에화엔터테인먼트와 공조해 만든 여돌 그룹 우주소녀는 2016년 3인의 중국인 멤버를 포함해 데뷔했다. 엠넷 서바이벌 오디션 「프로듀스48」(2018)은 AKB48의 책임 프로듀서 아키모토 야스시가 참여해 한일 합작으로 기획되었고, 이를 통해 결성된 아이즈원에는 일본인 멤버 3명이 선발되었다. 그 외에 트와이스의 미나·사나·모모(일본)·쯔위(대만), (여자)아이들의 민니(태국)·우기(중국)·슈화(대만), 블랙핑크의 리사(태국) 등 외국 멤버의 국적이 조금 더 다채로워졌다.

이 시기 또 한 번 여돌 그룹이 대거 등장해 붐을 이뤘다. 2014년 마마무·레드벨벳·러블리즈, 2015년 여자친구·오마이걸·트와이스, 2016년 I.O.I·블랙핑크가 데뷔했다. 여자친구는 활기찬 소녀 이미지를 표현했다. 러블리즈는 '만화 속 소녀'처럼 아련한 향수를 자극했고, 레드벨벳은 '이상한 나라의 엉뚱 발랄한 소녀'를 묘사했다. 여자친구가 '소녀시대의 재림'으로 평가받았다면 레드벨벳과 블랙핑크는 같은 소속사의 선배인 에프엑스와 투애니원을 각각 계승하는 동시에 또 다른 길을 걸어갔다. 트와이스는 "가장 대중적인 걸 그룹의 얼굴"로[18] 소녀의 모습을 구현하며 최고 위치에 올랐다. 마마무와 블랙핑크는 각자 다른 방식으로 적극적이고 능동적인 여성상을 그렸다. '순수'와 '섹시'의 단조로운 이분법에서 벗어나고자 하는 흐름이 강화되었으며 그

일부를 '걸 크러시'라고 부르기도 했다. 가창이나 창작 실력을 부각한 아이유와 마마무는 아이돌 문법에서 때때로 벗어나면서 아이돌의 지평을 넓혔다.

무엇보다 방탄소년단(2013년 데뷔)은 케이팝 아이돌 역사에 한 획을 그었다. 이전과 달리 현지화 전략 없이 해외 시장에서 성공했다는 점에서도 의미가 남다르다. 방탄소년단은 앨범 차트인 '빌보드 200'에서 네 차례 1위를(2020년 3월 기준), 싱글 차트인 '빌보드 100'에서도 1위를 차지했다(2020년 9월 기준). 2017년 빌보드 뮤직 어워드 '톱 소셜 아티스트'로 선정되었고, 아메리칸 뮤직 어워드에서 2년 연속으로 수상하면서 (2018~2019) 한국 가수 최초로 공연도 했다(2019). 이 외의 놀라운 행보에 대해서는 생략하기로 한다. 여돌 역시 외신에 오르내리고 있었다. BTS만큼의 파장은 아니었지만 트와이스와 아이즈원은 일본을 비롯한 아시아에서 인기를 얻었고 블랙핑크는 북미에서도 큰 반향을 불러일으켰다.

그룹 구성원이 음악의 창작에 참여하는 비중이 전보다 늘면서 아이돌의 진화는 계속되었다. 공동 또는 단독으로 작사가와 작곡가로 이름을 올리고 안무에도 기여하는 일이 늘었다. 이는 여돌에게도 해당되지만 남돌의 참여도에 비해서는 아직 미진한 편이다. 아울러 여돌은 「언프리티 랩스타」 「퀸덤」 「굿걸: 누가 방송국을 털었나」 등 여러 예능 프로그램에 출연하면서 멤버 개인의 능력을 보여주는 일이 많아졌지만, 이러한 기회를 잡기 위해서는 물론이고 그 이후에도 여러 가지 문제와 씨름해야 했다.

한편 아이돌을 둘러싸고 잠복해 있던 여러 가지 심각한 문제가 수면 위로 떠올랐다. 브로커에 의뢰해 음악 방송 순위와 실시간 스트리밍 순위를 조작하는 '음원 사재기' 의혹이 수차례 제기되었다. 2018년 11월 한 클럽에서 벌어진 폭행 사건이 방아쇠가 되어 마약 거래와 투약, 각종 성범죄가 드러났고, 이듬해에 불법 촬영물 공유 사건으로 확대되었다. 연쇄적으로 일어난 이 사건들로 여러 남돌 및 연예인의 은퇴·퇴출·입건이 이어졌다. 이후에도 절도나 불륜 같은 과거사 스캔들이 폭로되는가 하면 마약 투약과 음주 운전 등 사건 사고가 꼬리를 물었다. 남돌과는 다른 방식으로 여돌의 문제도 불거졌는데 따돌림이나 괴롭힘 문제가 대두되었다.

2019년 여름에는 엠넷 서바이벌 오디션 「프로듀스 X 101」의 투표 조작 의혹이 제기되면서 큰 충격을 안겼다. 시청자의 유료 투표가 아닌 프로그램 제작진과 소속사 주도로 특정 멤버를 선발했다는 의혹이다. 다른 「프로듀스」 시리즈에서도 순위 조작 정황이 발견되어 제작진이 구속되었고, 「프로듀스 X 101」으로 결성된 남돌 그룹 엑스원은 이듬해 해체되었다. 악마의 편집, 불공정 계약, 출연자의 인권 침해 등 신인 선발 및 경연 프로그램의 기행은 사실 전부터 문제로 지적되어왔다. 애초에 「프로듀스

101」 시리즈에 대해 여자 편은 남자들에게, 남자 편은 여자들에게 "건전한 야동"을[19] 만들어줘야겠다는 생각으로 시작했다고 한 한동철 PD의 발언은 선을 넘었다.

'페미니즘 리부트' 이후 여돌은 새로운 도전을 할 수 있는 계기를 얻었지만, 다른 한편으로 더 조심스러운 행보를 펼쳐야만 했다. "여돌이 말하기 조심스러운 시대"가 된 것은 엔터테인먼트 회사의 '리스크 관리' 때문이기도 하다.[20] 어릴 때부터 현실과는 괴리된 생활을 하는 아이돌은 이른바 '개념'과 인성을 갖춰야 하면서도 현실 세계에 개입하지 않는 아이돌 캐릭터로서만 살아야 한다. 이는 특히 여돌에게 강조되는 덕목이다. 현실 자본주의 사회의 축소판이라는 경쟁적인 아이돌 시스템으로 인해 누군가는 이 세상을 떠났고 다른 멤버를 미워하게 만들기도 했지만 아무도 책임져주지 않았다.

'완성형 아이돌'이 되기 위한 연습생 기간은 갈수록 고단해지고 있다. 가령 트와이스 지효는 10년을 연습생으로 지냈다. 연습생은 열 살도 채 되지 않은 초등학생 때 발탁되기도 하지만 기약 없는 고된 나날을 보내다 데뷔하지 못하는 일도 부지기수고, 데뷔한 후에도 주목받지 못하고 사라지기도 하며, 정상에 등극하는 데 걸리는 시간도 더 길어지는 중이다. 여전히 아무 일 없다는 듯이 굴러가는 아이돌 세계의 그늘도 깊어만 간다.

여돌의 이름은 왜 컬러풀할까?
아이돌이 색채를 사용하는 법

먼저 이름으로 시작해보자. 여돌은 '소녀'나 '걸', 또는 그 인접어를 사용하는 이름이 많다. 공원소녀·소녀주의보·오마이걸·우주소녀·이달의소녀·걸카인드·리치걸·비걸스·위걸스·지걸스·키튼걸스·포켓걸스, 심지어 걸크러쉬까지. 좀 더 과거로 가면 소녀시대·브라운아이드걸스·원더걸스·걸스데이 등이 있다. 과거에는 걸이 선호됐고 최근에는 소녀가 많다. 비슷한 이름으로 범위를 조금 더 넓히면 디바·파이브돌스·여자친구·씨스타·여고생 등이 있다. 소녀나 걸은 없지만 성별을 드러내는 비슷한 맥락의 변주다.

반대로 '성공적인' 이력을 쌓은 남성 아이돌 그룹의 이름에서 '소년' 또는 '보이' 같은 단어는 잘 채집되지 않는다. 방탄소년단이 독보적인 사례일 것이다. 그 외에 더보이즈·비비보이즈·보이프렌드 같은 이름이 있고 대국남아와 멋진녀석들도 있지만, 골든차일드·제국의아이들ZE:A·스트레이키즈·뉴키드 등 '아이들' '차일드' '키드(키즈)'처럼 성별 정체성을 드러내지 않는 중립적인 어휘가 사용된다.

그런 점에서 '여자'라는 단어에 괄호를 치고 등장한 (여자)아이들(G)I-DLE의 작명은 기존의 방식과 다르게 느껴진다. 이들은 자신들의 이름을 '아이들'이라고 발음할 것을 공표했는데, 여자를 묵음으로 처리함으로써 성별 정체성을 부각하지 않고(그렇다고 아예 삭제하지도 않고) '나'(I: 아이)라는 개인이 모인 집단으로만 보기를 권고하는 듯하다.

그렇지만 소녀와 걸이라는 기표를 사용한다고 해서 그것이 향하는 기의가 모두 동일한 것은 아니다. 오히려 너무 다르다. 여자친구와 오마이걸은 연애 대상임을 드러내는 이름인 반면 공원소녀와 우주소녀는 표면적으로 공간 또는 장소와 연관을 짓는 이름처럼 보인다. 이런 이름이 다수인 것은 여돌 그룹이 소녀(걸)의 정체성을 갖는다는 의미인데, 그 소녀가 단순히 나이(어린)와 성별(여성)만으로 설명되지는 않는다. 여돌이 재현하거나 지향하는 소녀성이란 무엇일까.

흑백부터 무지개까지
여돌의 색채 사용법[21]

아이돌 그룹의 이름에 색채명을 사용하는 경우가 대단히 많은 것은 아니지만, 남돌보다는 여돌의 경우가 훨씬 많다. 레드벨 벳과 블랙핑크를 비롯해 핑크판타지·핑크레이디·파란여우들· 옐로비·퍼플·퍼블벡·바이올렛 등이 있고, 레인보우는 아예 무지개의 일곱 빛깔이다. 그 밖에 체리온탑·체리블렛·오렌지캬라멜 등 과일 이름을 사용한 경우가 있는데, 과일이 특정 색채와 연결된다는 점에서 위와 비슷한 사례로 볼 수 있을 것이다. 반면 남돌의 이름에는 검정을 사용한 사례가 그나마 조금 있고(엠블랙·블랙식스·느와르 등), 파랑(씨엔블루)도 있기는 하다. 색채를 그룹의 이름에 도입하는 사례를 보면 색채를 화려하게 사용하는 쪽은 여자라는 통념을 고스란히 드러낸다.

그룹이 특정한 색깔을 강조하면 무대 의상이나 발표하는 앨범의 아트 워크 등에 통일성을 부여하는 수단이 될 수 있고, 응원봉이나 장신구처럼 엔터테인먼트 회사가 팬덤을 대상으로 제작하는 관련 굿즈에도 영향을 줄 수 있다. 색채는 팬덤의 언어가 되기도 한다. 이달의소녀에게는 루나버스LOONAverse라고 불리는 복잡다단한 세계관이 있는데, 일부 팬덤은 이 세계관을 열두 가지 색으로 설명한다.[22]

그룹 이름으로 채택된 그 색이 해당 그룹의 스토리텔링이나 커리어와 항상 긴밀하게 연결되는 것은 아니지만, 색채가 언어이고 문화라는 관점에서 어떤 색깔은 상징이나 기호가 되어 어떤 의미를 전달하거나 확대하는 매개가 되기도 한다. 특정 색

재의 차용으로 젠더 고정 관념을 강화시키기도 하고, 젠더 정체성을 흐리게 만들거나 또는 알 수 없게 만들기도 한다.

가장 먼저 이야기할 수 있는 색상은 흰색이다. 눈·천사·선녀 등을 표상하는 천상의 색이고, 환히 밝은 낮을 가리키는 백주白晝라는 표현처럼 빛의 색이다. 웨딩드레스에 하얀색이 낙점된 것은 신부에게 요구되는 깨끗하고 순결한 이미지 때문일 것이다. 소녀를 상징적으로 표현할 때도 이와 비슷한 맥락으로 순백색을 사용한다. 때 묻지 않은 순진무구한 존재, 아직 어른이 아니며 세상으로 나아갈 준비를 하는 상태를 뜻하는 것이다. 청순함을 표방하는 여돌 그룹이 스타일링에 가장 많이 활용하는 색도 흰색이다. S.E.S.와 소녀시대 등 요정이나 여신 이미지를 가진 여돌은 흰 드레스를 많이 입었고 흰색 화관을 머리에 착용하곤 했다. 하얀색 상의나 하의를 선택하면 다른 색의 의상을 매치하기 편하다는 실용적인 이유도 있을 것이다.

러시아 화가 칸딘스키가 말한 것처럼 "흰색은 가능성으로 차 있는 침묵"이다. 무無의 색이자[23] 공空의 색, 텅 빈 도화지와 같아 미지의 미래를 표현하기에 가장 좋은 색이다. 오마이걸의 〈컬러링북〉 뮤직비디오(2017, 신희원 연출)는 하얀색으로 도배된 공간에서 시작한다. 멤버들도 흰 의상을 입고 있다. 곧 그들은 곡의 제목처럼 알록달록한 물감을 자유롭게 뿌리고 칠한다. 이 행위는 흰색을 망치는 것일 수도 있지만, 풍선·핑크 돌고래·무지개

케이크 등으로 재탄생하는 계기도 된다. 마치 다채롭게 변모하는 소녀들을 상징하는 것처럼.

그런 점에서 한 가지 색상만으로 여돌의 이미지를 표현하는 일은 드물다. 대표적으로 레드벨벳과 블랙핑크는 두 가지 상반된 이미지를 혼합한 그룹명을 채택했다. 엔터테인먼트 주요 3사의 대표 여돌 그룹이면서 비슷한 시기에 등장한 이들은 하나의 색깔에서 오는 단조롭고 직선적인 해석을 피하고, 두 가지 키워드를 사용하여 복합적이고 대조적인 이미지와 음악을 창출하려 시도한다.

레드벨벳,
한 지붕 두 가족

레드벨벳은 데뷔 시절부터 "강렬하고 매혹적인 컬러 레드와 클래식하고 부드러운 느낌의 벨벳"이라는[24] 두 가지 콘셉트를 내세웠다. 여기에서 '레드'는 색깔 이름이지만, '벨벳'은 색깔 이름이 아니다.

빨간색은 피와 불의 색, 다시 말해 순교와 혁명의 색이자 예수가 흘린 피로 대변되는 대속과 구원의 색이다. 건강과 열정과 사랑을, 반대로 폭력과 위험을 상징하기도 한다. 레드 카펫에는 환대의 의미가 있다. 값비싼 붉은 염료가 귀족의 재력을 상징했기 때문이다. 산타클로스의 복장이 지금과 같은 형태로 정착된 뒤로 빨간색은 성탄절의 따스한 분위기를 표현한다. 또한 빨강은 파랑과 대비되는 색깔이기에 남녀를 구분하는 기호로 빨간색/파란색(혹은 분홍색/하늘색) 구도가 사용된다. 한편 비로드veludo 또는 우단羽緞 등으로도 불리는 벨벳은 원단의 이름으로, 부드러운 촉감이 특징이다. 그 촉감이 고급스러운 분위기를 주기 때문에 과거에 벨벳은 교회나 왕실에서 착용하는 의복의 옷감으로 사용되었다.[25]

레드벨벳이라는 이름은 색깔(빨강)과 촉감(부드러움)이 결합한 것이다. 레드벨벳은 빨강을 밝고 활기한 이미지로, 벨벳을 차분하면서 부드럽고 고급스러운 이미지로 해석해 활용해왔다. 레드와 벨벳을 장르적으로 구분한다면 빠른 댄스와 느린 발라드, 정서면에서 본다면 밝음(명랑함)과 어두움(차분함)으로 이분할 수 있겠지만 이러한 이분법이 항상 딱 들어맞는다고 볼 수는 없을 것이다. 〈행복〉〈Ice Cream Cake〉〈Dumb Dumb〉〈Rookie〉〈빨간 맛〉〈Power Up〉〈음파음파〉는 레드 콘셉트, 〈Be Natural〉〈Automatic〉〈7월 7일〉〈피카부〉〈Bad Boy〉〈RBB〉〈Psycho〉는 벨벳 콘셉트, 〈러시안 룰렛〉〈짐살라빔〉은 두 가지 콘셉트를 다 가진 노래로 분류된다. 앨범도 마찬가지다. 《The Red》와 《The Red Summer》, 《The Velvet》과 《Perfect Velvet》처럼 레드와 벨벳을 제목에 명시해 각각의 콘셉트를 부각하기도, 《The Perfect Red Velvet》처럼 두 콘셉트를 혼합하기도 했다.

서로 다른 두 가지 키워드를 혼합한 이름은 상반된 스타일을 병행하겠다는 선언이었다. 이를 통해 복귀할 때마다 음악적인 방향 전환의 기준을 마련하는 동시에 차기작에 대한 예측과 호기심을 유발하는 효과를 거두었다. 이 두 가지 방향은 초기에는 어느 정도 원칙처럼 작동했으나 시간이 지날수록 혼돈스럽고 모호해진다. 벨벳 콘셉트가 레드 콘셉트보다 대중적 인기에 있어 한계점이 노정되었을뿐더러 음악적으로 이 둘을 엄밀히 구분하기 어렵다는 문제점 때문이었을 것이다. 결국 이 둘을 혼용하는 방향으로 나아가면서 '한 지붕 두 가족' 콘셉트는 흔들리게 되었다.

블랙핑크의 이분법, 핑크의 수용과 저항

여돌의 이름으로 가장 선호되는 색상은 핑크다. 핑크는 단순하고도 직관적으로 '청순 소녀' 콘셉트를 대변하는 색깔로 보인다. 가령 에이핑크는 이름으로 그룹의 정체성을 직설적으로 설파한다. 오마이걸은 "소녀들의 핑크빛 사랑법"을 그리기 위한 배경을 《Pink Ocean》(2016)으로 설정하고 "사랑에 빠진 소

녀의 복잡 미묘한 순수한 마음을 핑크빛 바다 위의 고래에 비유"(〈Liar Liar〉)한다.[26]

핑크는 통상적으로 여성적인 색채다. 여성 전용 주차 라인은 분홍색으로 표시된다. 화장실 표식부터 장난감과 문구류에 이르기까지 일상적으로 하늘색과 분홍색(또는 파랑과 빨강)이 각기 남녀를 대변하는 색깔로 사용되지만, 이러한 인식이 만들어진 것은 그리 오래되지 않았다. 파랑은 마리아 숭배에서도 볼 수 있듯 오히려 여성적인 색이었다. 역사적으로 핑크는 복합적이고 배반적인 색채다.

역사학자 조 B. 파올레티는 수 세기 동안 남녀 모두 6세 무렵까지 흰색 옷과 기저귀를 착용했다는 사실을 전한다. 흰 천은 오염되어도 표백할 수 있었기 때문이다.[27] 19세기 중반 무렵 분홍색과 하늘색이 다른 파스텔 톤 색상과 함께 아동에게 가까워졌지만 특정한 색으로 성별을 표현하지는 않았다. 오히려 지금과 반대인 시기도 있었다. 1918년 6월 유아와 청소년 정보를 다루는 미국 매거진 『언쇼스Earnshaw's』에는 "남아에게는 분홍색이, 여아에게는 파란색이 일반적"이라고 쓴 기사가 실렸다. 기사에 따르면 "좀 더 단호하고 힘찬 핑크색이 남아에게 더 적절하고, 섬세하고 앙증맞은 파란색이 여아에게 더 예쁘기 때문"이다. 1927년 『타임』은 미국의 주요 상점의 판매 동향을 참고해 남녀 아이들에게 적합한 색상을 보여주는 도표를 싣고는 남아에게는

분홍 옷을 입히라고 조언했다.[28]

1950~1960년대에 이르러서야 여러 기업이 화장품·의류·자동차 등 여성 소비자를 대상으로 한 제품의 마케팅 전략으로 분홍색을 활용하면서 의식의 변화가 생겼다. 유방암 캠페인의 시그니처로 사용되는 리본의 색깔도 핑크다. 아이젠하워와 케네디 같은 미국 대통령의 영부인이 핑크 드레스를 입은 이후 한동안 분홍은 품위를 드러내는 색깔로 통했다. 반대로 분홍색(또는 복숭아색)은 생기 있는 피부색으로 치환되어 포르노그래피의 상징으로 통용되기도 한다. 용례가 많다. 창녀를 뜻하는 분홍녀粉紅女, 성적 행위를 다루는 도색桃色 잡지, 일본에서 음란물을 뜻하는 핑크 필름처럼.

섹슈얼리티를 상징하지 않아도 핑크는 여성의 징표가 된다. 의료 기술의 발달로 태아의 성 감별이 가능해진 이후 아동용품 판매 전략으로 핑크/블루 제품을 구분하는 것이 공식화되었다. 여성용 제품이나 서비스의 가격이 남성용보다 비싸게 책정되는 현상을 꼬집는 핑크 택스pink tax라는 용어도 결국 여성을 핑크로 대유하는 사례가 아닐까. 여성과 남성을 색깔로 구분하는 도식은 연습생을 선발해 여돌 그룹과 남돌 그룹을 결성한 경연 프로그램 「프로듀스」 시리즈에서도 발견되었다. '여자 편'과 '남자 편'으로 구성된 시리즈마다 주조색으로 핑크와 블루를 내세웠다.

그렇다면 검은색은 어떤 의미인가. 밤과 어둠, 죽음의 색이다. 미지의 세계를 의미하기도 한다. 검은색은 흰색과 대비되는 측면이 많은데 가령 흑백 논리는 인종을 구분할 때도 사용되었다. 검정은 질병(흑사병)·낮은 가격(블랙 프라이데이)·위험(블랙리스트)·범죄(검은 돈) 등 부정적인 의미로 거론될 때가 많지만, 흑자黑字같이 긍정적인 의미로 사용될 수도 있다. 검정이 의류(드레스)에 사용되면 절제미와 세련미를 드러내는 수단이 된다.

블랙핑크는 핑크에 대한 통념을 블랙으로 부정한다. "예쁘게만 보지 마라" "보이는 게 다가 아니다"라며[29] 반전 의도를 주장하는 것이다. 가칭이 핑크펑크Pinkpunk였다고 하니 이름에 대립적인 요소를 넣으려 했던 것은 분명하다. 낙점된 이름은 핑크로 여돌 그룹임을 명시하는 동시에(남돌 그룹의 이름에 핑크를 사용하지는 않으므로), 대개 남돌 그룹 이름에 사용되는 블랙을 도입함으로써 전통적인 여성성을 그대로 따르지 않는다는 태도를 취한다. 도전적이며 반항적인 이미지를 드러내기 위해 검은색을 사용한 것이다. 블랙핑크는 어떤 점에서 색상에 내재된 젠더 통념을 고스란히 수용한다.

블랙핑크가 자신의 이름을 드러내는 방식은 표면적으로 앨범 커버의 색상을 통일하는 데 있다. 그간 발표한 음반의 커버 아트는 모두 핑크와 블랙을 중심으로 구성되었다. 디지털 싱글 〈Square One〉(2016)과 〈Square Two〉(2016)의 커버 아트워크는 한 쌍처럼 보인다. 핑크와 블랙의 비율을 역전한 디자인으로 일관성과 차별성을 동시에 부여했다. 이어서 발표한 디지털 싱글 〈마지막처럼〉(2017)의 커버는 분홍색과 보라색 필터를 입힌 고대 그리스 신전 사진이다. 이 이미지는 뮤직비디오(서현승 연출)의 첫 장면과 일치한다. 영상은 신전 양식을 본뜬 무대에서 시작해 열차 플랫폼 등 여러 장소를 배경으로 삼는데, 이 배경 또한 커버 이미지와 비슷하게 핫 핑크부터 보라색까지 다채로운 톤의 분홍색을 연출 요소로 활용하고 멤버들은 검은색 의상에 분홍색 넥타이나 리본을 하고 춤을 춘다. 피지컬 EP 《Square Up》(2018)과 《Kill This Love》(2019)는 두 가지 커버로 발매되었다. 핑크 버전과 블랙 버전이다.

가사에도 블랙과 핑크가 자주 등장한다. 사랑 때문에 심장이 까맣게 탔다고 표현한("내 심장의 색깔은 black") 〈불장난〉은 그나마 어휘 선택에 개연성이 있지만 대체로 가사 속에서 블랙과 핑크는 단조롭게 사용된다. 〈붐바야〉의 "Black to the Pink", 〈뚜두뚜두〉의 "Black 하면 Pink 우린 예쁘장한 Savage", 〈Kill This Love〉의 "Blackpink in Your Area"처럼 가사의 전반적인 스토리라인과 상관없이 블랙핑크 자신을 호명하는 시그니처이자 스웨깅 기능에 지나지 않기 때문이다. 그런 점에서 색상은 태도를 의미하기도 한다.

초기의 레드벨벳과 다르게 블랙핑크는 블랙과 핑크를 음악적으로 엄밀하게 나누지는 않는다. 두 가지 색깔은 한 곡 안에서 혼용되는데, 가령 캐치한 멜로디 부분은 핑크, 강렬한 랩 부분은 블랙에 해당할 것이다. EP 《Kill This Love》에서는 이 같은 기준이 곡별로 나뉘는 경향이 있다.

핑크는 핑크이고 블랙은 블랙이기 때문일까. 사실 이 두 가지 색을 섞으면 어느 한쪽의 색에 가까워질 뿐 새로운 색은 탄생하지 못한다. 이러한 분절적인 태도는 블랙핑크가 가지고 있는 문제점과 같은 맥락에 있으며, 투애니원과 유사하거나 그로부터 진보하지 못하는 경향과도 맞물려 있다. '핑크'는 고전적인 태도를 보여주고 '블랙'은 부수거나 끊어버리는 식의 태도를 견지하는데, 이런 방식을 진화라 부르기는 어렵다.

남돌의
핑크 사용법

그런데 핑크를 남돌이 사용한다면 어떨까?

사실 이성애자 남성이 분홍색 옷을 입는 것을 꺼리는 서구권의 사회적 통념도 그렇게 오랜 것은 아니다. 제2차 세계 대전 당시 나치의 강제 수용소에 감금된 이들이 몇 가지 표식을 통해 분류되었는데, 그중에 게이에게는 (성범죄자에게도 부여되던) 분홍색 삼각형 배지가, 레즈비언에게는 (반사회 분자를 뜻하는) 검은

색 삼각형 배지가 부착되었다. 이를 통해 분홍색 삼각형(나아가 분홍색)은 성소수자가 받은 고난을 뜻하는 동시에 LGBT 무브먼트의 상징이 되어 분홍색(나아가 라벤더색)을 호모섹슈얼한 색상으로 간주하는 집단 무의식이 발동하게 되었다.

핑크의 의미는 다채롭다. 그런 점에서 에이핑크, 블랙핑크, 그리고 BTS가 향하는 방향이 서로 다를 것이다. BTS의 여섯 번째 미니 앨범 《Map of the Soul: Persona》(2019)의 표지는 분홍색이다. 이 앨범의 대표곡 〈작은 것들을 위한 시(Boy with Luv)〉 뮤직비디오(룸펜스 최용석 연출)에서 멤버들은 다양한 톤의 분홍 의상을 입고 있다. 힙합을 표방한 초기 시절에 무대 및 영상에서 대체로 블랙이나 무채색 계열이 사용된 것과 대비된다. 분홍색을 내세운 숨은 의도가 있는지는 알 수 없고 단순히 분홍색을 사용했다고 해서 섹슈얼리티에 도전했다고 볼 수도 없겠지만, 이는 남돌에게 이례적인 결정이다. 2019년 4월 BTS 공식 트위터에 멤버 뷔는 "전 핑크가 요즘 제 눈에 오던데요"라는 코멘트와 함께 분홍색 의상과 신발을 착용한 모습을 올렸다.

색채 스펙트럼을 확대하면 핑크는 보라와도 가깝다. 보라는 빨강과 파랑(또는 분홍색과 하늘색)의 합성색으로 어느 색의 비율이 높은가에 따라 자색violet·담자색mauve·자주색purple·라벤더색·가지색·와인색·자두색 등으로 다양하게 표현된다. BTS의 상징색은 보라색이다. 뷔는 2016년 팬미팅에서 "보라색은 상대방을 믿고 서로서로 사랑하자는 뜻"이라며 "보라해! Purple U"라는 알쏭달쏭한 말을 남겼다. 2019년 팬 미팅과 월드 투어를 위해 서울과 부산을 비롯해 런던·파리·뉴욕 등에 방문했을 때는 지역의 랜드마크 건물과 시설에 보라색 조명을 밝혔다. 일시적으로 보라색을 부각한 여돌의 활동도 있었다. 2020년 여름 선미는 사랑하는 연인과 보낸 환상적인 밤을 소재로 한 〈보라빛 밤〉을 발표했다. 노래는 '선미표 시티 팝'으로 홍보되었고 뮤직 비디오(김지용 연출)와 무대의 주요 포인트는 보라색으로 처리되었다.

보라색은 자주색이기도 하다. 지미 헨드릭스Jimi Hendrix의 〈Purple Haze〉(1967)는 당시 자주색 캡슐에 담겨 판매되던 환각제와 그로부터 비롯된 몽환적인 상태를 묘사한 곡으로, 이는 '사랑의 여름Summer of Love'으로 표현되는 1960~1970년대 미국의 자유롭고도 혼돈스러운 시대정신을 반영한다. 한편 프린스Prince의 〈Purple Rain〉(1984)에서 퍼플이란 붉은 피와 파란 하늘을 조합한 색이다. BTS의 보라는 이와 다르다. 말하자면 핑크와 비슷한 맥락에서 사용된다.

결론적으로 에이핑크는 핑크를 지향하고 블랙핑크는 핑크에 도전한다. 색상으로 정체성을 드러낸다는 것은 기존의 젠더와 섹슈얼리티에 대한 고정관념을 강화하는 일이기도 하지만 거꾸로 이에 대한 저항이 될 수도 있다. 핑크를 사용하는 주체가 누구인지에 따라 그 의미는 달라진다. 특히 성별에 따라 핑크는 각각 다른 의미를 갖는다. 이제 여돌에게 핑크란 어떤 전형 또는 그에 대한 비판의 수단이 되지만 남돌에게 핑크는 새로운 시장이다.

여름,
여돌의 계절일까?

"우리가 옛날에 활동하던 시절이 여름 바다 같았잖아. 되게 핫하고."

MBC「놀면 뭐하니?」(47화, 2020.6.20)에서 유재석(유두래곤)·이효리(린다G)·비(비룡)가 결성한 혼성 그룹 싹쓰리 멤버 가운데 〈다시 여기 바닷가〉 가사를 직접 쓴 이효리가 한 말이다. 그에 따르면 화려하고 열정적인 아이돌과 그들의 음악은 계절로 비유하면 여름에 가깝다.

이 프로그램에서 혼성 그룹이 여름 노래를 만든 것에는 역사적 맥락이 있다. 국내외를 막론하고 여름은 휴가와 낭만의 계절이고, 여러 가수가 이를 노래에 반영해왔다. 멀리 가면 1970년대에는 키보이스의 〈해변으로 가요〉와 징검다리의 〈여름〉 등에서 여름을 젊음과 사랑의 계절로 묘사했다. 1990년대에도 아이돌을 포함해 여러 그룹들이 여름을 노래했고 성공을 거뒀다.

쿨은 여름 이미지가 정체성인 혼성 그룹이었고, 〈해변의 여인〉 (1997) 등 히트곡 대다수가 여름을 겨냥했다. 그 외에도 듀스의 〈여름 안에서〉(1994)·DJ DOC의 〈여름 이야기〉(1996)·클론의 〈꿍따리 샤바라〉(1996)·룰라의 〈3!4!〉(1996)·유피의 〈바다〉 (1997) 등 그 시대 여름 노래는 혼성 그룹이나 남성 그룹의 시장이었다.

여름은 여전히 '댄스 그룹'에게 유리한 계절이다. 가을에는 발라드, 여름에는 댄스로 시즌 송을 분류하는 업계의 관행상 여름은 콘셉트를 잡기도 편한 데다 행사가 많이 잡히는 계절이기 때문이다.[30] 그런데 이제는 매체에서 '걸 그룹 여름 대전' 같은 어구가 자주 사용된다. 여돌에게 여름만이 주요 타깃 시즌인 것은 아니고 남돌이라고 해서 여름에 음반을 발표하지 않는 것도 아니지만, 여돌이 여름을 겨냥하고 발표하는 노래가 늘기 시작했다. 이 현상은 그리 오래되지 않았다. 2010년대 초중반 무렵 본격화된 것으로 보인다. 여름은 노출이 많은 계절이므로 여돌이 신체를 많이 드러낸다고 해도 크게 문제를 지적하지 않는데, 이 이유가 현실적으로 중요했으리라 생각한다.

2017년 여름은 트와이스·레드벨벳·블랙핑크·마마무·에이핑크 등이 주도했다.[31] 2018년 여름은 방탄소년단과 워너원의 공백기였고, 소녀시대나 씨스타 같은 대중적 여돌 그룹이 부재하면서 생긴 빈자리 때문에 아이돌 간의 경쟁 구도가 복잡해졌다.

2020년 상반기에는 코로나 바이러스 사태로 인해 여러 아이돌의 컴백이 연기되면서 여름이 격전기가 되었다. 여돌 그룹 3대장으로 지칭되는 트와이스·레드벨벳(유닛)·블랙핑크가 복귀했고 선미와 청하 같은 솔로도 가세했다. 장르적으로는 트와이스의 〈More & More〉와 오마이걸의 〈살짝 설렜어〉가 트로피컬 하우스를 도입한 것처럼 상당수의 아이돌이 여름마다 해변 휴양지에서 보내는 휴가를 묘사하듯 경쾌한 스타일을 택해왔다.

소녀나 걸이라는 이름을 가진 여돌 그룹이 각기 다른 위치를 점하는 것과 마찬가지로, '여름돌'의 양상은 모두 다르다. 2011년 여름 에프엑스는 〈Hot Summer〉로 한강·동해·워터파크에서 "재밌게" 놀자면서 "까만 신 옷"을 입자는 엉뚱한 제안을 했다. 2017년 여름 여자친구는 〈여름비〉로 "찬란하게 빛나던" 여름을 회고하며 "맑은" "투명한" 감성을 강조했다. 2014년 〈Touch My Body〉를 발표한 씨스타는 제목처럼 '내 몸을 만져보라'는 도발을 취했다.

씨스타는 2011~2015년 〈So Cool〉〈Loving U〉〈Give It To Me〉〈Touch My Body〉〈I Swear〉〈Shake It〉 등 다수의 노래를 여름(6~8월)에 발표해왔다. 이렇게 5년 동안 여름에만 컴백한 결과 씨스타는 여름을 대표하는 여돌 그룹이 되었다.[32] 이들은 건강한 몸매를 과시하며 섹스어필하는 전형을 따르고, 뮤직비디오 내용은 가사와 거의 무관하게 바닷가와 물놀이와 여행의 유쾌함이 차지한다.

여자친구는 데뷔 2년 차였던 2015년 〈오늘부터 우리는〉을 시작으로 2016~2019년 〈너 그리고 나〉 〈여름비〉 〈여름여름해〉 〈열대야〉 등 매년 여름마다 신곡을 발표했다. 그 가운데 가장 직설적인 여름 시즌 송은 〈여름여름해〉다. 이 곡은 여름을 감정으로 묘사한다. '여름여름한 기분'이란 파도치는 바닷가에서 별이 반짝이는 밤에 느끼는 설렘이다. 휴가를 누리는 즐거움과 여행을 향한 떨림이 사랑의 감정과 비슷하다는 것이다.

사실 아이돌의 여름 노래는 성별 불문하고 대체로 비슷한 분위기를 띤다. 여행을 떠나자고 권하고 뮤직비디오를 통해 휴가를 보내는 장면을 보여주는 것이다. NCT 127의 〈Summer 127〉(2017)과 펜타곤의 〈Summer!〉(2019)는 산이나 바다로 떠나는 설렘을 표현하거나 추억을 남기자고 제안한다. 여름 노래에 본인들의 세계관을 결합한 사례도 있다. "엑소 세계관의 새로운 시작을 알리는" 정규 4집 《The War》(2017) 타이틀곡 〈Ko Ko Bop〉은 "피할 수 없는 운명적인 전쟁을 앞둔 밤, 수줍어하지 말고 리듬에 따라 춤추며 마지막 이 밤을 함께하자는 내용"이다.[33] 장르에 있어선 세계적으로 유행했던 레게(또는 뭄바톤)를 실었고, 뮤직비디오(김자경 연출)에는 휴양지에서 보낸 시간을 묘사했다. 카메라는 강렬한 색상 대비를 강조하며 스포츠카·숲·폭죽·건물·하늘 등을 비춘다. 초능력이 발휘되는 순간도 포착되었다.

SF9의 〈여름 향기가 날 춤추게 해(Summer Breeze)〉(2020) 뮤직비디오에서는 자동차와 오토바이를 탄 멤버들이 도로를 질주한다. 또 다른 배경은 황량한 폐건물과 공터다. 회색빛 갯벌 앞에는 파란 스포츠카가 있다. 이것은 계절과 상관없이 남돌의 뮤직비디오에 흔히 나타나는 정경이다. 그 뒤 바에서 총을 겨누는 장면을 넣어 느와르와 웨스턴 스타일을 조합하기에 이른다. 그렇지만 이 영상은 탁 트인 옥상으로 이동해 파란 하늘을 배경으로 청셔츠를 입고 춤을 추는 장면으로 마무리하며 이들이 '청량돌'임을 입증한다.

인피니트의 여름은 그와 다르다. 〈그 해 여름〉(2012) 뮤직비디오는 집에서 텐트를 치고 자전거를 타면서 여행에 대한 기대와 설렘을 보여주다가 파도치는 바닷가 장면으로 끝이 난다. 〈그 해 여름(두 번째 이야기)〉(2016) 뮤직비디오에서는 휴양지 펜션에서 작은 콘서트를 준비하고 공연을 한다. 실제로 인피니트는 '그 해 여름'이라는 제목으로 2012·2014·2016년 여름 (소극장 형태의) 공연을 했다. 너와 함께한 여름의 추억과 그에 대한 그리움을 자신들의 콘서트로 연결한 것이다. 이 노래들은 말하자면 팬들에게 보내는 '팬송'이다.

그러니까 남돌은 여름을 통해 세계관을 정립하거나, 콘서트(혹은 팬)에 대한 그리움을 담거나, 음악 또는 영상의 다양함을 도모하기도 한다.

파랑과 빨강,
여름의 색깔

여름 노래는 색깔과 긴밀하다. 바다와 하늘의 색은 청량하고 시원한 분위기를, 태양과 과일의 원색은 강렬한 분위기를 줄 수 있어 이러한 이미지를 노래 및 의상과 영상에 적극적으로 사용하는 경우가 많다.

그중에 파랑은 세계적으로 선호되는 색상이다. 하늘과 바다의 색이기 때문이다. 나아가 파란색(하늘색)은 칸딘스키가 말한 바대로라면 '순수에 대한 동경'을 상징한다.[34] 그래서 숭배와도 가깝다. 가톨릭의 마리아는 파란 망토를 입은 존재로 묘사되었다. 이전까지 로마인이 켈트족이나 게르만족 같은 이방인의 색으로 여겼던 청색의 가치가 12~13세기 이후 반전된 결과다. 이제 청색은 청사진blueprint이나 블루칩blue chip처럼 희망과 비전을 비유하는 데 동원된다. 블루는 반대로 우울한 상태를 표현하는 형용사가 되기도 한다. 피카소에게는 '청색 시대'가 있다. 1901~1904년 무렵 검푸른 색이나 짙은 청록색 물감으로 하층민의 절망과 슬픔을 화폭에 담은 시기다. 블루스blues는 아프리카계 노예들의 혹독하고 고단한 생활과 감정을 담는 것으로 시작된 장르다. 또한 블루는 존 콜트레인의 《Blue Train》(1958)·마일스 데이비스의 《Kind of Blue》(1959)·조니 미첼의 《Blue》(1971)·마돈나의 《True Blue》(1986)·매시브 어택의 《Blue Lines》(1991) 등의 앨범 제목이 보여주는 것처럼 예로부터 음악인이 사랑해온 색채다.

여름의 여돌 그룹 대다수도 파랑에 기댄다. 여름 노래의 뮤직비디오는 파란 바다에서 활영한 것이 많고, 이 배경에서 여돌은 대개 청 반바지를 입고 있다. MBC 「놀면 뭐하니?」에서 결성된 혼성 그룹 싹쓰리가 듀스의 〈여름 안에서〉를 리메이크하면서 찍은 영상은 여름의 흔한 재현이다(49화, 2020.7.4). 파란색과 흰색으로 매치한 의상을 착용했고 파란 하늘과 바다, 하얀 배 위를 배경으로 삼았다.

2018년 여름 트와이스는 〈Dance The Night Away〉로 여름의 새로운 주인공이 되었다. 뮤직비디오(나이브 연출) 속 주인공들은 조난을 당한 듯 무인도에 불시착했지만 즐거운 시간을 보낸다. 과일을 따 먹고 바닷가에서 물놀이를 하고, 파도치는 여름 밤을 축제의 현장으로 만들면서 함께 춤을 추자고 권한다. 모두 흰색 원피스 또는 청 반바지와 원색 티셔츠를 입고 있다. 트와이스가 3년 연속 장기 계약을 한 이온 음료 광고는 바다와 하늘의 색채를 병치해 여성 연예인을 모델로 한 대중적인 여름 이미지의 전형을 완성했다. 2019년 〈Boogie Up〉을 통해 '서머 퀸'으로 등극한 우주소녀도 이러한 어법에서 크게 벗어나지 않았다.

레드벨벳은 2014년 8월 〈행복〉으로 데뷔했다. 이후 〈빨간 맛〉이 실린 《The Red Summer》(2017), 〈Power Up〉이 실린 《Summer Magic》(2018), 〈짐살라빔〉이 실린 《'The ReVe Festival' Day 1》(2019)까지 발랄한 에너지를 발산한 작품은 6~8월에 나왔다. 여름 이미지를 묘사하는 방식도 다양해 이 시즌에 나온 뮤직비디오의 일부는 '납량 특집'이나 공포 영화처럼 짐짓 송연하다.

레드벨벳의 이런 노래는 '레드' 콘셉트에 해당한다. 밝고 활기차며 선명한 이미지를 부각하기 때문이다. 〈빨간 맛〉이 묘사하는 세계는 다 빨갛다. 딸기의 맛이 빨갛고, 여름의 맛이 빨갛다. 사랑의 색깔, 나아가 사랑에 빠진 우리의 색깔도 빨갛다. 뮤직비디오(성창원 연출)는 빨간색 외에 여러 가지 색깔을 팔레트처럼 펼쳐 놓는데, 이 색은 과일에서 왔다. 멤버들에겐 시그니처 과일이 있다. 아이린은 수박, 예리는 포도, 조이는 키위, 슬기는 파인애플, 웬디는 오렌지다. 앨범의 아트 워크에도 과일 숲의 이미지를 활용해 멤버들이 떠난 이상하고 신비한 여행을 표현한다(CD 알판도 다섯 가지 과일을 등분해 디자인했다).

〈Power Up〉 뮤직비디오(김자경 연출)도 그 연장선상에서 색채를 사용한다. 배경은 노란색 벽과 하늘색 플로어다. 멤버들도 노랑과 파랑 옷을 입었다. 연두색·하늘색·노란색·보라색·빨간색 TV 화면과 음료수가 오버랩된다. 〈빨간 맛〉에서처럼 주요 이미지는 아니지만 잠깐씩 과일이 나온다. 여자친구의 〈여름여름해〉 뮤직비디오(고유정 연출)에도 과일(체리·파인애플·오렌지·청포도)과 주스(빨강·노랑·파랑) 이미지가 순간순간 등장한다. 그 밖에 차가운 얼음 이미지가 여름휴가를 보내는 주인공들의 자잘한 서사에 개입한다.

파랑의 반대편에 놓일 때 빨강은 뜨거운 색이다. 열정과 사랑의 색이자 금기와 경고의 색이다. 불같고red-hot 혈기 왕성한red-blooded 색이다. 적색기와 레드 콤플렉스, 현행범red-handed, 홍등가red-light district 등의 표현에서 보듯 혁명, 범죄, 섹스같이 전혀 다른 이미지를 가진 색이기도 하나. 빨강은 예수와 성직자 권력의 상징이기도 했지만 역설적으로 낙인(주홍 글씨)과 배신(유다), 마녀와 악마를 대변할 수도 있다. 그림 형제의 『빨간 모자Little Red Riding Hood』, 안데르센의 『빨간 구두The Red Shoes』 같은 동화에 상징적으로 쓰인 빨간색에 대한 분석은 이 글에 다 적지 못할 정도로 다양하다.

성적인 암시로 빨강 이미지를 사용한 대표적인 노래는 현아의 〈빨개요〉(2014)다. "빨간 립스틱" "잘 빠진 몸매" 등의 도발과 뮤직비디오(쟈니브로스 연출)에 등장하는 원숭이-사과-바나나 연쇄 상징은 성적인 은유로 이어진다. 그렇게 '패왕색'(일본 애니메이션 「원피스」에서 유래한 표현으로 압도적 섹시함을 의미한다)의

대명사가 된 '현아는 빨갛다.'

〈빨개요〉 뮤직비디오에는 빨간 사과가 등장한다. 사과는 금
단과 유혹을 상징하는 열매로 통하지만 성서에서 이브(하와)
가 에덴동산에서 따 먹은 선악과는 상상 속 나무에 열린 미지
의 열매다. 라틴어의 악malum이 사과mālum와 발음이 비슷하다
는 점에서, 성경에 기초한 대서사시인 존 밀턴의 『실낙원Lost
Paradise』(1667)이 선악과를 사과로 명기하며 굳어진 상징이다.
『백설 공주』에는 독이 든 사과가 등장한다. 컴퓨터의 아버지 앨
런 튜링은 청산가리가 묻은 사과로 자살했다. 비틀스는 'Apple
Corps'라는 이름의 회사를 차렸고 스티브 잡스는 'Apple
Computer Company'를 시작했다(심지어 둘 사이에 상표권 분쟁
도 있었다). 뉴턴이 만유인력의 법칙을 발견한 계기처럼 사과는
인류의 역사를 뒤바꾼 순간에 등장한 지혜의 열매다. 아들의 머
리 위에 놓인 사과를 화살로 쏜 빌헬름 텔의 이야기에도, 세잔의
그림 속에도 사과가 있다.

빨간 사과는 현아의 사례처럼 성적인 암시를 주는 이미지로
사용되기도 하지만, 2020년 여름 여러 여돌에게 사과란 변화나
저항을 의미하는 것이었다. 트와이스의 〈More & More〉(나이브
연출)와 블랙핑크의 〈How You Like That〉(서현승 연출) 뮤직비
디오에는 (잠깐이기는 하지만) 빨간 사과를 든 장면이 있다. 여자
친구는 〈Apple〉에서 성적인 은유와 동시에 금기나 위반의 맥

락을 끌어온다. "발자국은 핏빛"이고 "유리구슬은 붉게 빛"날 뿐
아니라 "붉은빛 물" "반짝이는 루비" 등 가사에 등장하는 많은
것이 빨갛다. 심지어 "새빨간 꿈을 꾼다." 그렇게 "수줍은 아이"
는 "마녀"가 되었다. 빨간 사과는 태초의 낙원을 상징하는 초록
의 풀밭이나 자연과 대조된다. 뮤직비디오(구짜 연출)에서 멤버
들은 흰 드레스에서 검은 드레스로 환복한다. 모두 색채를 통한
상징이다.

여돌은 대개 여름의 파티와 축제를 통해 활기차고 긍정적인
에너지를 획득한다. 트와이스의 〈Dance The Night Away〉, 레
드벨벳의 〈빨간 맛〉과 〈짐살라빔〉처럼. 이는 현실과 동떨어진
판타지에 가깝다. 하지만 저돌적으로 놀변해 섬뜩한 매혹을 담
기도 한다. 여름을 노래하는 여돌의 행보를 한마디로 표현하는
일은 점점 어려워지고 있다.

우주에는 여돌의 공간이 있을까?

아이돌의 세계관

언제부턴가 '컨셉'이라는 표현을 빼고 아이돌을 설명하기는 어려워졌다. '개념'을 뜻하는 콘셉트concept는 마케팅 업계에서 제품 및 서비스의 주제나 방향을 정할 때 사용되는데, 우리의 생활 속에 침투하면서 아이돌의 이미지를 설명할 때도 유용한 표현이 되었다. 가령 오마이걸은 '요정 콘셉트'에 가깝다. 현아의 솔로 활동 전략은 '섹시 콘셉트'다. 이러한 구분은 사후적인 평가이기도 하지만, 사실 아이돌의 기획과 데뷔 때부터 작동하는 것이다. 사전에 설정한 콘셉트를 통해 일정 범위의 팬층을 예상할 수 있음은 물론, 팬덤과 교감하는 방식이 결정되기 때문이다.

1990년대에 등장한 1세대 아이돌에게도 확고한 콘셉트는 있었지만 그 전환도 신속했다. H.O.T.는 학교 폭력을 고발하는 〈전사의 후예〉로 데뷔한 뒤 달콤하고 명랑한 사랑 노래 〈Candy〉를 '후속곡'으로 정해 활동을 이어갔다. 음악적인 스타일은 물론 의상과 안무 등 무대 활동과 타깃 범위까지 방향이 다른 이

두 노래는 모두 H.O.T.의 데뷔 앨범 《We Hate All Kinds of Violence...》(1996) 수록곡이다. 후속곡(나아가 타이틀곡 이외의 상당수 수록곡)은 때때로 타이틀곡의 실패를 만회하거나 이미지 변신을 단행할 기회로 종종 이용되었기에 음악적인 통일성과 연속성은 보장되지 않았다.

당시 아이돌뿐 아니라 주류 가수가 데뷔하거나 '컴백'하면서 내놓는 앨범에는 열 곡 내외의 노래가 실렸고, 타이틀곡과 후속곡 외의 나머지 재생 시간을 '필러들'이 채웠다. 이에 따라 수록곡은 '백화점식'으로 나열되었다. 다양한 장르의 음악을 열거하는 과시적 행보가 미덕이던 시대의 산물이었다. 우왕좌왕하다가 히나리도 '얻이 걸리기'를 바라는 업계의 요행적 기대가 담긴 배열이기도 했다.

콘셉트의 확장
세계관의 등장

디지털을 매개로 한 대중음악 시장의 급속한 개편은 정규 앨범의 가지도 바꾸었다. EP(미니 앨범)나 싱글이 시장을 주도하면서 작품 규보가 축소되었고 이를 반영한 상품이 등장했다. 타이틀곡의 방향을 정하고 후속곡으로 전환을 노리는 '콘셉트 이분법'에서 벗어나, 정교한 기획으로 일정한 콘셉트를 구성해 일정 기간 동안 이를 유지하는 것이다. 말하자면 콘셉트에 풍부한 이야기를 부여하는 것, 즉 일회적인 주제 설정을 넘어 계속해서 이어갈 만한 긴 서사를 만드는 것이다. 앨범 수록곡의 수가 줄면 작품의 내적 통일성을 강화할 수 있을뿐더러 이는 아이돌에게 개성을 부여하는 방법도 된다. 그룹의 수가 증가할수록 각 그룹을 구분하기 위한 명확하면서도 연속적인 색깔이 요구되기 때문이다.

이러한 스토리텔링으로 아이돌은 춤을 추고 노래하는 현실적인 대중 가수이면서 동시에 해당 그룹만의 독자적인 이야기를 전하는 상상적인 아바타가 되었다. 가령 동방신기東方神起는 '동방에서 일어난 신'들이다. 천상지희天上智喜는 '천상의 지혜와 기쁨'을 모두에게 알리는 메신저다. 2000년대 초중반 SM엔터테인먼트에서 데뷔한 두 그룹은 이러한 이색적인 이름으로, 나아가 여타의 그룹 멤버들과 다른 독특한 작명법으로('영웅재중' '희열다나' 등) 기존 아이돌과 다른 신비로운 이미지를 구축하는 동시에 아시아 시장 진출에 대한 야망도 함께 드러냈다.

SM엔터테인먼트가 선구적으로 시도한 아이돌 스토리텔링은 이제 하나의 현상이 되어 '세계관'이라는 용어로 거듭났다. 세계관은 작품 세계에 대한 배경과 설정을 말하는데, 이때 세계란 월드world가 아닌 유니버스universe로 표현되는 가상의 세계다. 할리우드 대형 영화 스튜디오에서 구축된 마블 시네마틱 유니버스, 혹은 컴퓨터 및 모바일 게임에서 구현된 가상의 세계와 비슷한 스토리텔링 기법을 아이돌 문화가 받아들인 것이다. 이 세계 안에서 각 그룹의 멤버에게는 서로 다른 상像 또는 아이디가 부여된다. 말하자면 멤버 개개인은 현실적이면서 비현실적인 캐릭터가 되는데 이는 아이돌의 본래 의미에도 부합한다.

아이돌의 세계관은 우주를 배경으로 삼고 로봇이나 초능력 이미지를 활용해 SF적인 분위기를 연출할 수도 있지만, 학창 시절이나 첫사랑 같은 생활 밀착형 테마를 선택할 수도 있다. 무엇이 되었든 특정한 주제 하나를 정해 연작으로 펼쳐 놓는 경우가 많다. 대개 한 해 동안 유지하는 이 세계관은 가사 외에 음반 아트·의상·안무·뮤직비디오·공연 등 음악적인 방향을 유기적으로 연결하고 통합하는 기준이 되어주기도 하고, 관련 부가 상품 개발에도 준거점이 되어 팬덤의 형성과 확장에도 큰 역할을 한다.

지구 안팎에서
아이돌이 그리는 세계

그룹만의 고유한 서사, 즉 세계관 형성의 원초적인 사례로 손꼽을 만한 것은 SM엔터테인먼트의 동방신기일 것이다. '동방에서 일어난 신'이라는 의미를 가진 동방신기는 아직 정교하고 엄밀한 세계관을 정립하지는 않았지만, SM엔터테인먼트 특유의 영웅 또는 초인을 근간으로 하는 판타지 서사의 서막을 열었다. 흥미롭게도, 앨범명이자 곡명에 표명한 것처럼 사회의 진화와 발전 양태를 정-반-합으로 요약하고[35] 사회 통합적이고 희망적인 비전을 싣기도 했다. 이후에 데뷔한 엑소는 조금 더 구체적으로 초현실적 세계관을 구축한다. 그들 고유의 세계관에 따르면 엑소의 (초기) 멤버 열두 명은 태양계 외행성exoplanet에서 온 초능력자들이다. 나아가 이 세계관은 서로 다른 두 개의 유닛 EXO-K(한국)와 EXO-M(중화권, M은 만다린을 뜻한다)을 설명하기 위해 평행 세계를 설정했다.

엑소에 이은 SM엔터테인먼트의 남돌 그룹 NCT는 '꿈'이라는 모티브를 중심으로 연결된다. 제약이나 한계가 없는 꿈의 속성을 토대로 해 다수의 멤버로 '무한개방·무한확장' 콘셉트를 설정했다. 전 세계 각지에 존재하는 NCT는 꿈을 통해 연결되고 공감되며 음악을 통해 하나가 된다.[36] 이러한 설정에 따라 일부 팀을 세계의 주요 도시 기반으로 나누기도 했는데, 가령 서울-도쿄 유닛인 NCT 127(127은 대한민국 서울의 경도를 의미한다)은 서울의 풍경을 영상으로 담고 그 위에 자신들의 음악과 삶에 대한 이야기를 얹기도 했다. 저연령 멤버로 구성한 '청소년 연합팀' NCT 드림은 "10대들에게는 꿈과 희망을, 성인들에게는 힐링을"을 포부로 삼았고, 활동 중에 성년이 된 멤버를 졸업시켰다(졸업 제도는 곧 폐지되었다). 한편 방탄소년단에게는 여러 가지 세계관이 있다. 그중 『데미안』 『오멜라스를 떠나는 사람들』 등 문학과 연계된 서사가 좋은 평가를 받았다.

엑소의 근거지가 태양계 외행성이고 NCT 127이 아시아의 대도시를 향하는 것처럼 특정 장소와 공간을 자신들의 이름으로 삼아 세계관을 구축한 여돌도 있다. 우주소녀는 지구 바깥 미지의 세계인 우주를, 공원소녀는 현실 속의 장소인 공원을 선택했다. 공원소녀에 따르면 "공원은 누구나 갈 수 있고, 꿈을 키울 수 있는 공간"이다.[37] 익숙한 공간의 의미를 확대해 그룹의 이상과 야망을 표현한 것이다. 반면 우주소녀는 소원을 이루어주는 마법사 소녀 이비시를 부각하기 위해 우주를 이름에 명시한 것으로 보인다.

아이돌의 세계관에서 나타나는 가장 흔한 경향은 '성장 서사'다. 소년 소녀에서 어른이 되어가는 과정을 그리는 것이다. 방탄소년단이 2013~2014년 '학교 3부작' 《2 COOL 4 SKOOL》 《O!RUL8,2?》 《Skool Luv Affair》로 제도 교육을 비판하는 목소리를 담았다면, 세븐틴은 2015~2016년 '소년 3부작' 〈아낀다〉 〈만세〉 〈예쁘다〉로 활기찬 학교생활과 사랑의 설렘을 표현했다. 2019년 데뷔한 투모로우바이투게더는 '꿈 3부작'으로 꿈꾸는 소년을 그린다. 그 밖에 스트레이키즈의 'I Am 3부작', 골든차일드의 '자아 찾기 3부작' 등 남돌에게 자아 찾기 여정은 필수가 되었다.

이처럼 3부trilogy 구성은 아이돌이 세계관을 구현하고 서사를 만드는 보편적인 방식이다. 여돌 그룹도 차츰 이 경쟁에 뛰어들었다. 대개 여돌이 선택하는 소재는 현실적이다. 여자친구는 입학-방학-졸업 시즌으로 구성한 '학교 3부작'에서 활기찬 소녀 시절을 그리고, 러블리즈는 '소녀 3부작'을 통해 짝사랑의 감성을 그린다. 성장과 사랑은 누구에게나 보편적인 소재지만 관점에는 성별 차이가 있다. 방탄소년단의 '청춘 2부작'은 소년이 성인이 되면서 겪는 내면의 고뇌에 초점을 둔다. 러블리즈의 '사랑 3부작'은 소녀가 성인이 될 때 사랑이 중심에 놓인다는 것을 보여준다.

그러나 여돌의 서사가 그렇게 단순하지만은 않다. 아이즈원은 꽃과 색깔을 주제로 2018~2020년 《COLOR*IZ》《HEART*IZ》《BLOOM*IZ》 연작을 발표했고, 씨스타는 여름을 주제로 〈Touch My Body〉〈I Swear〉〈Shake It〉을 이었다. 레드와 벨벳이라는 이중 콘셉트를 오가던 레드벨벳은 〈짐살라빔〉〈음파음파〉〈Psycho〉로 '페스티벌 3부작'을 완성했다. 드물게 어둡고 부정적인 화두를 선택한 경우도 있다. 선미는 경고를 테마로 〈가시나〉〈주인공〉〈사이렌〉을 구성했다. 드림캐쳐는 악몽을 연작의 주제로 택했는데, 이는 뱀파이어·지킬 앤드 하이드·저주 인형·시간 여행자·그리스 신화의 케르·신선·조향사 등 변화무

쌍한 이미지로 틈새시장을 노린 '콘셉돌' 빅스의 행보와 비슷한 구석이 있다.

2020년 기준 12인조 그룹인 이달의소녀는 매달 멤버를 한 명씩 공개하는 장기적인 전략을 짰다. 공개된 멤버를 묶어 순차적으로 유닛을 구성했는데, 각각 지상계(1/3)·천상계(yyxy)·중간계(오드아이써클)로 구획했다. 이들은 "우리의 목표는 음원 차트 1위가 아니라 이달의소녀라는 세계관을 넓혀나가는 것!"이라고 [38] 밝힌 바 있다. 그룹 스스로 '루나버스'라고 부르는 고유의 세계관을 얼마나 중시하는지 짐작할 수 있는 언급이다.

세계관이 유행처럼 번지면서 그에 대한 피로감도 동시에 몰려왔다. 세계관의 형성과 확장 자체에만 몰두한 탓인지 지나치게 복잡하고 과도한 '학위 논문급 세계관' '세계관을 위한 세계관'도 생겨났다.[39] 너무 많은 3부작이 등장했고 무엇이든 3부작일 수 있게 되었다. 그럼에도 길을 잃고 헤매지만 않는다면 세계관과 스토리텔링은 분명 아이돌에게 좋은 이정표가 된다.

로봇부터 물리학까지
가상의 세계에서

세계관 구축에는 전혀 다른 여러 시선이 작동한다. 가장 성공한 남돌 그룹인 방탄소년단이 "공간적으로는 학교 바깥으로, 시간적으로는 소년에서 청년이 되기 직전의 순간까지 세계관을 확장"한[40] 것처럼 리얼리티에 기반하기도 하지만, 가상이나 상상의 세계를 배경으로 캐릭터를 설정하고 스토리를 구성해 물리적, 현실적 제약을 뛰어넘기도 한다. 물론 여기에도 현실 세계가 투사된다. 간접적이고 은유적인 방식으로, 혹은 부지불식간에 현실이 반영되고 요약된다. 이것은 아이돌을 통해 기대하고 희망하는 미래에 대한 밑그림이 되어주기도 한다.

특히 남돌 뮤직비디오에서 나타나는 흔한 설정 하나는 우주나 미래의 지구에 안드로이드 또는 우주인이 등장하는 것이다. 용어 구분을 하자면 안드로이드android는 인간과 흡사한 로봇 또는 기계고, 사이보그cyborg(cybernetic+organism)는 생체(인간) 기반에 기계(로봇)가 결합된 형태다. 옛 영화 캐릭터로 예를 들면 터미네이터는 안드로이드이고 로보캅은 사이보그다. 휴머노이드humanoid는 로봇이든 외계인이든 인간의 형태를 한 것으로, 안드로이드를 포함하는 상위 개념이다. 쉽게 말해 휴머노이드와 안드로이드는 전체가 기계이지만, 사이보그는 기본적으로 인간이다.

그룹을 우주에서 온 외계 존재로 설정한 엑소나 B.A.P.는 이런 전형의 모태다. 2020년 데뷔한 남돌 그룹 크래비티는 "독창적인 매력으로 여러분을 우리의 우주(평행 세계)로 이끌겠다"고 했다. 빅스도 〈Error〉(2014)로 활동할 때 사이보그를 비롯해 비인간형 아이템을 다수 이용했다. 우주라고 하면 떠올리게 되는 외계인과의 싸움, 또는 지구를 지키기 위한 레지스탕스는 남돌이 주로 전유한다. 이를 구체화하기 위해 밀리터리 룩이나 전사 모드로 스타일링을 하는 경우가 많은데, 우주는 이러한 연출에 당위를 부여하는 배경이 된다.

SM엔터테인먼트는 소속 남돌 그룹에 이러한 미래주의적 연출을 자주 활용해왔다. 동방신기 〈Humanoids〉(2012)·샤이니 〈Everybody〉(2013)·엑소 〈Power〉(2017)·NCT 127 〈Super human〉(2019)에 이르기까지 계보가 보일 정도다. 동방신기는 '우리는 휴머노이드'("We are humanoids")라고, NCT 127은 '우리는 슈퍼휴먼'("We are superhuman")이라고 선언했다. NCT 127이 향하는 세계가 그간 기반으로 삼은 실제 도시(서울)가 아닌 '초인간'의 세상이라는 점은 의아하지만, 나 자신의 가능성을 열어놓고 "한계를 시험"하라는 (남돌이 애용하는) 테마를 초인간 이미지와 엮은 것은 또 이상하지 않다. 동방신기는 "유토피아"를 만들고 미래의 역사를 쓸 주인공이 나 또는 우리라고 말한다. 엑소는 모든 열쇠가 너에게 달려 있다고 말한다. 이 모든 노래는 긍정적이고 직진적이며 희망적이다. 그리고 이것은 남돌이 보여주는 (이 책의 다른 장의 주제에 해당되는) 위로와 응원의 서사다.

우주 또는 미래 도시에서 전사 모드를 취한 이 판타지 세계관을 남돌의 전유물로 단정할 수는 없다. 디스토피아를 묘사한 여돌의 뮤직비디오가 몇 개 있다. 미래의 암울한 도시가 여동생을 구하기 위한 복수극의 배경 정도로만 작동하긴 하지만, 연작 드라마 형식으로 구성한 티아라의 〈Day by Day〉〈Sexy Love〉(2012, 차은택 연출)가 대표적이다. 그룹 역사상 역대급 제작비를 투여했다는 투애니원의 〈Come Back Home〉 뮤직비디오(2014, 신동글 연출)에서 멤버들은 화염병과 폭탄을 들고 가상의 세계("virtual paradise")에 저항하는 레지스탕스로 등장한다. 이런 서사와 설정은 SF 또는 사이버펑크 영상물에서 흔히 볼 수 있는 클리셰다.[41]

동일한 기준을 적용해 동일 엔터테인먼트 회사 소속 아이돌의 콘텐츠를 비교해 볼 만하다. YG엔터테인먼트 소속 빅뱅과 투애니원의 뮤직비디오는 비슷하면서도 다른 점이 있다. '여자 빅뱅' 투애니원의 데뷔 싱글 〈Fire〉 뮤직비디오(2009, 서현승 연출)는 'street' 버전과 'space' 버전으로 구성되어 있다. 거리라는 설정은 빅뱅과 마찬가지로 힙합을 강조한 음악적 지향이 반영된 것이라면, 우주라는 배경은 차원이 다른(또는 4차원적인) 미래 지향을 드러낸다. "21세기의 새로운 진화21C New Evolution"에서 비롯된 그룹명처럼 '퓨처리스틱'하고 '사이버펑크'적인 기운이 감돈다. 영상에 등장하는 세트는 실물이 아닌 조형적이고 인위적인 산물임을 명시하고, 일부 등장인물은 우주복을 입고 금속 소재 액세서리를 하고 있다. 빅뱅의 경우 남성성을 강조하려는 의

도로 자동차와 오토바이 같은 차량을 흔히 동원하는데 이는 투애니원도 마찬가지다.

그러나 두 가수의 뮤직비디오는 결국 다르다. 빅뱅은 부단히 남성임을 각인시키지만, 투애니원은 여성이라는 사실을 숨기거나 탈색한다. 빅뱅은 상체 탈의를 하거나 상의를 풀어 헤쳐 복근을 드러내다가 나중에는 노골적으로 여성을 대상화한다. 〈Bae Bae〉(2015, 서현승 연출)는 빅뱅이 처음 찍은 '19금' 뮤직비디오로 화제가 되었다. 비현실 세계에서 이루어지는 육체적인 사랑을 표현한 만큼 성적 메타포로 가득하다. 금발의 여성 마네킹이 나온다. 여성을 꽃으로 표현한다. 말을 타는 장면은 '에로 영화' 「애마부인」을 연상케 한다. 달(로 추정되는 곳)에서 개량 한복을 입은 빅뱅 멤버들과 외국인 여성이 강강술래를 한다. 우주에서 떡이 부딪치는 장면도 있다. 액체를 채운 주사기도 나온다. 빅뱅은 이 뮤직비디오를 두고 "성적인 측면에서 직접적인 장면 없이 추상적"으로 연출했으며 "음흉하다기보다 유머러스하고 아방가르드하게 표현하고 싶었다" "엽기적이면서도 재미있게 풀이했을 때 듣는 맛에 보는 맛이 더해질 거라 여겼다"고[42] 했는데, 남돌에게 '아방가르드'한 '유머'가 무엇인지 잘 보여준다. 이러한 묘사를 통해 실력과 창의력을 겸비한 아티스트가 된다. 반면 투애니원의 뮤직비디오에 성적인 농담은 없다. 멤버들을 성적인 대상으로 묘사하지도 않는데, 이는 실력이 있는 여성 아티스트라는 사실을 부각하기 위한 연출인 것일까.

반대로 우주적 판타지가 섹시한 코드와 만나면 어떻게 될까? 앞서 제시한 티아라가 한쪽을 차지한다면 다른 한쪽에는 브라운아이드걸스가 있다. 브라운아이드걸스의 6집 《Basic》(2015)은 현대 물리학과 양자 역학을 모티브로 삼았다고 공언했다는 점에서 심상치 않다. 디스코와 펑크funk를 기반으로 조율된 이 앨범은 "세상의 본질"을 논하는 철학과 과학의 키워드를 "인간의 감정"과[43] 연결하고자 했다. 앨범의 타이틀곡 〈신세계〉는 올더스 헉슬리의 작품명에서, 〈웜홀〉은 우주 물리학 이론에서 가져온 제목이다. 물론 심오한 과학 이론을 해설하는 것이 노래의 목적이 아니라서 이를 사랑의 관계에 빗대다 보니 때때로 난해해지다 못해 난처해진다. 노래 〈신세계〉에 붙인 영문 제목은 헉슬리의 작품명인 'Brave New World'가 아니라 'Light, Space, Dream'이고(어두 자음만을 모아 보면 야릇해진다), 〈웜홀〉의 영문 제목은 천체물리학 이론의 'worm hole'이 아니라 'warm hole'이다(다시 한 번 야릇해진다).

여돌의 공간은 얼마나 넓은가?
면적의 불평등

여성주의를 클래식 음악 비평에 도입한 음악학자 수잔 매클러리는 『하버드 음악 사전』을 인용해 악곡의 마침꼴을 다음과 같이 설명한다. "한 악구나 악절의 마지막 화음이 강박에 오면 '남성적' 마침꼴cadence 혹은 종결ending이라고 불리고, 이 화음이 지연되어 약박에 오게 되면 '여성적' 종결이라고 불린다. 남성적 종결은 정상적인 것으로 간주되지만 여성적 종결은 보다 낭만적인 스타일에서 선호된다." 이후 마침꼴뿐 아니라 곡의 주제나 세부적인 화음 등을 성별에 빗대어 구분하는 음악사적 관행으로 "남성적인 것은 강하고 정상적이며 객관적"이지만 "여성적인 것은 약하고 비정상적이며 주관적"이라는[44] 믿음이 생겼다고 수잔 매클러리는 지적한다.

클래식만이 아니다. 대중음악의 영역도 성별의 영토처럼 구획되어 왔다는 사실을 길게 지적할 필요는 없을 것이다. 팝과 록 같은 음악 스타일 사이, 피아노와 기타 같은 악기 사이에도 이를 남성적/여성적으로 구분하는 관습이 존재했다.

다른 많은 영역과 마찬가지로 음악의 역사에서 여성은 부재하는 편에 가깝다. 그렇다고 여성이 음악 활동을 하지 않았다는 뜻은 아니다. 클래식의 전통에서 음악은 여성적인 영역이었다. 18~19세기 유럽 중산층 사이에서 피아노는 정숙함과 우아함 등 여성에게 기대되는 덕목에 부합하는 악기였다. 음악학자 니콜라스 쿡이 말한 대로 "요점은 여성이 음악을 연주하지 않은 것이 아니라 집에서 연주했다는 것이다. 오페라 하우스 같은 예외를 제하면 여성들은 아마추어로 돈이 아닌 친구들을 위해 연주했다."[45] 여성의 음악 활동이 집 안과 실내에서 행해지는 사적인 연주 활동으로 한정되었기에 공식적인 음악 역사에서 무시되었다. 여성에게 집은 가사와 육아가 이루어지는 공간이었지 지금처럼 '홈 리코딩'을 할 수 있는 창조적 공간이 아니었다.

실내에서
야외에서

음악과 공간, 성별을 둘러싼 의문을 한국 아이돌의 상황에 적용해보려 한다. 뮤직비디오는 이를 살펴볼 수 있는 좋은 예시다.

영상 속에서 남자들의 이야기는 바깥세상에서 전개되는 것이 익숙하다면, 여자들의 이야기는 집을 비롯해 학교나 건물 내부 같은 실내를 배경으로 이루어지는 경우가 많다. 일찍이 집, 그리고 침실은 여성의 영역으로 간주되어왔다. 남성들은 외부에서 모험을 즐기고 이를 통해 성장하지만, 여성들은 내부에 머무르며 소소한 일상을 보낸다. 물론 이러한 공간적 배경은 아이돌이 그때그때 발표하는 노래의 스타일에 따라 달라질 수 있기 때문에 일반화할 수는 없다. 가령 남녀 아이돌을 불문하고 힙합 기반일 경우에는 거리가, 여름 노래일 경우에는 해변이 등장한다.

집과 방은 같힌 곳일 수 있지만, 사적이고 아기자기하며 친밀한 장소임에 틀림없다. '자기만의 방(혹은 침실)'은 사랑의 설렘이나 이별의 슬픔을 자유롭게 표출할 수 있는 개인적이고 내밀한 공간이면서 나아가 삶을 꾸는 장소가 될 수 있다. 이러한 방의 역할에 문학적 상상력을 더하면 방과 다르지만 방과 동일한 기능을 하는 공간을 개척할 수 있다. 꽃 이미지의 집합인 꽃밭, 즉 정원이 그 예다. 정원을 소재로 한 에이핑크의 〈Secret Garden〉(2013)과 오마이걸의 〈비밀정원〉(2018)에는 공통점이 있다. 두 노래 속에서 정원이란 공개적이고 열려 있는 장소가 아니다. 나만의 내밀한 공간이자 선택된 너만을 초대할 수 있는 곳이다.

차이가 있다면 에이핑크의 '비밀 정원'은 사랑이 시작되는 곳이고 오마이걸의 '비밀 정원'은 꿈이 자라나는 장소라는 점이다. 특히 후자는 단순히 사랑과 연애를 위한 아지트가 아니다. 아직은 직지민 소중한 꿈을 키워나가는 너와 나의 공간이다. 외부 세계이면서도 내부 세계이며 마음속의 세상이다. 한정적이고 정적인 공간이라는 점에서 방이나 집 안 같은 인상이 들기도 하지만 외부와 연결되는 곳이라는 점에서 실내가 갖는 부정적인 이미지를 벗어난다.

화자의 꿈이 실현되는 곳이 현실적인 장소라 해도 환상적인 환경으로 그릴 수 있다. 이러한 꿈과 환상의 공간을 오마이걸이 〈비밀정원〉에서 정원과 우주로 설정했다면, 레드벨벳은 〈짐살라빔〉에서 놀이공원을 지목한다. 오마이걸의 정원도, 레드벨벳의 놀이공원도 속성은 비슷하다. 실내도 아니고 사적인 공간도 아니다. 열려 있는 공적인 장소지만 그보다는 마음속의 풍경을 옮겨 놓은 것처럼 보인다.

반면 많은 남돌이 공간을 개방적으로, 실험적으로 사용한다. 한때 뮤직비디오 촬영에 원 테이크 기법이 유행한 적이 있다. 엑소의 〈으르렁〉 뮤직비디오(2013, 조수현 연출)는 지하 주차장 같은 회색빛 공간을 배경으로 멤버 열두 명의 노래와 춤에만 집중한다. 방해 요인 없이 역동적인 줌 인과 줌 아웃을 통해 원 테이크로 촬영된 까닭에 퍼포먼스가 생동감 있게 담겼다. 빅뱅의 〈Love Song〉 뮤직비디오(2011, 한사민 연출)는 2억 원의 제작비가 들어간 대작으로, 전라도 부안 계화도 간척지에서 와이어 캠과 대형 크레인을 동원해 원 테이크로 촬영했으며 엔딩에 차량

폭파 신도 담았다. 방탄소년단의 〈Save Me〉 뮤직비디오(2016, GDW 연출)는 빅뱅의 경우와 마찬가지로 전라도 부안의 간척지에서 촬영되었고, 황량한 벌판과 구름 낀 하늘을 반분해 거대한 자연과 비루한 청춘의 현실을 교차시킨다. 광활한 간척지에서 원 테이크로 촬영된 빅뱅과 방탄소년단의 작품 모두 흑백에 가까운 톤으로 세팅되어 있으며 역동적으로 움직이는 카메라가 특징이다.

반면 폐쇄적인 공간이 노래의 주제와 정서를 더 극적으로 전달할 수도 있다. 친구에 대한 그리움을 따뜻한 계절에 대한 기다림으로 형상화한 방탄소년단의 〈봄날〉 뮤직비디오(2017, 룸펜스 연출)는 멤버들이 즐겁게 보내는 시간과 친구가 사라진 시간을 대비해 보여준다. 극 후반에 멤버들은 설국 열차에서 벗어나 황량하고 광활한 설원을 걸어간 뒤 나무 위에 (친구의 것으로 추정되는) 신발을 걸어 놓는다. 한 아이의 희생으로 다수의 행복을 이룩한다는 내용의 소설, 어슐러 K. 르 귄의 『오멜라스를 떠나는 사람들』이 중첩되는 장면이다.

이에 비견되는 사례로 레드벨벳의 〈7월 7일〉(2016)을 꼽을 수 있다. 노래는 견우와 직녀가 만나는 날에서 착안해 사랑과 이별의 슬픔을 다룬다. 뮤직비디오(신희원 연출)에선 비와 바다 등 물의 이미지를 활용한다(촛불은 이와 대비되는 장치다). 작은 보트 안에 누워 있거나, 유리창 너머로 비 오는 바깥 풍경을 보여주거나, 일부 멤버를 문밖에 둔 설정은 단절로 인한 슬픔의 감정을 배가시킨다. 엔딩은 보다 폐쇄적이다. 바깥이 아닌 복도에서 암전되면서 끝난다. 개방된 공간에서 '열린 결말'을 연출한 방탄소년단의 〈봄날〉과 다른 접근이다.

　두 작품 모두 누군가와 만나지 못한다는 사실을 다루지만 레드벨벳의 뮤직비디오에서는 슬픔이 더 극적으로 표현된다. 이 두 작품 모두 공표한 적은 없지만 세월호 사건을 비유한 것으로 회자되었다.[46]

거리로, 세계로
열린 장소로 나아가기

　엠넷 「퀸덤」(2019, 여돌 그룹 출연)의 후속 프로그램 「로드 투 킹덤」(2020, 남돌 그룹 출연)은 코로나 바이러스 창궐로 인해 집객을 하지 않는 대신 무대를 넓게 설치했다. 그로 인해 이 경연에 참여한 남돌 그룹은 공간에 대한 제약에서 전보다 자유로울 수 있었고, 조명과 무대 장치를 비롯해 댄서도 늘어 공연의 규모도 전반적으로 확대되었다. 남돌 그룹은 이 넓은 무대 위에서 성공 여부가 관건일 정도로 고난도의 동작을 선보였다. 덕분에 기예와 아크로바틱이라고 설명될 만한 다양하고 강렬한 경연이 펼쳐졌다.

「퀸덤」에 비해 「킹덤」에 출연한 그룹의 멤버 수가 더 많았으니 무대의 스케일은 상황에 따라 차이가 생길 수 있다. 남돌과 여돌이 무대로 구분되지도 않는다. 그런데도 공간의 사용에서 남돌은 개방적이고 여돌은 폐쇄적으로 보이는 것은 단순히 착시인가.

이는 아이돌만의 문제가 아니다. 정치 철학자 아이리스 영은 여성이 몸을 이용하고 공간을 인식하는 일반적인 양상을 설명한다. "여성은 자신이 놓인 공간을 자유롭게 이용하고 움직일 수 있는 열린 공간이 아니라, 무언가에 둘러싸인 제한된 공간으로 인식한다. 이러한 인식 속에서 공간과 자신의 관계를 유동적이고 변화 가능한 것으로 보는 남성과 달리, 여성들은 자신을 공간적 주체로 인식한다기보다 공간에 고정되어 있는 대상처럼 인식한다."[47]

공간과 몸에 대한 이러한 인식이 과연 여성의 본질적인 성향 때문일까. 무대와 뮤직비디오 등 연출이 개입되는 공간 영역은 대개 남성 전문가에 의해 주도되는, 또는 그들에 의해 학습된 경우가 대부분이라는 사실을 떠올려야 한다. 다시 말해 여성의 공간 인식은 본질적으로 고정된 것이 아니라 역시 사회 문화적으로 '구성된' 것이다.

빅뱅과 투애니원의 뮤직비디오를 살펴보자. 이들과 작업한 대표적인 연출자는 서현승과 한사민이다. 빅뱅의 〈Fantastic

Baby〉〈Bang Bang Bang〉〈Bae Bae〉〈쩔어〉〈에라 모르겠다〉와 투애니원의 〈날 따라 해봐요〉〈Can't Nobody〉〈박수쳐〉〈내가 제일 잘 나가〉 등 서현승이 연출한 뮤직비디오는 화려한 색감에 여러 가지 관습적인 상징을 사용하곤 한다. 반면 한사민의 뮤직비디오는 흑백이나 모노톤 배경에 슬로 모션으로 서정적인 분위기를 내는 연출이 많다. 등장인물은 도시의 뒷골목을 어슬렁거리거나 걸어간다. 빅뱅의 〈Loser〉〈Love Song〉〈Bad Boy〉, 투애니원의 〈Lonely〉〈Ugly〉가 그렇다.

두 그룹은 여러 차례 뮤직비디오에서 젊음을 표현해왔다. 대개 분노와 저항, 방황과 질주를 동적으로 묘사한다. 이는 빅뱅을 비롯한 여러 남돌에게 익숙한 것이지만 예외적으로 투애니원에게도 가까운 것이다. 그들의 분노나 저항은 물건을 던지고 걷어차고 부수는 것으로 형상화된다. 타오르는 불꽃을 동원하기도 한다. 등장인물이 거리를 배회하는 장면으로 방황하고 고뇌하는 마음을 표현한다. 여기서 조금 더 나아가면 달리는 것이다. 달리는 여성의 이미지는 중요한데, 대체로 역동적이고 적극적인 캐릭터가 등장하며 달리기를 통해 바깥세상으로 나아가기 때문이다. 투애니원의 경우 힘차게 질주하는 이미지 위주의 전반기와 달리 후반기에는 다소 차분히 거니는 모습이 종종 보이는데 외로움과 쓸쓸함이 지배적이다.

방송국의 프로그램 역시 여돌의 달리는 이미지를 이용한다.

2020년 12월 '런 트립'을 표방한 리얼리티 프로그램, 엠넷 「달리는 사이」에서 선미·청하·하니(EXID)·유아(오마이걸)·츄(이달의소녀)는 함께 달리고 먹고 자는 '사이'가 된다. 그들이 경쟁자가 아니라 공감하고 이해하는 동반자가 된다는 점에서 이 프로그램은 로드 무비나 성장 영화와 같은 어법으로 그려진다. 함께 달리는 '사이'에 그들은 각자 삶의 속도도 돌아본다. '사이'와 마찬가지로 '달리기'도 중의적인 의미를 띠는데, 우선 달리기는 한계를 넘는 행위이다. 조금만 숨이 차도 멈추어버렸다는 유아는 이제 그 순간을 잘 넘기고 나면 편안하게 달릴 수 있음을 배운다. 또한 달리기는 여유와 충전 없이 바쁘게 살아왔던 속도를 표상한다. 청하는 경기장에서 퇴장당하지 않기 위해 채찍질을 가하며 경주마처럼 질주해왔다고 고백한다. 오래전부터 달리기를 해온 하니는 "숨이 찰 때 속도를 늦춰도 된다는 걸 미리 알았다면 좋았을" 것이라 이야기한다.

여자친구의 〈시간을 달려서〉 뮤직비디오(2016, 쟈니브로스 홍원기 연출)는 한강 철교를 달리는 열차에서 시작해 각 멤버들이 버스 정류장·열차 플랫폼·강변 등에서 뛰어오는 장면이 연결되며 끝난다. 이달의소녀도 달린다. 이달의소녀 유닛 1/3은 〈지금, 좋아해〉 뮤직비디오(2017, 디지페디 연출)에서 육상부로 분해 트랙에서 이어달리기를 한다. 안드로이드로 설정된 멤버(비비)는 초원과 도로를 달리다가 배터리가 방전되자 숨이 차고 가슴이 두근거려 멈춰 선다. 이것은 "너를 만나기 위해 달려가는 소녀를 그린"[48] 이야기다. 두 작품 속에서 달리기는 사랑이나 그리움 같은 감정의 다른 이름이지만, 결국 달리기를 통해 실내를 벗어나 외부의 장소를 연결하는 것으로 역동적인 여돌을 그린다.

한편 여러 나라의 프로덕션이 연출에 참여한 이달의소녀의 〈Butterfly〉 뮤직비디오(2019, 디지페디 연출)에는 전 세계 몇몇 도시의 아파트 단지와 옥상이 등장한다. 국적과 인종이 다양한 여러 소녀가 한국·프랑스·홍콩·아이슬란드 등을 배경으로 거리에서 질주하고 춤을 추며 벽으로 돌진하고 책상 위에 올라선다. 멤버 이브가 말한 바대로 이달의소녀는 이 뮤직비디오를 통해 "젠더·인종·국적을 뛰어넘으려는"[49] 시도의 단초를 보여준다.

차트에서
여돌의 공간은

아이돌이 차지하는 공간이란 무대나 촬영지 같은 물리적인 장소가 전부가 아니다. 아이돌의 영역과 경쟁을 살펴볼 수 있는 대표적인 현장 하나는 차트다.

대중음악 산업은 대개 이성애를 기반으로 작동하기 때문에 남돌 그룹의 팬은 여성이, 여돌 그룹의 팬은 남성이 다수를 이룬다. 물론 남녀 아이돌 어느 쪽이나 적극적인 여성 팬의 역할이 중요하며, 여성 팬의 비율이 높은 여돌 그룹도 존재한다.[50] 그렇지만 전반적으로 적극적인 여성이 팬덤을 주도하는 남돌 그룹보다는 여돌 그룹의 팬층이 약하다는 평가를 받는다. 결국 여돌 그룹은 이를 극복하기 위해 강조할 것이 많아진다. 좋은 음악, 아름다운 외모, 그리고 높은 회전율 등. 대중이 기억하기 쉬운 노래를 만들어야 하고, '꿀벅지' '베이글' '우윳빛깔' 등 신체와 외모를 이용해 다양한 접근을 해야 하며, 행사나 광고 등 노출의 빈도를 높여 수익을 창출해야 한다.

여돌 음악의 대중성은 차트를 확인할 때 단적으로 드러난다. 여돌의 경제적 가치를 분석한 책 『걸그룹 경제학』에는 2007~2017년 무렵까지 '멜론 차트에서 3회 이상 1위에 오른 아이돌 음원'을 정리한 대목이 있다. 여기 해당하는 여돌은 원더걸스·트와이스·씨스타 등 14팀(29곡)이지만 남돌은 빅뱅과 FT아일랜드 단 두 팀(5곡 가운데 4곡이 빅뱅)에 불과하다.[51]

2019년 5월 가온차트도 비슷한 통계를 내놨다. 2011~2018년 '남녀 아이돌별 음원 이용량 비중(연간 차트 TOP 100 기준)'에 따르면 전체 음원 이용량에서 아이돌의 음원이 약 30%를 차지한 가운데 평균적으로 남돌(평균 12.3%)보다 여돌(평균 18%)의 음원 소비 비중이 높았다.[52]

앨범은 다르다. 2020년 가온차트 상반기 앨범 판매량에 따르면 압도적인 1위는 방탄소년단이고, 그 밖에 세븐틴·백현·NCT

127 등이 10위권에 포함된 가운데 여돌은 아이즈원과 트와이스가 전부다. 이는 남돌 팬덤의 앨범 구매력을 보여주는 지표다. 반면 같은 시기 음원 순위에서는 남돌의 노래를 찾기 어렵다. 1위는 지코의 〈아무노래〉, 2위는 창모의 〈Meteor〉로 힙합 기반의 노래다. 그리고 장범준의 〈흔들리는 꽃들 속에서 네 샴푸향이 느껴진 거야〉, 노을의 〈늦은 밤 너의 집 앞 골목길에서〉, 악동뮤지션의 〈어떻게 이별까지 사랑하겠어, 널 사랑하는 거지〉 같은 발라드 계열 노래가 강세였다. 여기 속한 여돌의 노래는 아이유의 〈Blueming〉〈마음을 드려요〉와 레드벨벳 〈Psycho〉다.[53]

이상의 통계를 살펴보면 남돌은 앨범의 영향이, 여돌은 싱글의 영향이 더 크다. 이는 여돌이 '대중적'으로 소비되는 반면 남돌이 '덕후적'으로 소비된다는 일반적인 통념을 뒷받침하는 결과다. 남돌을 향한 구매력은 앨범을 중심으로 공연과 관련 상품의 판매 등으로 순환되지만, 팬덤의 기반이 약한 여돌은 음악 자체보다 다른 외적인 요소에 의해 영향을 받게 된다.

따라서 결국 남돌보다는 여돌에 대한 시장의 반응을 예측하기 어려운 경우가 많다. EXID나 여자친구처럼 우발적인 사건이나 역주행을 통해 인기를 얻는 일이 여돌에게 더 많이 일어나는 이유이기도 하다. 무엇보다 이들의 대중적 성과는 명백히 음악적 매력까지 고려했기 때문에 얻어진 결과라는 사실도 잊지 말아야 한다.[54]

해외 시장은
누구의 땅인가

해외 시장으로 눈을 돌리는 일, 그것은 비단 한국 엔터테인먼트 산업에만 절실한 과제는 아니다. 한국의 거의 모든 산업은 수출 지향적 산업 구조를 가지고 있다. 케이팝으로 요약되는 한국 음악 산업도 마찬가지다. 국위 선양이라는 모토는 한국의 여러 음악 가운데 아이돌 음악을 케이팝의 동의어로 만들었고, 문화 스스로의 힘이 아닌 국가 정책과 결탁해 한류를 권장해왔다(물론 그런다고 해서 다 성공하는 것은 아니지만).

수많은 케이팝이, 아이돌이 외국(특히 미국)의 문을 두드렸다. H.O.T.는 중국의 문을 열었고, 동방신기는 일본에 진출해 큰 인기를 얻었다. 여돌의 경우 보아가 일본에서, 베이비복스와 장나라가 중국 등에서 큰 성과를 거뒀지만 이후 성공 공식을 만들어내거나 집단적 흐름을 창출하지는 못했다.[55] 더군다나 미국을 비롯한 서양을 의식해 영어로 노래한 일련의 시도는 한동안 그들의 시선을 사로잡지 못했다. 이후 일어난 일들에 대해서는 여기서는 생략한다.

그로부터 10년 정도 흐른 2011년, 미국의 대중음악 전문지들이 케이팝을 주목했다. 『스핀』은 당해의 음악을 결산하며 9위에 현아의 〈Bubble Pop!〉을 선정했다.[56] 「피치포크」는 '한류의 부상'을 다룬 장문의 기고를 통해 투애니원의 〈내가 제일 잘 나가〉·현아의 〈Bubble Pop!〉·애프터스쿨의 〈Shampoo〉 등 당시 여돌의 노래 다수를 언급했다. 여기서 언급된 남돌의 노래는 GD&TOP의 〈뻑이가요(Knock Out)〉 정도였다.[57] 다시 말해 〈강남 스타일〉(2012)이 세계를 강타하기 직전에 한국의 남돌보다 여돌이 주목받고 있었다는 것이다. '맨땅에 헤딩'하는 방식으로 미국에 입성한 원더걸스는 〈Nobody〉로 2009년 '빌보드 핫 100' 차트에 오른 첫 케이팝 그룹이었다. 그해 초 보아는 미국에서 발표한 1집 《BoA》로 '빌보드 200'에 진입한 최초의 한류 가수가 되었다. 소녀시대는 2011년 「데이비드 레터맨 쇼」에 출연했다.

음악 산업 분석가 케이틀린 켈리는 2019년 『엔터테인먼트 위클리』에 케이팝이 빌보드 등 세계 여러 차트에 진입한 과정을 기록하면서 이 토대를 마련한 것은 여성 아이돌이라고 썼다.[58] 이 글은 미국의 대형 음악 페스티벌인 코첼라의 2019년 라인업에 블랙핑크가 포함되었다는 사실과 함께 오마이걸·레드벨벳·선미·티파니 영(소녀시대) 같은 여성 아이돌의 투어 소식도 전한다. 그러면서 싸이와 BTS의 대성공 이전에 여돌 그룹의 다양한 해외 진출 시도가 있었다는 사실에 주목한다. 이 글의 제목은 '케이팝 걸 그룹이 마침내 미국에서 통한 이유Why K-pop girl groups are finally getting their due in America'다. 물론 이 제목을 곧이곧대로 성별 대결로 해석할 필요는 없다. 남돌보다 여돌이 해외에서 더 활발히 활동했다거나 더 중요한 아티스트였다고 이해하자는 뜻은 아니다. 다만 결과가 다르다는 것을 생각해볼 필요가 있을지도 모른다. 다 같이 시도했으나 가장 영예로운 순간은 남성 아티스트에게 돌아갔고 애석하게도 디딤돌 역할을 한 여돌의 이름은 대부분 잊혔다. 왜 그렇게 되었을까.

이 글은 미국의 공연 섭외 문화를 둘러싼 한계도 다룬다. 서브컬쳐엔터테인먼트(LA를 기반으로 한 케이팝 투어 프로모터), KCON(CJ ENM이 2012년부터 해외에서 매년 개최하고 있는 케이팝 콘서트), 골든보이스(코첼라 등 콘서트 및 페스티벌 주관사) 등 미국 기반의 케이팝 전문 콘서트 프로모터들은 공연 라인업을 구성할 때 주로 소셜 미디어를 지표로 삼기 때문에 팬덤에 의해 결정되는 수요를 따를 수밖에 없었다고 설명한다. 공연 문화가 여태 남돌에게 유리하게 작동했다는 것이다.

서브컬처엔터테인먼트 대표 데릭 리는 "과거에는 걸 그룹으로 이익을 남기기는 매우 어렵다고 믿었다"고 말한다. 그의 추정에 따르면 케이팝을 소비하는 주요 인구는 젊은 여성이다. 아이돌 소셜 미디어 계정의 팔로워 90% 이상도 여성이다. 구체적인 수치도 있다. 2018년 뉴욕과 LA에서 열린 KCON 참석자의 81%는 여성이었다. 따라서 남돌을 섭외해 여성 팬에게 티켓을 파는 것이 유리한 게임이었지만("우리는 항상 소년들을 데려와서 소녀들에게 어필하려고 했다"), 2019년 미국의 공연 시장은 "케이팝에서 기존과 다른 인구 통계를 발견"했다. 2019년 레드벨 벳의 미국 콘서트 티켓을 구매한 관객의 절반가량이 남성이었기 때문이다. KCON 담당자 위니 갈바도레스는 "남자들은 여돌을 좋아하고, 여자들은 남돌을 좋아하는 것으로 추정하여 이성애 중심적으로 라인업을 구성했다"고 자인하면서도, 블랙핑크의 코첼라 페스티벌 출연이 향후 케이팝 공연에서 시장성을 확보하는 터닝 포인트가 될 것이라고 기대했다.

이는 당장의 무대를 앞둔 블랙핑크를 위한 의례적인 멘트였을지 모른다. 그렇지만 이후 블랙핑크의 글로벌한 행보가 이어졌다는 사실은 주목할 필요가 있다. 2020년 5월 블랙핑크는 레이디 가가의 〈Sour Candy〉에 한국어 랩으로 피처링했다. 2020년 6월 발표한 블랙핑크의 〈How You Like That〉 뮤직비디오(서현승 연출)는 유튜브 역사상 최단 시간 1억 뷰(32시간)와 2억 뷰(7일) 기록을 달성했고 그룹은 미국 NBC「지미 팰런 쇼」를 통해 컴백을 알렸다. 현재 블랙핑크의 글로벌한 위상을 가늠할 수 있는 지표들이다.

가장 한국적인 것이
국제적인 것?

세계로 시선을 돌릴수록 한국적인 것을 돌아보는 일은 글로벌한 뮤지션에게 지극히 당연하다. 지드래곤은 미시 엘리엇과 협업한 〈닐리리야(Niliria)〉(2013)에 "이건 랩으로 하는 국제적 외교"라는 가사를 실었다. 빅뱅은 〈Bae Bae〉 뮤직비디오에 한복을 입은 장면을 넣었다. 세계적인 그룹이 된 방탄소년단은 〈Idol〉(2018)에서 국악의 장단과 추임새를 넣었고, 뮤직비디오에서는 산수화 같은 풍경 속에서 부채를 들고 개량 한복을 입는 등 한국적(사실은 이국적) 분위기를 활용했다. 방탄소년단의 슈가가 발표한 〈대취타〉(2020)는 한국의 전통 음악(군악) 형식에 랩을 접목했고, 뮤직비디오(룸펜스 최용석 연출)에서는 곤룡포를 입고 용상에 앉은 모습을 담아 조선 시대 궁궐을 묘사했다. 이건 모두 남돌의 경우다.

「퀸덤」에 출연한 오마이걸은 〈Destiny〉로 무대에 올랐을 때 (4화, 2019.9.19) 대금을 활용한 국악풍 편곡에 살풀이를 응용한 춤사위를 보여주었는데, 이것은 엄밀히 말해 한국적이라기보다는 동양적인 것이다. 빅스가 〈도원경〉(2017)에 가야금 사운드를 도입하고 부채춤을 춘 것도 비슷한 맥락이다. 이는 결국 우리 스스로의 시선이 반영된 것이다. 서양을 무의식적으로 의식한 결과이고, 한국적 감성의 세련된 결합을 고민한 산물이다.

블랙핑크는 〈How You Like That〉(2020) 뮤직비디오에서 한복을 변형한 의상을 착용했다. 안에는 크롭 톱을 배치하고, 조선 시대 무관의 공복과 선비의 봉황문 도포를 잘라 외투를 만든[59]

이 과감한 의상은 섹시함과 힙합, 애국심 사이를 오간다. 멤버 지수의 '훈민정음 네일 아트'마저 화제가 되었다.[60] 그렇지만 남성용 도포와 여성용 치마저고리를 조합하여 "젠더리스한 의상"을[61] 만들었다는 디자이너의 의도를 쉽게 알아챌 수는 없다. 음악적으로는 정확히 한국적 전통이 아니라 아시아적 또는 이국적 풍미를 자아낸다.

이러한 경향은 앞에서 이야기한 것처럼 여돌만의 현상은 아니다. 다시 말해 개량 한복을 입고 국악을 도입하는 등 한국적이고 동양적인 아이디어를 담는 일은 남녀 아이돌 모두의 고민이 되었다. 오리엔탈리즘적 결과물이 어떤 방향으로 흐르고 있는지도 생각해볼 때가 되었다. 그러나 외양과 음악 중 어느 쪽이 더 화제가 되는지에 있어서는 남돌과 여돌의 상황이 같지 않다.

2. 여돌은 왜 응원하고 위로할까

여돌의 노래는 누구를 향하는가?
걸 크러시는 진화일까?
여돌이 요정이라면 그건 칭찬일까?

여돌의 노래는 누구를 향하는가?

아이돌 음악의 가사와 화법

> "가사의 의미를 전달하기 위해 노래가 존재하는 것이 아니라, 노래의 의미를 전달하기 위해 가사가 존재한다."
>
> 사이먼 프리스 『공연의 의식: 대중음악의 가치Performing Rites: On the Value of Popular Music』(1996) 중에서[62]

노래는 기본적으로 '나'라는 인물이 말하는 구조다. 노래 속 등장인물로는 크게 주인공과 상대방, 그 외 3자가 있지만 가사는 철저히 1인칭 주인공 시점으로 진행된다.

노래 속의 '나'는 화자로서 사건이나 직간접적인 경험, 감정을 이야기하는 주체다. 따라서 소통을 기준으로 가사의 구조를 살펴보면 화자가 자신에게 말하는 경우, 화자가 노래 속의 상대방에게 말하는 경우, 화자가 불특정 청중에게 말하는 경우로 나눌 수 있다. 말하자면 가사에는 독백이나 대화의 방식이 사용된다.

1인칭인 '나'가 노래를 이끌어간다는 점에서 다른 분야의 아티스트보다 가수는 가사 속의 화자와 동일시되기 쉽다. 한편 '너'나 '당신'과 같은 2인칭으로 호명되는 상대방도 중요한 등장 인물이다. 대중음악의 보편적인 소재는 사랑과 이별을 둘러싼 희로애락이기에 가사에서 상대방은 관계의 시작과 끝을 함께한 다. 그래서 노래 속에 가장 많이 등장하는 가사는 '너'와 '나'이다. 여돌 그룹의 노래들 역시 마찬가지다.[63]

내가 너를
부를 때

우리는 노래를 만든 작사가와 작곡가가 아니라 가수를 통해 노래를 듣는다. 이것이 노래 가사가 문학의 시와 가까우면서도 달라지는 지점이기도 하다.

시적 화자는 작품에 드러나기도 하지만 숨어 있기도 한다. 그 렇지만 노래 속의 화자는 거의 대부분 겉으로 드러난다. '나' 또 는 '너'가 드러나지 않는 노래는 많지 않다. 그런데 가사가 드러 내는(또는 작사가가 의도한) 내용과, 청자가 경험하는 내용이 반 드시 일치하는 것은 아니다. 아이돌의 노래에 부가되는 의상·화 장·뮤직비디오·댄스 퍼포먼스 등 시각적인 것이 노래에 대한 상세한 해설서가 되어주기도 하지만, 영상이나 이미지가 반드 시 노래의 내용과 일치하는 것도 아니다.

누군가를 호명하는 일은 노래의 시작이자 전부다. 과거에는 가사에서 상대방을 '당신'이나 '그대'라고 부르는 경우가 많았지만 요새 더 많이 쓰는 호칭은 '너'다. 그런데 화자가 이러한 포괄적인 2인칭 표현 대신 구체적인 호칭으로 상대방을 지목하면 둘의 관계는 더 명료하게 한정된다. 샤이니가 '누나'를 호명했을 때(〈누난 너무 예뻐〉, 2008), 방탄소년단이 너의 '오빠'가 되어 널 갖고 말겠다고 노래했을 때(〈상남자〉, 2014), 오빠와 누나는 가족이 아니라 연인이라는 사실을 명확히 할 뿐 아니라 팬의 연령대와 성별까지 확정 짓는다.

한편으로 아이유가 오빠가 좋다고 하다가(〈좋은 날〉, 2010) "삼촌 짱"이라는 응원의 멘트를 날릴 때(〈삼촌(Feat. 이적)〉, 2011) 호명은 어떤 위험을 안전하게 만드는 장치로 기능한다. 호명을 하는 순간 아이돌은 스스로가 어떤 위치에 있는지, 어떤 대상을 팬으로 만들지 결정하게 된다.

어떤 노래는 상대방을 '팬'으로 특정하기도 한다. 아이돌은 특히 자신들의 팬을 위한 노래를 의도적으로 발표한다. 이른바 '팬송'은 불특정한 대중이 아니라 정확하게 팬을 향한다. 그 방식은 여러 가지인데 지오디의 〈하늘색 풍선〉(2000)처럼 팬클럽의 상징색이, 아이즈원의 〈With*One〉(2020)처럼 팬덤의 이름이 이용되기도 하고, 트와이스의 〈One in a Million〉(2016)처럼 그룹의 인사법이 담기기도 한다. 소녀시대의 〈오랜 소원(It's

You)〉(2017)·마마무의 〈I'm Your Fan〉(2019)·(여자)아이들의
〈I'm the Trend〉(2020)처럼 팬에 대한 마음을 담아 멤버들이
직접 작사나 작곡을 하는 일도 흔하다.

엄마와 언니,
애정과 연대의 호칭

연인이 아니라 가족도 여돌의 노래에 등장한다. 그중에 무한
한 사랑의 화신은 엄마다. 레드벨벳이 〈행복〉(2014)에서 '행복'
의 첫 시작으로 꼽는 순간은, 잔소리를 하지만 나를 가장 사랑하
는 엄마에게 아침에 일어나 사랑한다고 말하자 엄마는 착한 딸
이라고 응답하는 상황이다. 마음이 예쁜 사람이, 자랑스러운 딸
이 되겠다고 다짐하는 소녀시대의 〈Dear. Mom〉(2009)은 또 얼
마나 건전하고 모범적인가.

블랙핑크의 〈불장난〉(2016)에는 딸의 연애 관계를 걱정하는
엄마가 등장한다. 사랑이 '불장난'과 같다는 엄마는, 딸이 상처
받을까 우려하여 남자를 조심해야 한다고 말한다. 블랙핑크의
평소 지향점에 비한다면 구태의연하게 들리는 비유와 화술이
다. (여자)아이들의 〈한〉(2018)도 비슷하다. 사랑이 변한 뒤 화자
의 기억 속에서 상대방을 지우면서 일찍이 엄마로부터 들은 조
언이 전부 옳다고 표현한다. 아이유는 〈사랑니〉(2011)에서 엄마

에게 첫사랑의 아픔을 털어놓는다. 트와이스의 〈TT〉(2016)에서 엄마는 귀찮다.

당당하고 주체적인 여성상을 다룬 노래에서는 어떤가. 있지 ITZY의 〈ICY〉(2019) 속 주인공은 엄마와 아빠의 좋은 것만 닮았기 때문에 더 자신감이 넘친다. 와썹의 〈Dominant Woman〉(2017)에서 돈도 잘 벌고 성공한 화자는 먼저 엄마와 아빠에게 걱정 말라고 큰소리를 친다.

남돌이 엄마를 부르는 사례는 그보다 적다. 방탄소년단의 〈상남자〉에서 화자는 너의 마음을 어떻게 얻어야 할지 고민하는데, 해답을 찾기 위해 엄마에게 어떻게 고백했는지를 아빠에게 묻는다. 지코는 〈너는 나 나는 너〉(2016)에서 좋아하는 '여친'을 위해 변화하는(욕도 줄이고, 바지도 올려 입고, 민낯이 제일 예쁘다고 말해주는) 자신을 엄마가 보면 놀랄 것이라고 표현한다. 한편 H.O.T.는 '신뢰가 넘치는 가정'을 묘사한 〈H.O.T(House of Trust)〉(1998)에 '아빠! 사랑해요'라는 부제와 함께 부모에 대한 감사의 전언을 실었다.

이처럼 아이돌의 노래 속에서 엄마(나아가 아빠)는 무한한 애정을 바탕으로 자녀를 아낌없이 보살피다가도 때때로 걱정스럽게 조언을 하는 인물이다. 때때로 엄마는 기성세대의 목소리를 대변하기도 한다. 그렇지만 엄마는 노래의 진정한 주인공이 아니라 조연이다.

아이돌이 아닌 가수의 음악에서도 비슷하다. 악동뮤지션의 〈Dinosaur〉(2017)는 어릴 적 공룡이 나오는 꿈에 놀라서 깼을 때 안아주는 존재로 엄마를 보여주고, 혁오의 〈Tomboy〉(2017)는 엄마가 베푸는 무한한 사랑을 어색해하는 것으로부터 시작한다. 힙합에서는 엄마나 아빠 같은 가족이 종종 등장한다. 불우한 환경을 극복하고 성공하기까지의 자수성가 스토리인 경우더욱 그렇다.

남자가 부르는 노래 가운데 넥스트의 〈아버지와 나 Part I〉(1992), 싸이의 〈아버지〉(2005)처럼 아버지를 대상으로 한 경우가 있다. 형을 부르는 노래도 있다. 어머니와 더불어 가족으로서의 형이 등장하는 김창기의 〈형과 나〉(2000), 해석에 따라 가족일 수도 선배일 수도 있는 형이 등장하는 김현철의 〈형〉(1989) 등이다.

언니를 부르는 노래도 몇 곡 있다. 언니는 동성同性의 손위 형제, 또는 자기보다 손위인 일반인 여자를 부르는 호칭으로 통용되는 어휘이기 때문에 남성 창작자나 가수가 언니를 호명하면이색적으로 다가온다. 모던록 밴드 9와숫자들의 〈언니〉(2016)를 살펴보자. 화자는 어린 시절 언니를 자랑스러워했지만 이제독립할 때가 되었는지 언니의 "그늘"을 벗어나 각자의 길을 가자고 노래한다. 작사자도 보컬도 모두 남자(송재경)인 까닭에 화자가 누구인지 궁금해지는 이야기다. 빅마마의 〈언니〉(2006)는

"이적이 작사하여 신연아에게 선물한 곡"이지만[64] 가창자는 여성이라 그러한 혼동은 없다. 언니를 희망과 사랑을 준 사람으로 묘사하는 이 곡처럼 언니는 대개 의지하고 기댈 수 있는 선배가 된다. 포크 계열의 싱어송라이터 정밀아의 〈언니〉(2020)는 고단한 삶을 살아가는 자신의 내면을 언니에게 고백하는 내용이다.

언니를 부르는 여돌의 노래도 있다. 그렇지만 대개 언니의 의미가 모호한 편이다. 있지의 〈달라 달라〉(2019) 속 "언니들"은 어린 화자에게 철들려면 멀었다고 조언하는 인물일 뿐 '나'의 친한 친구들인지 일반 청중을 가리키는 것인지는 확실치 않다. 걱정하고 충고하는 기성세대를 뜻한다는 점에서 이 노래의 언니는 엄마와 비슷하다.

에프엑스의 〈NU 예삐오(NU ABO)〉(2010)만큼 수상한 시작은 없다. 미끄러지는 듯한 목소리로 부르는 첫 가사 "나 어떡해요 언니"에서 알 수 있듯 이 노래는 언니에게 말을 건네는 형식이다. 에프엑스(특히 엠버)의 성중립적인 분위기와 여자 중고등학교에서 인기를 얻곤 하는 보이시한 소녀의 존재를 조합해보면 궁금함이 배가된다. 게다가 갑자기 호명 대상이 '너'로 바뀌면서 '언니'라는 존재는 불명확해지고 누가 누구를 사랑한다는 것인지 혼란스러워진다. 나중에 등장하는 위클리의 〈언니〉(2020)는 아예 "선배를 동경하는 마음"을[65] 노래한다는 점에서 흥미롭다.

씨엘은 〈나쁜 기집애〉(2013)에서 언니를 여러 번 호명하다가

"남자들은 히니라 불러요 여자들은 언니라 불러요"라고 한 후 마지막에 "Now Do The Unnie"라고 끝맺는다. 씨엘은 한 인터 뷰를 통해 노래에 사용된 언니라는 단어의 의미를 다음과 같이 설명했다.

Q) '여자'는 여성으로서의 독립된 한 사람이에요. 그런데 '언니'는 연대감을 갖게 하는 호칭이랄까요.

A) 제가 그러잖아요. 'Where All My Bad Gals At?' 나는 이런 사람이다, 라는 건 노래의 버스verse에 조금 포함 돼 있지만, 우리 언니들 다 어디 있어?, 이런 느낌이 강 해요.[66]

이런 노래들에서 언니는 도입부에 쓰는 어휘일 뿐 본론의 소 재가 된다고 말하기는 어렵지만, 주체적인 여성상을 다룬 노래 에서 언니가 호명되었다는 사실은 주목할 만하다.

오해를 부르는
어떤 노래

"가사는 노래를 이야기가 되도록 해준다. 모든 노래에는 내
러티브가 함축되어 있다. 중심 캐릭터인 가수는 노래의 태
도, 상황을 전달하며 누군가에게 말을 건다. 때문에 노래는
시가 되지 않는다. (…) 어떤 점에서 노래는 연극이다."

사이먼 프리스 『공연의 의식: 대중음악의 가치Performing Rites: On the Value of
Popular Music』(1996) 중에서[67]

선미의 〈수인공(Heroine)〉(2018)은 언뜻 단순명료한 것 같다.
"우리 둘만의 이 영화(드라마)에 진짜 주인공은 너였어"라고 말
하는 가사는 이것이 실연의 감정이 담긴 노래라는 사실을 알려
준다. '나'와 '너'의 연애 관계에서 네가 주인공이었고 나는 들러
리였다는 이야기다. 그렇지만 의식하지 않고 노래를 들으면 '주
인공'이 '나'라고 선언하는 것과 같은 착각이 든다. 다시 말해 이
노래의 주인공은 가수 선미 자신인 것 같다.

오해를 하게 만드는 장치는 뮤직비디오(룸펜스 최용석 연출)에
도 있다. 선미는 남자 댄서와 춤을 추다가 그를 밀쳐낸다. 곧바
로 선미가 무대에 서는 장면으로 전환되는데, 이때 선미는 무대
위의 주인공처럼 보인다. 후반부에 선미는 자신의 사진이 걸린

대형 광고판을 향해 돌진하다가 넘어진다. 간판이 떨어진 뒤에도 선미는 의연히 걸어 나온다.

이 연출은 사랑의 관계에서 주인공이 되기를 갈망하다가 실패하는 화자의 이야기일 수도 있지만, 솔로로 커리어를 쌓으며 걸어가고 있는 당당한 선미의 이미지를 그린 것처럼 보이기도 한다. "화려한 주인공처럼" "하던 대로 해"도 된다는 목소리는 청자에게 건네는 위로의 말 같기도 하고, 선미 자신에게 하는 독백 같기도 하다.

아니나 다를까, 영상 속에서 대형 광고판에 선미의 사진과 함께 새겨진 문장은 가사의 일부인 'The Show Must Go On'이다. 무엇보다 이 노래의 영어 제목은 '히로인Heroine'이다. 남성이 아니라 여성 주인공이다. 다시 말해 노래 속의 '너'는 화자이기도 하고 가수 본인과 교차되는 것은 물론 이 노래를 듣는 우리가 주인공이라는 외침으로도 들린다. 이러한 오해가 쌓이며 선미만의 노래를 완성시킨다. 가사 이외의 다른 장치들로 인해 이렇게 오해가 쌓인다. 그리고 때때로 그 오해가 더 중요하다.

또 다른 오해를 이야기해보려 한다. 트와이스의 〈Cheer Up〉(2016)을 처음 듣는 순간, 나는 이 노래가 고단한 이 시대를 살아가는 이들을 위한 응원가라고 넘겨짚었다. 코트 위에 치어걸 차림을 한 멤버들이 등장하는 뮤직비디오(나이브 연출)를 보면서 순간적으로 확신을 했다. 그렇지만 그것은 오해였다. 그런데 이게 정말 나만의 오해일 뿐일까. 한 번만 들어서는 도입부의 가사는 잘 전달되지 않고 반복되는 후렴구 또는 훅hook만이 각인된다. 이는 '치얼업'이라기보다는 '처럽'에 가깝게 들린다. 이 노래의 또 다른 중요한 훅으로 기능하게 된 '샤샤샤'도 'shy'라는 원래의 영어 단어로 단번에 들리지는 않았다.

〈Cheer Up〉은 응원가가 아니라 사랑 노래다. 가사는 이달의 소녀의 〈Hi High〉(2018)와 비슷하다. 두 곡 모두 1인칭 시점이다. '나'와 '너'는 좋아하는 관계다. 둘 다 서로에 대한 마음을 알고 있다. 그러나 나는 아직 너의 고백을 듣지 못했거나 고백에 대한 대답을 미루는 중이고, 너는 애를 태우는 중이다. 이는 "여지가 쉽게 맘을 주면 안" 되기 때문이고(〈Cheer Up〉), 아직은 (내가) "시간이 조금 더 필요"하기 때문이다(〈Hi High〉). 그래서 네가 힘을 내서 내게 사랑을 (계속) 고백하라고 '응원'하는 중이다.

보편적인 응원 메시지를 담은 노래도 있다. 「프로듀스 101」을 통해 결성되어 이미 성장 서사를 부여받은 I.O.I의 데뷔곡 〈Dream Girls〉(2016)가 대표적이다. 뮤직비디오(쟈니브로스 홍원기 연출)에서 멤버들은 운동선수·발레리나·디자이너·제빵사·편의점 알바생 등으로 분해 포기하지 말고 "꿈을 향해 달려가"자고 응원한다. 주인공이 '나'에서 '너'로 전환되는 가사에서 알 수 있듯("내가 주인공" "니가 주인공") 이 응원은 스스로를 향하는 독백에서 청자들에게 말을 거는 대화로 변한다.

〈Cheer Up〉 〈Hi High〉 〈Dream Girls〉로 활동하던 때 세 여돌은 치어걸 의상을 입었다. 〈Dream Girls〉에는 치어걸 이미지와 맞아떨어지는 직접적인 응원 메시지가 있지만 〈Cheer Up〉과 〈Hi High〉는 사랑 노래다. 이와 비슷한 사례가 많다. 어린 동생으로만 생각하지 말라며 오빠를 사랑한다고 고백하는 소녀시대의 〈Oh!〉(2010)를 비롯해 우주소녀의 〈Happy〉(2017)와 AOA의 〈심쿵해〉(2015)도 사랑의 설렘을 표현한 노래이면서 뮤직비디오와 무대에서 치어걸 이미지를 활용한 경우다.

여돌의 패션에 치어걸 의상을 도입하는 의도는 대부분 일차원적이다. 상큼하고 발랄한 이미지를 구축하려 할 때 선택하는 흔한 복장이며, 대개 짧은 플리츠스커트나 테니스 스커트로 다리를 드러낸다. 뮤직비디오의 내용과 가사는 서로 전혀 상관없는 내용으로 채워지는 경우가 많은데, 응원단 패션을 하게 되면 음악과 무관하게 누군가를 응원하는 인상이 들기도 한다(소녀시대 태연은 〈Oh!〉(2010)에서 왜 하필 '오빠'를 응원했는지 지금도 미스터리하다고 말한 바 있다[68]). 이는 고의적인 시도인지도 모른다. 반대로 남돌이 응원단 의상을 입는 일은 드물다.

위로하고 응원하는
여돌의 노래

우리는 살아가면서 위로와 응원이 필요한 순간을 만나게 된다. 위로와 응원을 하는 목적과 방식이 다르기 때문에 이를 소재로 한 노래 역시 조금씩 다른 양상을 띤다.

토치 송torch song으로 불리는 노래가 있다. 누군가를 위해 횃불을 든다는 의미에서 붙은 이름으로, 짝사랑이나 실연의 고통을 한탄하는 노래를 말한다. 이를 통해 상처 받은 사람과 마음을 나누게 된다. 대표적인 토치 싱어는 빌리 홀리데이·사라 본·엘라 피츠제럴드 등 재즈 성향의 팝을 부른 여자 가수다. 한국 상황에 토치 송을 적용하면 여성 보컬리스트가 부르는 느리고 구슬픈 발라드가 해당될 수 있다.

성소수자 집단에서 자신을 대변하는 노래로 꼽는 팝송도 있다. 빌리지 피플의 〈Y.M.C.A.〉(1978), 글로리아 게이너의 〈I Will Survive〉(1978), 마돈나의 〈Vogue〉(1990), 레이디 가가의 〈Born This Way〉(2011) 등이 여기에 속한다. 자부심과 자기애를 강조하며 역경을 이겨내는 사랑, 혼자가 아니라는 위로를 담기도 한다. 여성 가수의 노래가 많은 것도 특이 사항이다.[69]

해외 팝에서 나타나는 유형과 같지는 않지만, 아이돌에게도 다양한 위로와 응원의 노래가 있다. 위로와 응원은 분명 나의 마음을 다른 사람에게 주는 것을 전제로 하기 때문에 결국 남돌과 여돌의 차이는 흐릿해진다. 많은 아이돌이 사람들의 용기를 북돋우는 노래를 의도적으로 배치한다. 그것이 대개 팬을 겨냥해 만들어지기 때문이기도 하다. 그렇지만 그 양상은 때때로 다르게 나타난다.

한 시절을 풍미했던 1세대 여돌에게도 응원곡은 필수적이었지만 그때만 해도 응원의 방식은 뭉툭했다. 통상의 노래에서 사랑과 이별의 감정을 다루던 S.E.S.는 윤상과 신해철의 프로젝트 노땐스의 〈달리기〉(1996)를 2002년 리메이크했다. 〈달리기〉는 힘들어도 멈추지 말고 끝까지 달려가라고 응원하는 노래다. "어차피 시작해"버렸기 때문이고 여기서 멈추면 "창피"하기 때문이다.

S.E.S.의 다음 세대로 구분되는 소녀시대는 더 선명하게, 그리고 다양하게 응원하고 격려한다. 〈Gee〉를 통해 공전의 히트를 기록한 소녀시대의 첫 미니 앨범(2009)은 〈힘내!〉 〈힘들어하는 연인들을 위해〉 같은 응원과 위로의 노래로 채워져 있다. 엄마에게 보내는 딸의 편지 〈Dear. Mom〉도 비슷한 맥락에 있다.

소녀시대 3집 타이틀곡 〈The Boys〉(2011)는 장대한 스케일의 노래인 만큼(마이클 잭슨의 프로듀서이자 뉴 잭 스윙 스타일을 대표하는 작곡가인 테디 라일리가 작곡에 참여했다) 가사 역시 서사적이고 구체적이다. 전 세계의 주목을 받고 역사를 새로 쓸 "주인공은 바로 너(boys)"라고 선포한다. 여성girls 화자는 자신을 지혜와 전쟁의 여신 아테나Athena와 동일시하면서 너boys를 이끌어 주겠으니 도전하라고 조언한다. 다음으로 "소녀시대가 'Mr.'들에게 전하는 응원의 메시지"라[70] 밝힌 〈Mr. Mr.〉(2014)에서는 그Mr가 "나를 빛내줄" "최고의 남자"이고 "미랠 여는 열쇠"라고 극찬하며 남성이 펼치는 모험의 장정을 지지하고 격려한다.

트와이스의 초반기 사랑 노래에서 여성은 기다리고 남성은 다가가야 한다. 남자는 너에게 가겠다고 하고 여자는 나에게 와달라고 한다. 〈Cheer Up〉(2016)은 여자가 먼저 마음을 줄 수 없으니 네가 다가오라고 하고, 〈Knock Knock〉(2017)은 내 마음의 문이 열리도록 세게 두드리라고 격려한다. 이런 성별 역할 구분은 위로를 주고받는 관계에서도 재생산된다. 그렇지만 시간이 갈수록 트와이스의 노래 속 화자는 적극적으로 변모한다. 〈Heart Shaker〉(2017)에서는 이제 기다리기만 하지 않고 내가 먼저 사랑한다고 말하겠다고 노래하는데, 심지어 "Girl you can do it"이라며 용기를 내라고 응원한다. 〈Feel Special〉(2019)에 이르면 자신의 마음을 돌아본다. 세상에 혼자라고 느껴질 때 "특별한 나"로 변하게 하는 것은 "너의 따뜻한 미소와 손길"이다.

용기를 북돋우는 가장 흔한 방법은 힘을 내라고 말하는 것이다. 대표적인 두 여돌 그룹 소녀시대에게도 〈힘내!(Way To Go)〉(2009)가 있고 트와이스에게도 〈힘내!(Don't Give Up)〉(2017)가 있다. 또한 여러 아이돌에게 〈Stand Up〉이라는 제목의 노래가 있다. 비투비의 〈Stand Up〉(2012)은 내가 너를 지켜줄 테니 너는 걱정을 떨치고 일어나 크게 소리치라고 한다. 몬스타엑스의 〈Stand Up〉(2020)은 인칭 대명사가 생략되어 있지만(그래서 가수 본인과 팬을 동시에 가리키는 인상이 들지만) 힘든 시간을 참고 일어서면 행복과 사랑이 찾아올 것이라고 노래한다. 반면 에프엑스의 〈Stand Up〉(2011)은 너에게 외치고 싶다고, 모두 잘될 거라고 내게 말해달라고 한다. 이것은 격려가 아닌 요청이다.

누군가를 위로하는 일에는 상대를 안아주고 기대게 하고 손을 잡아주는 행위가 포함된다. 이런 동작을 가사에 담을 경우 남돌과 여돌의 노래에 큰 차이는 없다. 세븐틴의 〈기대〉(2016)와 〈포옹〉(2019), 뉴이스트의 〈노래 제목〉(2019) 등은 네가 외롭고 힘들 때 나에게 기대고 안기라고(=나는 너를 안아주겠다고) 노래한다. 여돌의 경우에도 남돌과 크게 다르지 않은 동작을 가사에 포함한다. 엠넷 「퀸덤」(4화, 2019.9.19)에서 오마이걸이 선곡을 논의할 때 효정은 러블리즈의 〈그대에게〉(2015)를 고려하면서 치어리딩 하는 느낌의 응원단 같은 노래라고 떠올렸는데, 이 노래에는 내가 그대의 손을 잡아주고 그대를 지켜주겠노라는 내용이 있다.

남돌의 뮤직비디오에 종종 등장하는 농구 코트는 응원을 상징하는 현장으로, 여돌의 치어걸 재현과 비슷한 맥락으로 사용된다. '청량돌' 세븐틴의 사례를 보자. 〈만세〉(2015, 임성관 연출)

의 농구 코트는 학창 시절 친구들과 함께 시간을 보내는 장소이자 여학생 앞에서 남성성을 뽐내는 장소다. 〈박수〉(2017, VM PROJECT 연출)에 잠깐 등장하는 농구 코트 무대는 "오늘만큼은 용기를 내서" 소리를 질러보겠다고 (자신들에게, 또는 팬들에게) 응원을 보내는 장소 중 하나다(그렇지만 치어리딩을 하는 장면은 포함되어 있지 않다). 스트레이키즈의 〈잘 하고 있어〉 뮤직비디오 (2018, 정지미 연출)는 멤버들이 육상 트랙과 농구 코트에서 힘을 내라고, 같이 뛰어주겠다고 격려하는 메시지를 얹는다.

반면 방탄소년단의 〈Intro: 화양연화〉(2015)는 가사에 농구가 등장한다. 홀로 림을 향해 공을 던지는 행위를 20대 청춘의 "수많은 고민과 삶의 걱정거리"에 비유한다. 응원과 위로를 노래에 담는다고 해도, 힙합에 방점을 두었던 방탄소년단의 초기 어법은 '청량돌'의 방식과 다소 다르다. 〈21세기 소녀〉(2016)는 소녀를 향해 네가 얼마나 강하고 아름다운지 말하라며 직언한다. 이와중에 '너는 내 것'("You're mine")이라는 언급이 끼어든다.

여기서 작사가 제이큐의 언급을 참고할 필요가 있다. 그에 따르면 남돌과 여돌의 노래를 작사할 때 접근 방법이 다르다. 작사자와 동성인 남돌의 가사를 쓸 때는 그 그룹에 '빙의'하지만, 이성인 여돌은 동일시하기 어려워 "그 그룹에게 듣고 싶은 이야기"를 쓴다. 따라서 그가 쓴 여돌 가사는 "삼촌팬의 마음으로 그걸 그룹에게서 보고 싶은 콘셉트를 상상"한[71] 결과물이다. 남성 가수는 본인이 하고 싶은 말을 여성 청자에게 건네지만, 여성 가수는 남성 청자가 듣고 싶어하는 말을 노래하고 있는 셈이다.

또 다른 응원과 위로,
소원 그리고 추모와 애도

너의 소원을 들어준다고 말하는 것은 더 적극적인 응원이다. 소녀시대의 〈소원을 말해봐(Genie)〉(2009)에서 화자는 "지니"이고 "행운의 여신"이니 "소원을 말해"보라고, "꿈도 열정도 다 주고 싶"다고 노래했다.

그로부터 10년 뒤, 우주소녀는 〈이루리〉(2019)를 발표한다. "고백을 앞둔 소녀의 솔직한 감정"을[72] 노래한 곡이라고 설명했지만 방점은 조금 다른 데 있다. "이루리(라)"라는 반복구와 "너의 소원 다 나에겐 말해 들어줄게" "모두 다 이뤄질 거야"라는 가사가 더 잘 들리기 때문이다. 뮤직비디오(바이킹스 리그 연출)에선 풍등·달·불꽃놀이·소원 고양이 등 소원과 연관이 있는 요소를 비롯해 케이블카·통신소·전화 교환국 등 '메신저'가 등장한다. 기도를 하듯 손을 모으는 동작의 안무도 더해진다. 사랑이 이루어지길 바라는 화자의 감정보다 상대방이 바라는 것을 이루어주는 것에 더 초점이 있어 보인다. 같은 앨범에 실린 〈행운을 빌어(Luckitty-cat)〉는 "고양이의 보은을 모티브로 조건 없이 사랑을 준 이들에게 보답하고자 하는 마음, 힘이 돼주고 싶은 마음을"[73] 담고 있다.

여돌은 소원을 이루기 위해 주문을 외우기도 한다. 레드벨벳은 〈짐살라빔〉(2019)에서 걱정을 접어두고 자신 안에 있는 꿈을 향해 달려보자고 주문한다. 이와 비슷한 제안이 데뷔곡 〈행복〉(2014)에도 있다. 주변의 일상을 통해 행복을 얻을 수 있으니 "긍정의 힘"을 믿으라고 조언한다. 트와이스는 〈Dance The Night Away〉(2018)에서 지금의 행복을 느껴보라고 말한다. 오마이걸은 〈비밀정원〉(2018)에서 "불안한 시간을 지나고 있을 아이들에게, 청춘들에게, 우리들 모두에게 힘이 되고픈" 마음을 담아 "내인에 소중한 혼자만의 장소"를[74] 내밀하게 꺼내 놓는다.

상대의 꿈이 실현되기를 기원하고 기도하는 행위도 위로 또는 응원의 범주에 속한다. 아이유가 너를 잊지 않고 너의 이름을 부르겠다고(〈이름에게〉, 2017), 너를 위해 노래를 부르겠다고(〈Love Poem〉, 2019) 다짐할 때 마치 기도하는 것과 같은 인상을 준다. 아이유는 MBC 에브리원 「피크닉 라이브 소풍」(105화, 2017.5.18)에 출연해 〈이름에게〉를 불렀을 때 "조금 더 큰 이야기를 하고 싶었고" "모두에게 닿을 수 있는 노래"가 되기를 바랐다고 말했다. 〈Love Poem〉은 노래 발표 한 달 전 무렵 세상을 떠난 친구 설리의 죽음을 연상시켜 애도의 곡으로 해석되기도 했다. 추모는 위로의 다른 이름이다.

내가 나를
위로할 때

노래는 누군가에게 말을 건넨다. 노래는 기본적으로 청자인 너에게 건네는 이야기이다. 그 이야기가 항상 '너'로만 향하는 것은 아니다. 자신으로 향한다는 사실을 명확히 드러내는 노래도 있다. 이런 화법은 가장 손쉽게 아티스트의 생각을 표현하는 장치로 작동한다. 힙합은 자신의 이야기를 직접 쓰고 부르는 장르로 인식되고 있으며 이를 통해 힙합 뮤지션들은 진정한 음악인이라고 추앙받기도 한다. 싱어송라이터의 음악도 이와 비슷한 맥락이다. 그리고 이런 노래에서 드러나는 자기 성찰은 종종 위로의 감정을 수반한다.

NCT 127의 《NCT #127 Regular-Irregular》(2018)는 자신들이 아이돌로서 실제로 겪는 이야기를 기록한다. 2014년 연습생 생활을 처음으로 시작했다는 언급(〈Interlude〉)부터 밴으로 이동하는 동안 꿀잠을 자거나 매니저 형과 스케줄을 확인하는 일상(〈내 Van〉)이 담긴다. 그런 와중에 '내가 나인 순간'이 너와 함께했던 기억뿐이었다고 고백한다(〈Run Back 2 U〉).

자기애와 자긍심을 드러내는 노래도 많다. 트와이스의 〈힘내!〉는 "넌 있는 그대로가 제일 예쁘다"라고 말하고, 청하의 〈Be Yourself!〉(2020)는 각자의 색깔로 너 자신을 보여달라고 말한다. 이때 너와 나는 여돌 자신과 청자 모두를 향한다. 물론 남돌은 진작 이런 노래를 많이 불러왔다. 2017~2018년 방탄소년단의 《Love Yourself》 연작은 '나 자신을 사랑하는 것이 진정한 사랑'이라는 메시지를 토대로 한다. 〈Idol〉(2018)은 다른 사람이 자신을 아티스트라고 부르든 아이돌이라고 부르든 "나는 항상 나"였다는 자의식을 내보인다.

한편 자아를 성찰하고 나 자신에게 집중하겠다는 노래가 여돌에게서도 많이 나타나고 있다. 이런 화법은 솔로 작업에서 더 적극적으로 사용되고, 잔잔하고 고즈넉한 분위기의 포크나 발라드 계열의 음악에서 더 크게 나타난다. 이는 블루스·소울·포크의 '있는 그대로 말하기' 전통과 연관이 있는데, 사회 현실이든 개인 내면이든 그 대상이 다를 뿐 '있는 그대로' 보여주려 한다. 이는 개인의 솔직한 고백을 통해 생산자와 수용자 모두에게 치유에 이르게 하는 '감정적 누디즘emotional nudism'의 현현이다.[75]

태연은 〈내게 들려주고 싶은 말(Dear Me)〉(2020)에서 "내 곁엔 내가 있"으니 나를 믿고 나를 사랑하자는 목소리를 낸다. 레드벨벳 예리는 〈스물에게〉(2019)를 첫 솔로 곡으로 발표하면서 "스무 살의 나에게 고마움과 응원"을 전달한다. 러블리즈 베이비소울은 〈조각달〉(2019)에 대해 "가장 힘든 시절 자신을 위로해주기 위해" 만들었다며 "이 노래를 듣고 있는 사람에게도 위로"를 주길 바란다고 언급했다.[76] 「퀸덤」(7화, 2019.10.10)에서 박봄과 효정이 듀엣으로 〈허수아비〉를 부른 후 박봄은 "마음이 힘든 분들도 이 노래를 듣고서 힘이 되었으면 좋겠다"고, 효정은 "선배에게 뭔가 위로받는 느낌이었다"고 인터뷰를 남기기도 했다.

씨스타 효린은 엠넷 「굿걸: 누가 방송국을 털었나」(5화, 2020. 6.11) 무대에서 신곡 〈9 Lives〉를 처음 선보이면서 자신이 위로받은 노래라고 말했다. 이 노래 속에서 '나'는 상처 받아왔지만 다행히 목숨이 아홉 개였다고, 이제는 숨지 않겠다고 한다. 〈9 Lives〉는 사랑해달라는 구애의 노래이기도 하지만 효린은 이 노래에 자신의 마음속 굴곡과 다짐을 반영한 것으로 보인다. 분신과도 같은 여성 무희 1명과 추는 퍼포먼스 역시 자전적인 노래라는 이미지를 강화한다.

가수의 목소리로 가사를 듣기 때문에 우리는 종종 현실 속의 가수와 노래 속의 페르소나를 동일시하며 듣는 경향이 있다. 때문에 가사에 '나'가 등장하면 솔직한 자신의 이야기를 하는 인상이 든다. 나아가 싱어송라이터의 작품이라면 작사가·화자(페르소나)·가수를 모두 일치시켜 듣는 편안함이 발생한다. 화사(마마무)의 〈마리아〉(2020)는 화사가 박우상과 공동으로 작사·작곡한 작품이다. JTBC 「히든 싱어 6」의 화사 편(6화, 2020.9.11)은 최종 라운드 미션곡으로 이 노래를 선정하여 "아티스트 화사의 고민이 담긴 소중한 일기 같은 곡"이며 "세상에 상처 받은 이들을 향한 화사의 위로 메시지"라는 자막을 띄웠다. 화사는 이 노래를 녹음한 후 모니터링을 하다가 '이미 (너는) 아름답다'는 가사를 듣고 눈물이 터져 나왔다고, 그래서 이 노래가 "나에게 참 좋은 곡"이라는 확신이 있었다고 고백한다. 화사의 세례명과 함께 담은 "널 위한 말"은 결국 화사 본인을 포함한 '세상의 모든 마리아'에게 보내는 전언이 된다.

위로와 응원의 서사가 중요한 시대가 되었다. 장기화된 코로나 바이러스 사태로 힘들게 살아가는 사람들을 향해 아이돌은 따뜻한 메시지를 건네고 있다. 이는 아이돌 스스로를 다독이는 말도 된다. 노래를 듣는 타인뿐 아니라 노래를 하는 당사자에게도 1인칭 시점의 진심(이라는 가면maskerade)은 중요하게 작동한다.

걸 크러시는 진화일까?

여돌과 여성상

미주   우리가 첫 번째 때(〈Ah-Choo〉의 무대) 보여준 느낌
은 도대체 뭐야?

Kei   걸 크러시?

수정   걸 크러시인데….

Kei   좀 애매한 걸 크러시!

수정   〈Ah-Choo〉 가사로(는) 걸 크러시를 못 해. 널 보면
재채기가 나올 것 같은데 갑자기….

미주   '가래가 나올 것 같아~'

수정   꽃가래?

(일동 웃음과 비명)

엠넷 「컴백 전쟁: 퀸덤」(2019)은 여돌 여섯 팀이 컴백이라는
최종 목표 아래 여러 차례에 걸쳐 경연을 펼치는 프로그램이었
다. 첫 번째 경연 과제는 참여 팀이 자신의 히트곡을 재구성하는

것이었는데, 〈Ah-Choo〉(2015)를 선택한 러블리즈는 검은 원피스를 착용하고 힘찬 안무를 더해 무대에 올랐다(2화, 2019.9.5). 이른바 '청순' 콘셉트로 통한 원곡 활동과 다른 분위기를 연출했지만 결과는 참가 팀 중 최하위인 6위였다. 위의 대화는 멤버들 스스로 첫 경연의 패인을 분석한 것이다. 케이의 표현에 따르면 이 무대가 좋은 반응을 얻지 못한 원인은 "애매한 걸 크러시"에 있다.

반면 걸 크러시를 '잘한' 팀도 있다. 「퀸덤」 2차 경연에서는 참여 팀끼리 서로의 노래를 바꿔 부르는 과제가 주어졌다. 이때 AOA가 마마무의 〈너나 해〉를 커버하자 프로그램은 "AOA의 걸 크러시힌 모습에 홀딱 반한 오마이걸"이라는 자막을 내보냈다(3화, 2019.9.12). 오마이걸 유아는 해당 무대를 "여자가 봐도 너무 매료된다 그래야 되나요?"라고 평가했다.

이 무대에 참석한 여돌 그룹 마마무는 이른바 걸 크러시의 대명사로 불린다. 마마무에게는 제목마저 직설적인 노래 〈Girl Crush〉(2015)가 있다. 이 노래 속에서 주인공(아마도 여성)은 섹시한 외모에 경제력을 갖추고 연애 관계에서 줄다리기 놀음도 하지 않는 주체적인 존재로 묘사되어 있다.

걸 크러시는
무엇인가

그렇다면 걸 크러시란 무엇일까. 이를 정의한 사례가 몇 있다. "한 여성이 다른 여성(특히 연예인)에 대해 가지는 호감이나 선망, 나아가 질투하거나 동경하는 감정(cnn.com)." "신체적 또는 성적 매력에 대한 것이 아닌 '플라토닉한' 마음(urbandictionary. com)." "여자가 당찬 매력을 지닌 여자를 선망하거나 동경하는 마음. 또는 그런 대상이 되는 여자(우리말샘)."[77] 이처럼 걸 크러시는 전 세계 사용자들이 쓰는 온라인 영어 사전에 등재되어 있는 데다 몇몇 해외 저널리스트가 언급한 사례도 있지만, 영어권에서 일상적으로 쓰이진 않는 것 같다. 오히려 한국에서 쓰임새가 더 많은 신조어로 보인다.

걸 크러시라는 신조어가 환기하는 지점이 있다. 여성에게 호감을 선사하거나 선망하게 만드는 여성(의 매력)은 '전통적인' 여성다움과는 거리가 멀다는 사실이다. 통상적인 의미의 아름다운 외모를 가지고 있지 않거나, 귀여움·착함·상냥함 등 흔히 여성이 가져야 할 것으로 여겨지는 성향 및 덕목과 거리가 있는 '걸'을 설명할 때 이 표현을 사용하기 때문이다. 한편 걸 크러시는 남성보다 여성에게 더 인기가 있는 여성을 가리킬 때도 쓰는데, 이 표현이 항상 성적 긴장감을 주지는 않는 것 같다. 여성들의 관계에서 발생하는 호감이나 선망 등의 감정을 성애적인 욕망과 무관하다고 선을 긋는다면, 이는 이성애 중심적인(나아가 성소수자 혐오적 맥락이 잠재된) 태도가 (무)의식적으로 작동한 결과다.

과장하면 걸 크러시는 아무 때나 쓸 수 있는 단어가 되기도 한다. 있지·블랙핑크·CLC·(여자)아이들 등 주체적인 여성상을 노래한 여돌을 분석한 글에서 "걸 크러시는 하나의 유행이라기보다 가장 인기 있는 장르"가[78] 되었다는 일침도 있었다. 후렴구를 부각한 일련의 노래를 가리키는 '훅송'이라는 키워드로 한국 대중음악(또는 케이팝)의 경향을 설명하려고 했던 한때의 시도처럼 걸 크러시 또한 업계에서 통하는 일시적인 유행어에 지나지 않을 수도 있다. 그렇지만 유행은 한 시대의 흐름을 읽는 단서가 된다.

걸 크러시로 분류되는 유형의 일부는 '터프 걸' '쎈 언니' 등으로도 불린다. 이런 별명이 붙는 가수의 음악은 발라드나 포크 같은 '부드러운' 음악과 멀다. 윤미래·제시·치타 등 여성 힙합 뮤지션을 설명할 때 이 용어가 통용된다. 「언프리티 랩스타」 출연 이후 발표한 제시의 싱글 곡명은 〈쎈언니〉(2015)이다. 여돌 그룹의 경우 랩을 담당하거나 톰보이tomboy 이미지가 강한 멤버에게 이러한 캐릭터가 배정된다. 이처럼 걸 크러시는 전통적인 여성상과 다른 여성을 설명하는 개념이라는 점에서 주목할 만하지만, 이것은 청순·가녀림·귀여움·밀당·내숭·수동성 등의 반대 개념이 되면서 역설적으로 어떤 여성성이 '문제'라고 못 박는 것만 같다.

또 다른 걸 크러시로 통하는 씨엘이 『보그』와 진행한 영상 인터뷰에는[79] '걸 크러시형' 외모에 대한 힌트가 있다. 필수 화장품을 물었을 때 씨엘은 검은 아이라이너를 꼽았고, 립스틱 색깔로는 다크 레드를 골랐으며, 블랙과 골드 중에서는 블랙을, 체인과 그릴 중에서는 체인을 선택했다. 빨강 재킷과 검정 재킷 중에서는 후자를 지목했다. 그 밖에 걸 크러시의 시각적인 특성으로 진하고 강렬한 아이 메이크업, 통상 남돌이 더 선호할 법한 검은색 가죽 의상 등을 꼽을 수 있다.

한편 같은 인터뷰에서 질문자가 "female empowerment"라는 키워드를 제시하자 씨엘은 "나의 인생 미션"이라고 답했다. 즉 씨엘의 인생 미션은 '여성에 대한 권위 부여' 또는 '여권 신장'이다. 멋지고 목표 지향적인 말로 느껴지기도 하지만, 이 용어를 둘러싼 문제도 생각해볼 필요가 있다.

페미니스트 작가이자 문화 비평가인 앤디 자이슬러에 따르면 '여권 신장female empowerment'은 매우 두루뭉술한 표현으로 '권력power'보다 온건한 용법이며 여성에게 구조적인 장벽이 있다는 사실을 감춘다. '걸 파워' 역시 같은 맥락이다. 걸 파워는 여권 신장, 여성의 독립성과 자신감을 장려하기 위해 미국 펑크 밴드 비키니 킬Bikini Kill이 1991년 고안하고 1990년대 후반 영국의 걸 그룹 스파이스 걸스가 채택한 슬로건이다. 여기서 가장 현실적이고 집단적이며 간단한 실천 방법 하나는 선택적인 소비다. 여성이 주도해 만든 제품이나 서비스를 사는 것으로 '걸'의 '파워'를 입증하는 것이다. 그러나 여성 소비자가 개인적인 상품 선택을 통해 자아실현을 하거나 자존감을 얻는다는 것은 시장 페미니즘marketplace feminism 또는 선택 페미니즘choice feminism 에 불과하다고 앤디 자이슬러는 비판한다. 가령 "대중음악의 자유 시장에서는 5달러를 내고 스파이스 걸스 필통을 살 수 있는 사람이면 누구나 여권 신장이 가능"하다.[80]

말 그대로 걸 크러시의 주역은 여성이다. 자신감·자긍심·자의식 같은 주제는 남성 수용자보다는 여성 수용자에게 환대받는다. 투애니원의 〈날 따라 해봐요〉(2010)는 나를 따라 하는 것이 너를 보여주는 길이라고 말한다. 자신은 '죽여주기' 때문에 남자들은 돌아보고 여자들은 모방한다는 〈내가 제일 잘 나가〉 (2011)는 주체적인 여성이자 트렌드세터로서 소녀들에게 선망의 대상을 자처한다.

그렇다면 무엇을 선망하(게 만드)는 것일까. 사실 노래는 구호나 설명문이 아니기에 그것이 무엇인지 구체적으로 명시하지는 않는다. 때때로 이러한 선망은 노래 외부의 상황과 결탁하기도 한다. 투애니원을 계승한 블랙핑크의 멤버들은 명품의 광고 모델이다. 제니는 '인간 샤넬' '인간 구찌'가 된 지 오래고, 지수는

2020년 '인간 디올'로 등극했다. 여돌의 새로운 이미지 생산 방식인 걸 크러시 또한 소비 지향적이고 선택에 머무르는 제한된 페미니즘의 한복판을 향한다.

우리는
달라 달라

당당하고 자유분방하고, 이성 관계에서 주도적이고 적극적이며, 때때로 남자들을 울릴 만큼 매혹적인 존재도 걸 크러시로 설명된다. 이러한 특징이 고스란히 노래에 적용되기도 하는데, 과감하고 격렬한 퍼포먼스에 사랑 따위는 필요 없다는 식의 가사가 동반된다. 특히 박진영이 주도하는 JYP엔터테인먼트의 여돌 그룹 노래에 주체적인 여성이 등장하곤 하는데 미쓰에이가 대표적이다.

미쓰에이의 상징은 여성의 늘씬한 두 다리였다. 이는 초기에 연이어 발표한 《Bad But Good》(2010) 《Step Up》(2010) 《A Class》(2011) 등의 앨범 표지에 사용한 이미지로, 표면적으로는 알파벳 A를 의미하지만 여성의 신체 이미지를 부각한 포즈와 비슷하다. 한편 미쓰에이의 노래에 자주 등장하는 '독립적인 여성'은 비현실적으로 완벽한 슈퍼우먼이다. 외모나 경제력이 뛰어나야 자신을 사랑할 수 있다고 말하는 것만 같다.

미쓰에이가 설계한 독립적인 여성상은 《Independent Women pt.Ⅲ》(2012)에서도 이어진다. '파트1'과 '파트2'는 그로부터 약 10년 전 미국에서 나왔다. 미국 R&B 그룹 데스티니스 차일드의 앨범 《Survivor》(2001) 수록곡 〈Independent Women pt.1〉 〈Independent Women pt.2〉를 말한다. 이에 대한 오마주인 앨범의 대표곡 〈남자 없이 잘 살아〉의 주인공은 생계와 여가에 필요한 비용을 스스로 해결하고, 대단하지는 않지만 자신의 삶에 만족할 줄 아는 스스로를 사랑한다. 결론은 '남자는 필요 없다'는 것이다. 연애 관계에서 남성에 의존하지 않는다는 점은 선결되어야 하는 기본 과제이겠지만, 그 이상 더 나아가기 위한 구체적 묘사는 아쉽게도 노래 속에서 잘 드러나지 않는다.

주체적이고 진취적인 여성상을 표방한 또 다른 여돌 그룹은 YG엔터테인먼트의 투애니원이다. 1990년대 후반에 등장한 1세대 여돌 그룹인 베이비복스와 디바에서 시작해, 2000년대 후반 데뷔한 브라운아이드걸스·포미닛·애프터스쿨 등으로 이어지는 '쎈 여자' 또는 걸 크러시 콘셉트의 완성판이다. 투애니원의 데뷔곡 〈Fire〉(2009)는 젊음의 꿈과 기상을 표현한다는 점에서 중요한 노래다. "소리치고 싶"고 "더 빨리 뛰고 싶"고 "자유롭고 싶"고 "세상이 배신해도" "넘어져도 울지 않"겠다고 기개를 다지는데, 여돌의 노래에서는 잘 나타나지 않는 내러티브다. 나아가 〈I Don't Care〉(2009)에서는 매번 거짓말로 자신을 속인 남자에게 꺼지라고 하고, 남자보다 자신이 우월한 존재임을 과시하며, 남자의 눈물을 흘리게 만드는 '나쁜 여자'가 될 것을 선언한다.

투애니원의 뮤직비디오를 살펴보자. 〈Fire〉를 비롯해 〈날 따라 해봐요〉(2010)와 〈내가 제일 잘 나가〉(2011) 등 다수의 작품에는 검은 색상을 기본으로 어두운 밤거리, 낙서 가득한 벽, 자동차, 오토바이, 쇠사슬, 총 등 남돌의 뮤직비디오와 보다 가까운 패션과 물품이 등장한다. 〈Ugly〉(2011)는 조금 더 과격하다. 물건을 발로 차고 점프를 한다. 철문을 열고 거리를 활보하고 경찰차를 향해 스프레이를 뿌린다. 이러한 액션에 불꽃 이미지가 교차한다. 거리와 클럽을 배경으로 하는 이러한 묘사는 청(소)년 하위문화의 기록으로서 의미가 있지만, 한편으로는 남성적인 것으로 간주되는 폭력의 복제다. 투애니원의 직계 후예 블랙핑크 역시 비슷한 방식의 재현을 선택한다. 〈Kick It〉(2019)은 너를 파괴하고 나 자신을 찾을 것이라고 노래한다. 〈Kill This Love〉(2019) 뮤직비디오에는 자동차를 타고 도로를 질주하는 장면, 석상이 폭파되는 장면이 나온다. 투애니원의 자장에서 크게 벗어나지 못한 이미지 구축이다.

항상 '쎈' 이미지만 생산할 수는 없다. 이때 등장하는 것은 이상적인 남성 혹은 사랑이다. 투애니원은 〈Pretty Boy〉(2009)에서 '보이'가 아닌 '맨'을 원한다. 블랙핑크의 〈붐바야〉(2016)에서도 같은 맥락으로 '보이'와 '맨'을 구분하는 가사가 있지만 구체적으로 어떤 남성을 원하는지는 언급되어 있지 않다.

나쁜 여자
착한 여자

요약하면 걸 크러시는 '착한 여자' '여성스러운 여자'의 대립항이다. 다시 말해 걸 크러시는 '나쁜 여자' '여성스럽지 않은 여자'에 가깝다.

JYP엔터테인먼트에서 2019년 데뷔한 있지는 트와이스가 아니라 미쓰에이에 더 가깝다. 데뷔곡 〈달라 달라〉는 남들과 다름을 강조한다. 그저 예쁠 뿐 매력이 없는 또래들과는 다르다는 10대 소녀의 자긍심으로 충만한 이 노래는, 그러나 '달라야 한다'라는 강박만 드러낼 뿐 자신만의 매력이 무엇인지에 대해서는 구체적으로 묘사하지 않는다. 그런데 이 노래에는 "미안하지만 난 나빠"라는 내용의 영어 가사가 있다. 남들과 자신이 다르다고 하더니 왜 자신이 나쁘다고 하는 것일까.

남들과 다른 존재는 기존의 질서를 위반하고 위협할 수 있다. 그런 존재가 여성이라면 유형화되어 역사가 된다. 팜 파탈femme fatale은 남자를 파멸로 이끄는 치명적인 여성으로, 문학이나 영화에 등장하는 악녀 혹은 요부의 동의어다. 맨이터man-eater는 영어권에도 '남자 잡아먹는 여자'로 통하는 존재가 있음을 보여주는 표현이다. 바기나 덴타타vagina dentata는 라틴어 문화권의 전설 속 개념으로 이빨이 달린 질을 뜻한다. 이처럼 남성 중심의 사회에서 힘과 매력을 가진 여성은 남성을 유혹해 커리어를 무너뜨리고 거세와 죽음에 이르게 할 수 있는 위험한 존재로 규정된다.

이러한 두려움은 정도 차가 있을지언정 새로운 여성상의 출현에도 작동한다. 그렇다면 걸 크러시는 얼마나 위협적이고 위반적인가? 특히 남성에게 얼마나 치명적이고 '나쁜' 것일까? 당연하지만 여돌의 노래에는 '배드 보이'가, 남돌의 노래에는 '배드 걸'이 다수 등장한다. 이런 노래에서 '나'는 '너'를 사랑했으나 큰 상처를 입었다. 이 경우 너는 나쁜 가해자이고 나는 착한 피해자일 때가 많다. 이런 가사는 남돌이나 여돌이나 엇비슷한 편이다.

그렇다면 화자 자신이 나쁘다고 하는 경우는 어떠한가. 나쁜 남자의 화신은 비다. 비는 2002년 〈나쁜 남자〉를 필두로 근육질 몸매를 내세우면서도 순진한 '꾸러기' 미소를 곁들여 박진영의 페르소나이자 남돌의 한 전형을 완성하였고 후예 '짐승돌'을 견인했다. 그로부터 10년 후 아티스트형 아이돌로서 입지를 다진 빅뱅에게도 〈Bad Boy〉(2012)가 있다. 비와 빅뱅의 콘셉트는 사뭇 달랐을지언정 이 둘이 묘사하는 '나쁜 남자' 혹은 '배드 보이'는 비슷하다. 상대 여성이 '좋은 여자'("You're a good girl")이고 "아름다운 여자"이기에 "나쁜 남자" "형편없는 남자"인 자신은 어울리지 않는다는 것이다. 이것은 자학이다. 나아가 그 여성이 이미 자신을 사랑해버렸다는 과시적인 자기애의 역설이다.

이와 비슷한 '나쁜 여자'가 있다. 레이디스 코드의 〈나쁜 여자〉(2013)는 화자 자신을 "약한 여자" "가여운 여자" "헤픈 여자" 등으로 설명하는데, 본질은 사랑 때문에 울지 않는 "나쁜 여자"다. 그러니 나만 바라보지 말라고 상대를 위로하는 신파다. 반면 레드벨벳의 〈Bad Boy〉(2018) 속 주인공은 자신에게 반한 나쁜 남자와 '밀당' 중이다. 게임은 이겨야 의미가 있으니 쉬운 수를 쓰지 말라고 경고하는 이 노래는 결국 나쁜 남자가 아니라 나쁜 여자에 대한 이야기를 다룬다.

반대로 착한 여자가 노래의 주인공일 때도 있는데, 공교롭게 이런 화두도 걸 크러시 유형에 속하는 여돌의 것이다. 이때 착한 여자는 남자에게 버려진 상태다. 디바의 〈Good Girl〉(2004)은 나를 떠난 너에게 내 곁에 있어달라고 매달린다. 너에게 영원을 약속할 수 있는 나 같은 여자는 찾아보기 어려울 것이라고 덧붙인다. 이로부터 10년이 지난 뒤에 나온 투애니원의 〈착한 여자〉(2014)도 이런 서사에서 크게 벗어나지 않는다. 착한 여자인 화자는 나쁜 남자를 사랑하지만, 이 나쁜 남자는 다른 나쁜 여자를 사랑한다. 왜 착한 여자는 나쁜 남자를 좋아하는지, 나쁜 남자는 나쁜 여자를 좋아하는지 묻던 화자는 착한 것은 부질없다는 결론을 내린다. 이는 걸 크러시 유형의 여돌 그룹이 나이를 먹었을 때 봉착하는 한계점을 보여준다.

이런 유형의 선배인 이효리는 점차 성장하는 캐릭터를 보여준다. 10분 내로 이성을 유혹할 수 있다는 1집의 〈10 Minutes〉(2003)는 카리스마를 전면에 내세우면서도 메이크업과 힐이 중요하다는 사실을 설파했지만, 3집의 〈U-Go-Girl〉(2008)은 이성 관계에서 여성이 적극적으로 나설 것을 권했다. 5집의 〈Bad Girls〉(2013)에서는 연애 관계를 배제하고 매력적인 외모·행동·마음 등 '멋있는 여자들'의 조건을 구체적으로 묘사하며 완벽한 여자에 대한 욕망을 직설적으로 드러냈다. 이건 화자 자신의 이야기라기보다는 수용자들을 향한 메시지다. 그래서인지 제목에 'girls'라는 복수형을 사용했다.

뭐니 뭐니 해도 착한 여자와 나쁜 여자에 대한 사회적 통념을 극명하게 대비한 여돌은 미쓰에이다. 데뷔곡이자 대표곡 〈Bad Girl Good Girl〉(2010)은 겉모습만 보고 여자를 판단하는 남자를 비판한다. 나아가 이 노래는 춤을 출 땐 '나쁜 여자'라고 하고 사랑을 할 땐 '착한 여자'를 원하는 위선적인 남성들에 대한 경고이면서 '나는 나'라는 선언이다. 이 곡이 실린 앨범의 제목도 《Bad But Good》이다. 그러니까 '나쁘면서도 착한' 여자여야 한다는 것이다. 또는 그렇게 비치길 기대한다. 예쁘고 섹시해서 당당하다고 한다면 이 역시 결국 남성의 대상이 되는 것이니 주체적이라고 보기는 어렵다.

씨엘이 투애니원 활동 이후 발표한 솔로 데뷔곡은 〈나쁜 기집애〉(2013)였고, 이어서 내놓은 곡은 〈Hello Bitches〉(2015)였다. 씨엘은 이와 관련해 다음과 같은 말을 남겼다. "미국에서는 배드bad라고 하면 비속어로 '멋있다'에 가깝잖아요. 거기에 착안해서 '멋있는 여자', 즉 '나쁜 기집애'로 제목을 지었어요. 무대에서도, 뮤직비디오에서도 악한 여자가 아니라 멋있는 여자를 표현하고자 했고요. (⋯) 사실은 힙합 문화잖아요."[81] 이처럼 씨엘이 생각하는 '나쁜 여자'는 '멋있는 여자'다. 결국 능동적이고 주체적인 여성, 멋있는 여성은 나쁘다.

〈나쁜 기집애〉와 〈Hello Bitches〉는 음악적으로 미국 현지의 트렌드를 쫓아가듯 트랩·힙합·일렉트로닉 등의 장르를 섞고 투애니원 식의 '알파걸' 기조를 얹은 YG엔터테인먼트의 전략적 산물이다. 자기 과시적인 가사로 구성한 랩은 재기발랄하지만, "싫으면 시집가" 같은 말장난으로 구성한 가사는 풍자인지 반어인지 모호하고 진부한 구석이 있다. 이건 후배 여돌 그룹 블랙핑크에서 더 확연히 드러난다. 그건 테디 중심의 프로듀서 시스템이 갖는 한계이기도 하다.

'비치bitch'라는 어휘의 쓰임새에 대해서도 생각해볼 필요가 있다. 매우 경멸적인 표현이지만 흑인 사회에서 자조적으로 쓰기도 하는 '니가nigga'처럼 비치도 여성이 역전유하여 새로운 여성성을 구성했다고 말할 수 있을지 모른다. 그러나 비치에는 근본적으로 비하의 어조가 담겨 있어 이 단어로 다시 역공당할 가능성이 있다. 실제로 '랩 메시아'를 자임하였으며 믹스 테이프 《Awesome Bitchhhh!!!》(2009)를 발표한 여성 래퍼 리미와 남성 래퍼 유닉원 사이에 디스가 있었다(사실 이 디스전의 공방은 다른 데에 있었기에 비치라는 단어가 핵심은 아니다). 유닉원은 리미에게 "드러운 한심한 비치"(〈잘 가 Rimi〉)라고 했는데, 이에 대한 리미의 응수로 보인 대목은 "난 RIMI 잘나가는 빗치, 너는 유닉원 존나 못 나가는 푸씨"이다(〈잘나가는 Rimi〉). 결국 리미는 이 단어 자체에 대한 대응을 하지 못했다.[82]

미국 래퍼 루페 피아스코Lupe Fiasco가 〈Bitch Bad〉(2012)에서 "비치는 나쁘지, 우먼은 괜찮고, 레이디는 더 낫다bitch bad, woman good, lady better"고 노래하는 이유도 이 단어의 복잡다단한 맥락 때문일 것이다. 가령 아직 개념이 정립되지 않은 아이들에게 혼돈을 줄 여지가 있다. 〈Bitch Bad〉의 가사에 드러난 것처럼 '엄마 스스로 'bitch'라고 말했을 때 듣는 이는 엄마와 비치를 동의어로 생각하고 존중을 치욕으로 왜곡해 이해할 수 있다.'[83] 미국에서조차 여러 논란의 씨앗을 잉태하는 이 외국어 앞에서 한국의 여성 래퍼는 한 번 더 길을 잃는다.

꽃미남부터 소심남까지
여돌의 남장

걸 크러시 유형은 전통적인 여성성과 거리를 둔다. 그렇다면 여성적인 것은 무엇이고 여성적이지 않은 것은 무엇일까. 젠더 이론가 주디스 버틀러가 생물학적 성과 사회 문화적 젠더를 구분하는 중립적인 방식은 없으며, 성·젠더·섹슈얼리티 모두 본질적으로 결정되는 것이 아니라 사회적이고 문화적인 구성물이라는 파격적인 주장을 했지만, 단칼에 설명하기 어려운 문제다.

'쎈 여성' 유형은 때때로 통상적인 남성 이미지를 모방한다. 예쁜 여돌의 전형에서 벗어나려는 시도는 의도적으로 남성을 흉내 내는 것과 비슷해지기도 한다.

조금 멀리 가보면 박지윤은 관능적인 노래와 춤으로 선풍적인 인기를 얻은 〈성인식〉(2000) 이후 매니시mannish 콘셉트를 시도했다. 당시 발표한 앨범의 제목은 《Man》(2002), 노래의 제목은 〈난 남자야〉다. 〈난 남자야〉는 남성에게 상처를 입은 여성화자가 "쓰레기 같은 남자"처럼 즐기겠다고 공언한 노래다. 남자에게 상처 입은 여성이 남성의 행위를 복제한 것이다.

트와이스의 〈What Is Love?〉 뮤직비디오(2018, 나이브 연출)에는 남장한 멤버들이 등장한다. 유명한 해외 영화 속 장면들을 패러디한 이 뮤직비디오에서 「로미오와 줄리엣」의 로미오, 「러브레터」의 남학생으로 분한 정연이 가장 인상적이지만, 사나·

쯔위·디현 등도 가가 영화 속 남자 캐릭터를 연기했다. 그렇지만 대개 조연에 그치고, 이렇게 남자의 역할을 맡는다고 해서 이들이 남자처럼 보이지도 않는다.

데뷔 시절부터 쇼트커트 헤어스타일을 해온 트와이스의 정연처럼 여성 멤버로만 구성된 그룹에서 멤버 한두 명이 '남자 역할'을 담당하는 일은 사실 흔하다. 그러나 이러한 역할 구분은 통상적으로 여성적 면모에서 벗어나지 않는 수준에서 단기적으로 시도하는 경우가 많은데, 이는 멤버의 캐릭터를 분화시키거나 팬덤을 확대하기 위한 전략이기도 하다. 그러므로 여돌이 하는 대개의 남장은 위반적이지 않다. 쇼트커트·바지·넥타이·콧수염·모자 등 남자로 인식될 만한 모티브 한두 개만을 따오는 정도라서 남자라는 가면을 쓰고 있을 뿐 당연히 여자라는 사실을 잊지 않게 만든다. 그래서 남성 캐릭터 분장은 때때로 코믹해진다.

마마무는 〈음오아예〉 뮤직비디오(2015, 퍼플스트로우 임성관 연출)에서 멤버 네 명 중 세 명이 남장을 했다. 화사는 엘비스 프레슬리를 연상시키는 '터프가이', 문별은 정장을 입은 '꽃미남', 휘인은 어리버리한 '소심남'으로 분하는데, 여주인공인 솔라가 외양만 보고 문별을 남자로 오인해서 좋아한다는 구성이다. 뮤직비디오가 '퀴어포빅'하게 보일 수 있는 여지가 있지만, '무지개무무'를 비롯한 마마무의 퀴어 팬덤은 이 노래를 '퀴어 프렌

들리'한 노래로 손꼽는다.[84] 그러고 보면 문별의 이후 행보 역시 트와이스 정연보다 에프엑스 엠버에 가깝게 느껴지기도 한다.

한편 활동 기간 중에 '남자처럼' 바지 정장 패션을 한 여돌 그룹이 많다. 티아라의 〈내가 너무 아파〉(2010)·카라의 〈숙녀가 못 돼〉(2013)·소녀시대의 〈Mr. Mr.〉(2014)·레드벨벳의 〈Be Natural〉(2014)·마마무의 〈Decalcomanie〉(2016)·CLC의 〈Black Dress〉(2018) 등은 검은 계열의 슈트 차림으로 뮤직비디오를 촬영하거나 무대 활동을 한 경우다. 소수는 교복 반바지를 입었다. 에프엑스의 엠버가 선구적이고 다이아의 예빈과 제니도 〈듣고 싶어〉(2017) 시절 쇼트커트를 하고 반바지를 착용했다.

사실 '바지=남자' '치마=여자'라는 이분법은 '블루=남자' '핑크=여자'라는 구분만큼이나 낡고 진부한 도식이다. 일상적으로 여자가 바지를 입는다고 남자라고 인식하지는 않는다. 그렇지만 아이돌 패션에서 바지 또는 슈트 착용은 전통적인 여성성과 거리를 둔다는 징표가 되기도 한다. 물론 여돌의 바지에도 실용성은 있다. AOA 찬미는 무대에서 슈트를 입으면 "댄스 포지션 멤버로서 춤추기 편했"으며 "완벽하게 춤과 무대에만 집중할 수 있어서 더 신났"다고 밝힌 바 있다.[85] (짧은) 치마가 더 친숙한 무대 위의 여돌은 바지 착용으로 퍼포먼스의 폭을 넓힐 수 있지만, 다시 기존의 여성성을 강화할 수도 있다. 소녀시대가 입은 타이트한 청바지는 멤버들의 가늘고 긴 다리를 고스란히 드러낸다. 흰 티는 평범해 보이지만 순수성을 상징하는 도구가 된다.

남자 여자
스펙트럼

AOA는 「퀸덤」에서 슈트 차림으로 무대에 선 적이 있다(3화, 2019.9.12). 프로그램이 요청한 리메이크 미션을 따라 2차 경연에서 마마무의 〈너나 해〉를 해석했을 때였다. AOA는 그 직전에 섹슈얼리티를 부각한 〈짧은 치마〉로 첫 번째 경연을 마쳤는데(2화, 2019.9.3), 그와 대비되는 이색적인 무대가 완성되었다. 너로부터 벗어나 나의 방식으로 살겠다는 원곡의 가사에, 꽃은 언젠가는 지는 것이니 자신은 '꽃이 아니라 나무'라는 AOA 래퍼 지민의 선언을 얹었다. 그런데 이 무대 중간에 보깅 댄서들이 등장했다.

보깅voguing은 1960년대 이후 뉴욕 할렘을 중심으로 흑인 또는 라틴계 미국인 같은 하층민, 또는 성소수자들이 『보그 Vogue』같은 패션지 모델의 포즈에서 힌트를 얻어 추기 시작한 춤이다. 이를 1990년 미국 백인 여성인 마돈나가 시도했을 때와 2019년 아시아의 여성 아이돌과 남성 댄서들이 재현한 사건이 동일할 수는 없을 것이다. 때문에 보깅에 내포된 인종·젠더·계급의 해체와 재생산이[86] 이 무대에서 모두 재현될 수는 없었겠지만, 보깅의 진정성과 거리가 멀다거나 스타일의 모방에 그쳤다고 단언하기는 어렵다.

그날 AOA는 검정색 바지 슈트를 입고 굽이 낮은 구두를 신었다. 반면 드래그 퀸 댄서들(카다시바 댄스 팀)은 신체를 노출하는 크롭 톱과 쇼트 팬츠에 하이힐을 착용했다. 여돌은 남장(이라기보다 전통적 여성성의 거부)을, 남자 댄서들은 여장을 한 것이다. 이 무대는 주류 미디어를 통해 목도할 수 있는 젠더 교란의 파격적인 장면 중 하나가 되었다. 보깅을 도입한 사례에는 엄정화·가인·브라운아이드걸스·에프엑스도 소환해야 한다. 특히 엄정화는 전속 댄스 팀(프렌즈)을 중심으로 〈Cum 2 Me〉(2006)부터 〈Dreamer〉(2016)에 이르기까지 파격의 무대를 선보이며 '퀴어의 아이콘'이 되었다. 이런 사례들은 가장假裝, 즉 가면을 쓴 연기라는 차원에서 접근할 수도 있다. 가장과 연기는 역설적으로 본연의 모습을 드러내는 기제가 된다.

또 다른 차원의 연기를 시도한 여돌이 있다. '진정한 나'라는 진실에 다가가기 위해 연출과 연기를 시도한 사례다. 에프엑스 멤버 엠버는 '내 가슴은 어디 있어?'라는 제목으로 영상을 제작했다.[87] 엠버는 친구와 함께 '엠버의 가슴'을 찾는다며 주변을 뒤지고 이웃들을 탐문한다. 이는 엠버의 신체에 쏟아진 악성 비난에 대한 유쾌한 풍자다. 이 영상이 화제가 된 뒤 BBC 인터뷰에서 엠버는 말했다. "많은 이들이 오해하지만, 내가 톰보이로 보이거나 중성적으로 보이는 것은 콘셉트가 아니라 그냥 나일 뿐이다."[88]

엠버는 2018년 7월 15일 자신의 소셜 미디어 계정에 브라 톱과 레깅스 스타일의 스포츠 의류를 입은 사진, 드레스와 힐을 착용한 사진을 동시에 올렸다. 스포츠 브랜드 홍보 목적이 있었지만 엠버가 걸어온 궤적과 일맥상통한 게시물이었다. 사진을 업로드하면서 영어와 한국어로 작성한 글에서 엠버는 다른 사람들의 편견 때문에 한때는 자신의 몸을 창피하게 여겼으며 자신감을 잃어갔다고 했다. 엠버는 과거와 작별한 것 같다. 그는 이렇게 썼다. "여자라는 이유만으로 사람들은 제가 연약해야 된다고 생각했기 때문에 제 자신의 야심과 목표를 포기해왔는데, 더 이상 저는 그런 사람이 아니에요. 항상 더 열심히 하고 더 강해지고 이런 제 자신을 사랑할 줄 아는 사람이 될 거예요. 완벽하지 않아도."

여돌이 요정이라면 그건 칭찬일까?
요정과 여신, 숭배와 혐오 사이

> 효정   이 곡(러블리즈의 〈지금, 우리〉)으로 하면 어떤 식으로
> 해야 하지?
>
> 비니   봄의 요정…. (웃음) ('우리 전공'이라는 수식어가 자막에
> 뜬다)
>
> 유아   나 이제 요정에서 탈피하고 싶어!

이는 엠넷 「퀸덤」에서 2차 경연을 앞두고 오마이걸이 나눈 대화다(4화, 2019.9.19). 참여 팀끼리 곡을 바꿔 부르는 경연에서 러블리즈의 노래를 리메이크하게 된 오마이걸은 여러 후보 가운데에서 〈Destiny〉를 골랐다. 재구성의 방향은 그들의 "전공"인 요정 콘셉트로부터 멀고도 가까운 '동양적인 버전'으로 결정했고, 이 무대로 1위를 자지했다. 이듬해 나온 오마이걸의 음반 《Nonstop》(2020)을 소개한 기사 제목은 "'콘셉트 요정' 오마이걸, '모두의 요정'이 되다"였다.[89] 오마이걸은 "요정에서 탈피하

고 싶"다고 항변하지만 '콘셉트 요정'의 지위는 여전히 흔들리지 않는다.

'홍대 앞 여신'이라는 말이 유령처럼 떠다닌 적이 있다. '홍대 여신 몇 인방'이라는 말로 인디 뮤지션들이 묶였다. 결이 조금 다른 오지은은 '마녀'로 불리기도 했다. 어떤 무대에서 활동하든 여성 음악인을 지칭할 때 요정·여신·뮤즈 등이 찬사의 의미로 사용되는데, 여돌에게는 더 흔하게 사용된다. 반면 남돌을 비롯한 남성 음악인을 남신이라든가 요정이라고 부르지는 않는다.

요정과 여신은
사람이 아닙니다[90]

여돌은 많은 경우 요정과 여신으로 출발한다. 1세대 여돌 그룹 S.E.S.와 핑클은 요정이라는 키워드로 한 시절을 풍미했다.

물론 요정에도 스타일 차이는 있다. 핀란드 여성 듀오 나일론 비트의 원곡 〈Like A Fool〉(1998)을 가공한 〈Dreams Come True〉(1998)로 S.E.S.는 날개 달린 요정의 환상적인 이미지와 접속한다. 반면 핑클은 좀 더 현실적인 캐릭터로 그려진다. 〈영원한 사랑〉(1999)의 뮤직비디오에서는 흰 드레스 차림에 화관을 쓰고 풀밭에서 그네를 타는 멤버들의 이미지가 교차한다. 그 뒤에도 요정 콘셉트가 확대 재생산되어 이 유형을 빼놓고는 여돌을 이야기할 수 없을 정도가 되었다.

요정이나 여신에 대해 일반적인 정의가 존재한다. 국립국어원에서 발행한 『표준국어대사전』에 따르면 요정은 "요사스러운 정령" "서양 전설이나 동화에 많이 나오는, 사람의 모습을 하고 불가사의한 마력을 지닌 초자연적인 존재"다. 여신은 "여성인 신"으로 적고 있기에 신의 정의를 빌려 여신을 풀이하면 "종교의 대상으로 초인간적, 초자연적 위력을 가지고 인간에게 화복을 내린다고 믿어지는 (여성적) 존재"다.[91]

최근 용법으로 요정은 남녀 불문하고 '장인'이나 '달인'처럼 한 분야에 두각을 나타내는 사람을 가리킬 때도 쓰이는데, 아이돌과 팬덤 문화에서 용례를 찾자면 '엔딩 요정'이 있다. 무대의 엔딩 장면에 포착되어 화제가 된 멤버를 뜻한다. 이런 의미의 요정 또한 미사여구일 뿐이니 과민할 필요가 없을 수도 있다. 과연 그럴까. 가장 중요한 것은 이들이 인간이 아닌 존재라는 점이다.

'요정화된 소녀'는 통상적이고 관념적인 소녀상象에서 비롯한 것이다. 소녀는 어린이에서 어른으로 가는 과도적 존재이기에 아직은 성적으로 미숙하지만, 향후에는 완숙한 상태로 나아갈 것이라는 기대가 있다. 때문에 소녀는 여성이자 여성이 아닌 존재이고, 취약하고 순진하지만 이상적인 존재가 되기도 한다. 불완전하고 분열적인 존재로서의 소녀상은 여돌 그룹이 가장 많이 채택하는 이미지다. 관능적인 섹슈얼리티와도, 거칠고 강력한 걸 크러시와도 거리가 있는데, 이것은 통상 소녀에게 요구되는 이미지와 거의 일치한다.

그런데 요정이나 여신의 이미지는 동화나 신화 속의 캐릭터가 되기도 하고, 물·바다·달·땅 같은 자연의 이미지와 중첩되기도 한다. 오마이걸은 현실계와 탈속계 그 어딘가에 위치한다. 현실적 세상에 가까울 때에는 생기발랄하거나 청순한 소녀의 이미지로(〈Liar Liar〉, 2016), 탈속의 세상에 가까울 때에는 신비로운 여신과 요정의 이미지로(〈Closer〉, 2015) 등장한다. 오마이걸은 이 둘을 오가거나 융합하며 활동했다.

오마이걸의 음반 《The Fifth Season》(2019) 표지에서 멤버들은 흰색 발레복을 입었다. 타이틀곡 〈다섯 번째 계절〉 뮤직비디오(써니비주얼 유성균 연출)는 자연 이미지로 가득하다. 설빙 가득한 산에 붉은 꽃이 피어난다. 꽃은 산이 아닌 벌판과 실내에도 있다. 단색 드레스를 입은 멤버들은 꽃을 피우거나 꽃과 함께하는 존재로 묘사된다. 〈비밀정원〉(2018) 등 다수의 뮤직비디오에는 행성(우주)이 등장하고, 꽃밭(정원)을 실은 버스가 날아다니며, 돌고래·사슴·새 같은 동물들이 비현실적으로 교차한다. 이어서 아예 돌고래를 소재로 한 〈Dolphin〉(2020)을 발표했다. "상대에게 빠져드는 마음을 돌고래가 헤엄치면 물보라를 일으키는 상황"으로[92] 묘사한 노래다.

이러한 요정과 여신 이미지로 여돌은 초월적이고 신비로

운 존재로 입지를 굳힌다. 이를 통해 여성(성)은 탈성애화 desexualization되고 여돌은 인간이 아닌 비현실적 이미지로 고착된다. 결국 여돌(의 이미지)은 여신과 요정 울타리 안에 갇히게 되는데, 이에 따라 인간이 아닌 존재, 즉 성적으로 순진무구하고 세속적인 욕망과는 거리가 있는 존재가 된다. 여돌은 이러한 이미지를 생산하고 유지하기 위해 많은 노력을 투여해야 한다. 나아가 시간이 흐르고 나이가 들면서 더는 이 이미지가 유효하지 않은 순간 이들은 소진, 폐기되어버리고 만다.

요정과 여신 캐릭터를 그룹의 이름에 명시한 사례를 보자. AOAAce Of Angels는 '하늘에서 내려온 천사들'을, 나인뮤지스Nine Muses는 그리스 신화의 여신들을 호명했다. 이들은 청순이 아닌 섹시로 전략을 짰다. AOA는 (같은 소속사 남돌 씨엔블루의 여자 버전을 노린 듯) '밴드' 형태와 '댄스' 형태를 병행하려 했으나 큰 반응을 얻지 못하자 바로 실력보다 시각적인 요소를 부각하는 방식으로 전환해(작곡가 용감한형제와의 합작을 통해) 〈짧은 치마〉(2014) 〈단발머리〉(2014) 〈사뿐사뿐〉(2014) 〈심쿵해〉(2015)로 수명을 이어갔다.

나인뮤지스는 이런 이름이 어떻게 실패하는지 명백히 보여준다. 모델 출신 멤버들로 구성되어 키와 몸매로 대변되는 신체를 전면에 드러내고 활동했지만 결국 소진되고 말았다. 곡명도 시사적인 〈돌스(Dolls)〉(2013)에서 잊히는 게 가장 두렵다고 노래한 것처럼, 어떤 결말로 치달을지 예상되어도 당장 '인형'이 되는 선택을 감행한 것이다. 나인뮤지스가 좌충우돌 데뷔하는 과정은 이학준의 다큐멘터리 「나인뮤지스: 그녀들의 서바이벌」(2012)과 자매격 저술인 『대한민국에서 걸그룹으로 산다는 것은』(2014)에 담겨 있다. 나인뮤지스의 뮤직비디오 촬영 현장에서 '노출 콘셉트'를 잘 따르지 못한 세라 때문에 촬영이 순조롭지 못한 일이 있었다. "그러면(노출을 하면) 사람들은 귀로 음악을 듣기보다, 눈으로 벗은 몸부터 보려고 하지 않을까요?" "빛나지 않는 별이 될 바엔 존재하지 않는 게 나아요."[93]

세라는 2014년 계약이 종료되어 나인뮤지스에서 탈퇴하였지만 그 뒤로도 순탄치 않은 생활을 하였음을 한 방송에서 고백했다(MBN「미쓰백」1화, 2020.10.9). 세라가 고백하는 시퀀스 타이틀은 '모델돌이 털어놓는 비참한 현실'이다.

이처럼 여신 혹은 요정이 여돌의 주체적이고 자발적인 선택이라고 보기는 어렵다. 나아가 이 기준에 부합하지 않는다면 (찬사를 받던 당사자조차) 비난받거나 배척된다. 그런 수사로 정점에 올랐다고 해도 아이돌의 수명은 짧다. 과거 '요정돌'에게 스캔들이 생긴다면 충격은 극대화된다. "원조 요정의 타락" "원조 요정, 어쩌다 도박 요정이 됐나" 같은 식의 자극적이고 선정적인 헤드라인이 그 예다.

개그우먼으로 구성된 프로젝트 그룹 셀럽파이브가 〈안 본 눈

삽니다〉(2019)를 발표했을 때 흰 드레스와 긴 머리에 화관을 쓰고 사뿐거리는 동작을 퍼포먼스에 도입하는 등 '요정파' 여돌 이미지를 차용했다. 이것은 마치 캐리커처 같다. '오리지널'을 과장스럽게 희화적으로, 또 명징하게 요약했다는 점에서 그렇다. 이들은 분야와 경력, 활동 예상치 등에 있어서 여돌과 조건이 같지 않기 때문에 요정과 거리가 있고, 이 프로젝트가 '요정파' 여돌을 모욕하려는 의도를 가진 것도 아니다. 그렇지만 셀럽파이브의 요정 이벤트는 웃음을 자아낸다. 이것은 숭배와 혐오가 얼마나 가까운지를 보여주는 그림이다.

여돌은 남성적인 시각을 통해 요정과 여신으로 대상화되고 그 범주에 속하도록 위치가 한정된다. "여성을 남성과 동등한 성적 주체로 결코 인정하지 않는 여성의 객체화, 타자화"가[94] 여성 혐오라는 관점에서 숭배는 곧 혐오가 된다. 숭배와 혐오는 단순히 대상을 좋아하고 미워하는 감정만을 지칭하는 것이 아니라 대상을 주체로서 인식하지 않는 행위를 포괄한다.

이런 관점이라면 여돌은 인식의 희생자이고 피해자인 셈인데, 여돌을 그저 수동적 존재로 한정하는 것은 온당할까. 사실 여돌은 소녀의 전형을 고스란히 따르면서도 이에 저항하고자 하는 복합적인 존재다. 소녀 문화 연구서 『소녀들: K-pop 스크린 광장』에서 조혜영은 아이유와 설리의 예를 들어 "스펙터클과 스캔들을 진동하는 21세기 소녀성"을 그리고, 소녀들의 다양

성을 설명하기 위해 '걸스케이프girlscape'라는 학계의 개념을 소개한다.[95]

소녀는 현재 우리의 욕망의 거울이고 무의식적인 현실의 반영이지만 또한 성찰과 반성의 산물이다. 따라서 소녀는 순수한 요정이나 신비한 여신으로만 소비되지 않으며, 유동적이고 분열적이며 다층적인 의미를 가진다.

꽃, 여성의 다른 이름
그리고 새로운 해석

여돌의 탈속적인 아름다움은 요정과 여신 말고도 꽃으로 자주 표현된다. 사실 '여자=꽃'이라는 등식은 여성성을 대상화하는 참 낡은 비유 같지만, 여자친구의 〈Flower(Korean Ver.)〉(2019)에서 화자는 자신을 "항상 그대 안에 피고 지는 꽃"이라 칭하고 "항상 그 자리에" 기다리고 있다고 노래한다. 공연 무대나 뮤직비디오에 등장하는 이미지도 붉은 꽃들로 가득하다. 이보다 직설적인 방식도 있다. 가인의 〈피어나〉(2012) 속 "못다 핀 꽃 한 송이"는 성적인 은유로 읽힌다.

하지만 이 낡은 관념에 저항하는 경우도 있다. 치타는 〈100km〉(2014)에서 "꽃이 되길 거부"하고 "맹수"가 되겠다고 선언했는데, 이 곡을 이듬해 엠넷 「언프리티 랩스타 1」에 출연했을 때 배틀 미션에서 선보였다(4화, 2015.2.26). 4년 뒤 「퀸덤」에 나선 AOA 지민 역시 한 무대에서 '꽃'이 되기 싫다고 하면서 '나는 나무'("I'm the tree")라고 선포했는데(3화, 2019.9.12), 공교롭게도 지민은 「언프리티 랩스타 1」의 배틀 미션에서 치타의 뒤를 이어 무대에 섰다. 지민이 직접 쓴 이 가사는 치타에게서 영감을 얻은 것이 아닐까 추측한다.

꽃이 항상 여성을 비유하는 것은 아니다. 열매를 피우기 직전 단계인 꽃은 결실을 상징하기도 한다. 오마이걸의 〈비밀정원〉(2018)과 〈다섯 번째 계절〉(2019) 뮤직비디오(둘 다 써니비주얼 유성균 연출)에는 꽃을 들고 있는 소녀들이 등장하는데, 특히 〈비밀정원〉에서 꽃은 소녀들이 가꾸어나가는 꿈을 표상한다.

상대방을 꽃으로 지칭하는 여돌의 노래도 있다. 엠넷 「프로듀스 48」(2018)을 통해 결성된 아이즈원은 '꽃 시리즈'를 발표했다. 〈라비앙로즈〉(2018)는 붉은 장미를, 〈비올레타〉(2019)는 보라색 제비꽃을 불러왔다면, 〈Fiesta〉(2020)는 "색색의 꽃"과 "꽃가루"로 축제의 절정을 알린다. 처음에는 사랑으로 붉게 물든 마음을 알리고, 다음으로 "너는 내 마음의 꽃"이고 "빛"이라고 표현한 후, 마지막에는 축제와 같은 나의 마음에 놀러 오라고 이야기한다.

아이유의 〈Blueming〉(2019)은 심수봉의 노래에서 착안해 "백만 송이 장미꽃"을 함께 피워보자고, "둘만의 비밀의 정원"을 가꾸자고 제안한다. 'bloom'과 'blue'를 조합해 만든 제목은 사랑의 관계가 화려하게 만개하는 것만이 아니라 슬픈 감정을 동반한다는 것을 보여주는 듯하다. 회색과 파란색으로 구성된 휴대폰 메시지 창을 꽃에 비유해 둘 사이에 밤새 이루어지는 수많은 대화를 묘사한 가사도 흥미롭다.

여돌의 우화,
고양이부터 사자까지

여돌은 요정이나 여신의 반대항을 꾸준히 시도했다. 앞 장에서 거론한 걸 크러시도 새로운 여돌의 유형을 대변한다. 그 외에 비인간의 이미지를 빌려온 경우가 있다. 동물·괴물·귀신·좀비·뱀파이어·드라큘라·늑대인간 등이다. 이들은 인간과는 대립되는 존재고, 때때로 바람직하거나 긍정적인 피조물이 아니다.

주인공이나 상대방을 동물로 빗대는 우화적 기법은 흔하다. 여돌이나 남돌 모두 고양이를 여성으로 의인화한 노래가 많다. 이때 안무도 고양이의 움직임을 복제하는 경우가 대부분이다. AOA의 〈사뿐사뿐(Like A Cat)〉은 여성 화자를 고양이로, 상대 남성을 늑대로 표현한 사랑 노래다. 에이핑크의 〈고양이〉(2012) 속 여성 화자는 자신을 "리본 고양이"라 말하며 잡아보라고 상대를 유혹한다. 아이즈원은 고양이의 움직임을 묘사한 안무를 곁들여 〈고양이가 되고 싶어〉(2019)를 불렀다.

남돌의 노래에서도 고양이는 아름답고 애교 넘치는 여성의 상징이다. 신화는 〈고양이〉(2015)에서 고양이의 생김새와 움직임을 닮은 여성에 매혹됐다고, 아스트로는 〈장화 신은 고양이〉(2016)에서 고양이를 닮은 귀여운 너에게 마음을 빼앗겼다고 고백한다. 항상 고양이가 여성을 지시하는 것은 아니다. 투모로우바이투게더는 〈Cat & Dog〉(2019)에서 연인 곁에 항상 머무르고 싶기에 '너의 펫이 되고 싶다'("Can I be a pet?")고 노래한다. 여기서 화자가 동일시하는 반려동물은 귀여운 강아지와 고양이였다가 나중에 무서운 진돗개로 바뀌는데, 그것은 늦은 밤 귀가하는 "네 주위를 지키"기 위해서다. 남성은 여성을 보호하는 존재로, 여성은 남성에게 보호받는 대상으로 구분하는 진부한 관습을 보여주는 대목이다.

마마무의 스윙감 넘치는 노래 〈고양이(Cat Fight)〉(2016)는 고양이로서의 여성이 남성을 매혹하는 내용은 아니다. 여성으로 추정되는 화자가 "뻔한 애교"를 부리며 "그 애를 홀리"는 여성에게 경고를 하고 그와 싸우기 위해 고양이라는 상징을 사용한다. 애교를 부리며 나의 남자를 탐내는 여성도("앙큼한 꼬리"), 그에 대한 경고를 하는 여성도("날을 세워 너를 할퀴어") 고양이다. 노래의 영문 제목인 캣파이트catfight는 1950년대 미국에서 포르노 전문 감독이 방향을 틀어 여성 레슬러의 게임을 다룬 영상물을 만들면서 쓰기 시작한 표현이다. 이른바 '여자 *싸움*'을 엔터테인먼트 장르로 만든 것이다. 캣파이트는 차차 의미가 확장되어 여성끼리 권력이나 경력, 혹은 남성을 두고 경쟁하거나 언쟁하는 것을 가리킬 때도 쓰게 되었다.[96] 마마무의 〈고양이〉도 이 싸움을 가리킨다. 결국 여성 사이의 관계에 대한 낡은 편견을 드러내는 것이다.

아이돌 음악 이외에도 고양이를 소재로 한 노래들이 있는데 음악적인 색깔만큼이나 시야도 사뭇 다르다. 선우정아의 〈고양이(feat. 아이유)〉(2017)는 "사람을 좋아하는 길가의 고양이와 집 안에서 창밖을 내다보기만 하는 도도한 고양이"라는 "두 고양이의 관점"을[97] 그린 재지한 노래다. 이진아의 〈고양이에게〉(2019) 역시 고양이의 시선으로 바라본 사람과 풍경을 묘사한다. 볼빨간사춘기의 〈나비와 고양이(feat. 백현)〉(2020) 뮤직비디오 말미를 보면, 주인공(안지영) 본인도 결국 고양이인데 집 안에 날아든 "사랑스러운 날개"를 가진 나비를 본 뒤 햇빛 찬란한 바깥세상으로 나간다. 여성이 고양이라는 점에서는 아이돌의 노래와 비슷하지만 소재는 이성 관계에 한정되지 않고 구체적인 상황이나 내용도 다르다.

기호나 상징을 평면적으로만 쓰는 전개는 다른 동물들, 특히 맹수를 소재로 한 아이돌의 노래에도 고스란히 적용된다. 소녀시대의 〈Lion Heart〉(2015)를 보자. 가사는 순정적이다. "야생

마 같은 남자를 사자에 비유해 '사자 같은 너의 마음을 길들이겠다'는 여자의 귀엽고 사랑스러운 다짐을 담은"[98] 노래다. 뮤직비디오에는 사자의 가면을 쓴 남성이 등장하는데, 깜짝 놀라긴 해도 여덟 멤버들은 각각 그를 보고 미소를 짓고 마음이 흔들린다. 남성이 괴물이어도 여성은 사랑에 빠질 수밖에 없거나 빠져야 하는 「미녀와 야수」식 동화 코드다. 그나마 다행이랄까, 바람둥이 남자를 혼내준다는 이야기가 전개된다. 그러나 이 이야기의 엔딩은 한 멤버(써니)가 다른 남자를 대동하는 것이다. 그 남자는 호랑이의 탈을 쓰고 있다. 사자가 호랑이로 바뀌었을 뿐이라는 점에서 이는 악순환이다.

늑대가 나오는 노래도 있다. 늑대는 남돌에게 친숙한 소재인데 이 역시 직설적이고 단편적으로 사용된다. 엑소는 〈늑대와 미녀〉(2013)와 〈으르렁〉(2013)에서 남성 화자는 늑대로, 상대여성은 사람으로, 심지어 미녀로 표현했다. '청량돌' 더보이즈는 〈Reveal〉(2020)에서 변신과 성장의 메타포로 늑대 소년의 이미지를 채택했다. '늑대의 탈을 쓴 남자'라는 클리셰가 떠오르는 순간이다.

여돌이든 남돌이든 노래에서 사자나 늑대 등 맹수를 불러올 때, 이것은 대개 남자를 가리킨다. 여돌이 맹수를 선택하는 경우는 흔하지 않다. (여자)아이들은 거의 유일하게 이러한 관습에서 벗어나는 시도를 한다. 「퀸덤」에서 발표한 〈Lion〉(2019)은 여왕의 대관식을 배경으로 한다. 사자를 연상시키는 분장과 동작을 곁들여 "다듬지 못한 발톱으로 아무도 가본 적이 없는 개척하는 길"을 노래하며 자신을 여왕이라 칭한다. 사자가 남돌이 아닌 여돌의 상징이라는 사실은 흥미롭고 강렬하다. 또한 사랑 노래를 위한 우화가 아니라는 점에서도 의미가 있다.

'여자 사자'에 이어 '여자 호랑이'도 나타났다. 러블리즈의 류수정이 〈Tiger Eyes〉(2020)를 발표했을 때, 새 앨범을 다섯 글자로 표현해보라는 한 기자의 질문에 "나는 호랑이"라고[99] 요약했다. 노래 속 여성 화자는 호랑이와 같은 눈동자와 발자국으로 너를 주시하고 있으니 나라는 운명으로부터 도망갈 수 없다고 너에게 경고하는 듯하다. 류수정은 솔로 활동을 통해 러블리즈의 청순함과 상반되는 도발적인 콘셉트를 시도했지만 음악 내외적으로 맹수에 대한 새로운 해석은 없었다.

요정이 탐색한 틈새, 뱀파이어와 주술사

아이돌과 가까운 또 다른 비인간 피조물 하나는 뱀파이어다. 남돌이 더 선호하는데, 이를 표현하는 방식은 단순해서 렌즈를 끼고 강렬한 메이크업을 하고 사슬과 같은 몇 가지 액세서리를 착용하고 나면 이루어진다. "뉴키드는 (…) 사슬 주얼리와 콘택 트렌즈 등으로 파격 변신한 소년 뱀파이어"가, "빅스는 (…) 스모키 메이크업과 오색찬란한 렌즈로 (…) 섹시한 뱀파이어"가[100] 되었다. 분열적 자아를 표상하는 지킬 박사와 하이드도 남돌에겐 작품의 뿌리가 된다. 빅스가 두 장의 앨범 《Hyde》(2013)와 《Jekyll》(2013)에서, 엑소가 《Obsession》(2019) 수록곡 〈지킬〉에서 시도한 것이다.

현대 문화 예술 작품에서 뱀파이어는 인간의 삶을 위협하는 존재인 동시에 미남 미녀로 묘사되곤 한다. 뱀파이어 서사의 원점에는 브램 스토커의 소설 『드라큘라』(1897)도 있지만, 『드라큘라』에 영감을 주었다고 알려졌으며 최초의 여성 뱀파이어(동시에 최초의 레즈비언 뱀파이어) 소설인 셰리던 르 파뉴의 『카르밀라』(1872)를 먼저 꼽아야 한다. 작품의 주인공인 카르밀라는 "나른하면서도 뜨거운 눈빛"과 "내 볼을 스치는 뜨거운 입술"로 작중 인물 로라를 유혹하는 "이상하고 아름다운 동반자"로[101] 묘사된다. 이후 등장한 수많은 뱀파이어는 이 원형에서 그리 멀지 않다. 혹은 원형보다 영리하고 특히 남성에게 치명적인 여성 캐릭터로 변주되었다. 소설 및 영화 속 인물의 한 유형인 팜 파탈femme fatale은 말 그대로 치명적인 존재로서 맨이터man-eater 또는 뱀파이어에서 파생한 뱀프vamp(요부)로도 범주화된다. '항상 자신이 원하는 것을 얻는 여자'인 요부는 말하자면 흡혈귀 같은 존재다.[102]

여돌이 세시함을 강조하기 위해 뱀파이어를 차용하는 것은 손쉬운 노선 중 하나다. 선미는 〈보름달〉 뮤직비디오(2014, 나이브 연출)에서 "사랑에 빠진 뱀파이어 소녀"로[103] 분했다. 뱀파이어 선미가 인간인 남성의 목을 물면서 시작한다. 선미에게 물린 남자 인간은 쭉 무기력한 상태고, 선미의 드레스는 처음엔 흰색이었다가 나중에 검은색으로 바뀐다. 영상 속 여성 뱀파이어는 섹시한 데다 관계 우위를 점한 치명적인 존재지만, 정작 노랫말에는 적극적인 유혹을 담지 않는다. (내가 너에게 가겠다는 것이 아니라) 네가 날 보러 와달라고 하는 정도다. 훨씬 피상적인 사례가 있다. 브레이브걸스의 〈Rollin'〉(2017)의 경우 티저에 이어 뮤직비디오가 공개되었을 때 '뱀파이어 콘셉트' '뱀파이어 비주얼' 등의 보도가 쏟아졌는데, 이를 읽을 만한 단서는 멤버들의 흑발과 타이트한 검정색 계열의 의상 말고는 없었다. 그때 부각된 것은 콘셉트의 완성도가 아니라 추가 제작한 '19금' 뮤직비디오였다.

소설이자 영화 「트와일라잇」의 영향일까. 뱀파이어(혹은 드라큘라)는 치명적인 사랑 이야기의 토대가 된다. 오마이걸은 〈Twilight〉(2018)에 대해 "사랑에 빠져버린 자신의 감정"이 "유령이 벽을 넘어 자신의 마음속으로 들어온" 것이라고 "엉뚱한 상상을 하는 소녀의 이야기"이자 "동화와도 같은 판타지한 이미지"라고[104] 소개했다. 가사에는 "13일의 금요일" "핼러윈" 같은 키워드가 있다. 오마이걸은 이듬해 「퀸덤」의 3차 경연(9화, 2019.10.24)에서 이 노래를 선곡했는데, 기존의 그룹 이미지와 차별화되는 '파워풀한' 무대를 위해 뱀파이어 콘셉트를 시도했다. 그룹의 설명에 따르면 좀비들이 춤을 추는 마이클 잭슨의 〈Thriller〉(1982) 뮤직비디오처럼 "기괴하고 스산한" 분위기를 의도한 것이다.

오마이걸은 이 무대를 앞두고 "과해지지 말자"고 다짐한다. 이는 일차적으로 무대의 주인공이자 책임자로서 비주얼 측면이 사운드를 압도하지 않게 만들겠다는 약속이겠지만 그룹 정체성의 한계선을 넘지 말아야 한다는 의미로도 읽힌다. 변화는 필요하지만 그것이 그간 오마이걸이 정립해온 이미지를 깨는 순간 위협으로 돌아서기 때문이다. 어떤 여돌은 뱀파이어가 되려면 자기 검열이 필요하다.

경외와 공포의 대상인 마녀나 주술사의 이미지를 활용한 여돌도 있다. 「퀸덤」 1차 경연 무대에 (여자)아이들이 〈Latata〉를 올렸을 때(2화, 2019.9.5), 멤버 민니는 인트로에서 태국어로 주문을 외웠다. 사랑에 빠지기를 원한다는 진부하고 짧은 문장이기는 하지만 이 인트로는 꽤 강렬하다.

제의적이고 주술적인 이미지를 본격적으로 선택한 드림캐쳐를 언급할 필요가 있다. 드림캐쳐는 "악몽을 잡아주는 꿈의 요정들"을 표방하며 데뷔했다(사물로서의 드림캐처dreamcatcher는 북미 대륙의 원주민이 악몽을 막기 위해 깃털과 실을 이어 모빌처럼 만든 수공예품으로, 부적과 같은 역할을 한다[105]). 드림캐쳐가 호러나 오컬트 등과 가까워지면서, 밝음 또는 섹시함 등이 주효한 여돌 그룹의 정서로부터 멀어진다. 헤비메탈이라는 장르의 문법을 아이돌 팝과 조합한 음악도 이채롭다. 이러한 콘셉트를 일관적으로 유지하며 매 작품마다 세계관으로 창출하고 있다는 점에서도 드림캐쳐는 주목할 만한 그룹이다.

2017년 데뷔한 드림캐쳐는 그해 연작 형식으로 〈Chase Me〉 〈Good Night〉 〈날아올라(Fly High)〉를 연달아 발표했다. 세 곡 모두 악몽을 주제로 한다. 노랫말도 가볍지 않다. 데뷔곡 〈Chase Me〉는 "착한 아이란 게 뭔데"라고 물으며 "틀에 나를 맞추려" 한다고 외친다. 〈Scream〉(2020)은 "모두가 미쳐 가"고 있다고 소리를 지른다. 드림캐쳐는 〈Scream〉이 실린 정규 앨범 《Dystopia: The Tree of Language》에 대해 "처음에 악몽이라는 판타지스러운 이야기를 했다면 지금은 대중분들이 이해하기 쉽고 공감하는 이야기를 해보고자 했다"고[106] 설명했다. 멤버들이 말하는 모두가 공감할 만한 소재란 마녀사냥과 '악플'이다. 이들은 응원하고 위로하기보다 고발하고 응징한다.

드림캐쳐가 만드는 이미지의 기둥은 꿈과 공포다. 꿈과 무의식을 다루고 있다는 점에서 프로이트적 정신분석학을 떠올릴 수도 있겠지만, 그룹이 표방하는 주요 키워드와 이미지를 조합해 공포 영화의 의미와 효과에 대해서도 생각해볼 수 있을지 모른다. 영화학자 로빈 우드는 공포 영화를 '억압된 것들의 귀환 Return of the Repressed'으로 해석했다. 공포 영화에서는 노동자·유색인종·어린이·성소수자·여성 등 타자화되고 억압받은 존재들이 괴물의 모습으로 회귀하기 때문이다. 페미니즘 영화학자 바바라 크리드에 따르면 "대중적인 공포 영화에 등장하는 여성 괴물에 대해 우리는 여성의 욕망이나 여성의 주체성보다는 남성의 공포에 대해 더 많이 말"하는 경향이 있다. 이 존재들이 "적극적으로 재현되었다고 해서 여성주의적이라거나 해방된 것이라는 주장은 아니지만" 그래도 여성 괴물의 출현으로 원래부터 여성이 희생자이고 남성은 가해자라는 관점에 도전할 수 있다.[107] 드림캐쳐에서 악몽의 주역들은 서양의 마녀와 한국의 '여귀' 중간에 있는 변종적 이미지다. 여귀 역시 한국적으로 변환된, '억압된 것들이 귀환'한 형태다.

그렇지만 드림캐쳐의 음악에 진보적인 해석이나 일방적인 찬사를 보내는 것은 쉽지 않다. 헤비메탈을 본격적으로 표방했다기에도 논쟁 요소가 있고, 오컬트를 소재로 한 콘셉트와 디테일에 있어서도 흠결 없는 완성도를 논하기에 무리가 있다. 요정을 역전시켜 여돌의 이미지를 확장하는 것 같다가도, 결국 (악몽을 잡아주는 꿈의) "요정"으로 홍보된다는 것도 한계다. 틈새시장을 노리는 전략적 행보가 대중성과 작품성의 측면에서 유의미한 소득을 얻기는 현실적으로 쉽지 않다.

위험하지만 위반하지 않는 비인간, 드라큘라와 괴물

종종 엉뚱한 화법으로 청자를 이상한 세계로 인도하는 여돌 그룹 에프엑스와 레드벨벳에게는 드라큘라가 등장하는 곡이 있다. 각각 〈Dracula〉(2014)와 〈Bad Dracula〉(2016)이다. 둘 다 조윤경이 작사했기에 내러티브에 공통점이 있다.

에프엑스의 〈Dracula〉는 어둡고 불길하다. 남성의 변조된 목소리, 여성의 비명 소리로 시작해 "외로운 너"에게 표적이 될 수 있으니 조심하라고 경고한다. '너'를 노리는 사람은 "그림자"로 표현되지만 무엇을 두려워해야 하는지 명확히 드러나지는 않는다. 외면적으로 드라큘라에 물리게 되는 상황을 지시하겠지만 사랑에 매혹당하는 것에 대한 은유적 표현일 수도 있고, 적극적으로 해석하자면 여성 자아의 욕망이 발현되는 순간일 수도 있다. 정작 드라큘라라는 단어는 가사에 한 번도 등장하지 않는다. 아마도 드라큘라는 '그'라고 추정되지만, 이러한 경고를 하는 '나' 또한 누구인지 확실치 않다. 이 노래의 공식 뮤직비디오는 없고 2016년 콘서트에서 실연된 바 있는데, 두 손가락을 목에 갖다 대는 동작과 좀비의 움직임을 흉내 낸 춤이 동반되었고 멤버 크리스탈에게는 남성 댄서의 목을 무는 동작이 주어졌다. 드라큘라가 목을 무는 행위에 대해서는 여러 해석이 가능하겠지만 분명 위험한 것이다.

반면 레드벨벳의 〈Bad Dracula〉는 발랄하고 산뜻하다. 1인칭 화법으로 기술되는 이 노래의 소재는 첫사랑이고, 화자는 고백을 하는 여성 드라큘라다. 화자는 '나쁜 드라큘라'지만 발랄하고 쾌활하며 즐기고 싶어할 뿐 다른 악의는 없다. 이 가사에는 안전망이 있다. 상대를 다치게 할 일은 없을 것이라고 약속하는 내용이 나오기 때문이다. 다시 말해 에프엑스 버전의 드라큘라는 상해를 가했지만 나중에 발표된 레드벨벳 버전은 그렇지 않다. 레드벨벳이 그린 드라큘라는 나빠야 하지만 나빠지지 않기로 선언한다.

결국 중요한 것은 여돌이 아무리 비인간류나 괴물의 가면을 써도 지나치게 무섭거나 기괴해지지 않아야 한다는 것이다. 그건 남돌에게도 마찬가지지만 여돌에게는 더 엄격하게 적용되는 관습이다. 분위기를 환기시키는 차원이어야 하지 선을 넘으면 안 된다. 때때로 이런 소재를 B급 하위문화처럼 이용할 법도 하지만 여돌은 그런 농담을 하기 어렵다. 이는 몬스터(괴물)를 소재로 한 남돌의 대표곡과 대비된다. 빅뱅의 〈Monster〉(2012)와 엑소의 〈Monster〉(2016)처럼 남돌에게 괴물은 어색하지 않다. '몬스터'는 화자를 가리키는 말이고 '나쁜 남자'의 다른 이름이다. 빅뱅은 몬스터리는 상징으로 "시랑하는 사람에게는 몬스터이고 싶지 않은 남자의 간절한 마음"을 드러내고 엑소는 "사랑하는 사람에 대한 거부할 수 없는 집착"을[108] 표현한다. 두 뮤직비디오에서 이들은 미지의 적에 대항하고 저항하는 남돌의 전형적 이미지를 보여준다.

괴물의 최신 버전은 여돌한테서 나왔다. 레드벨벳 유닛, 아이린&슬기의 〈Monster〉(2020)는 "상대방 꿈속에 들어가 춤추고 놀며 괴롭히는 불멸의 몬스터 이야기"를[109] 다룬 곡이다. 무대 위에서 2인이 데칼코마니처럼 움직일 때, 거미줄 대형으로 댄서들과 춤을 출 때 슬기와 아이린은 레드벨벳 시절과 달리 위협적으로 보인다. 하지만 "나쁜 의도 없"는 '작은 괴물'("I'm a little monster")이라 노래할 때, 안전하니 안심하라는 포석을 가사에 깔아둔 것처럼 보인다.

범죄를 소재로 글을 쓰는 작가 토리 텔퍼에 따르면 "괴물·뱀파이어·마녀·동물 등에 비유해 비인간화하는 것은 결국 여성을 덜 위협적으로 보이게 만드는 전략"이다.[110] 많은 경우 여돌은 괴물 자체를 전면화하지 않으며 이를 한시적이고 일회적인 퍼포먼스 소재로 국한한다. 이 과정 속에서 여돌은 무해하고 온순한 존재로 비친다. 그 위반의 한계점 안에서 여돌들은 분투해야 한다.

3. 여돌은 아름다워야만 할까

여돌은 왜 교복을 자주 입을까?
카메라는 여돌을 어떻게 응시하는가?
여돌이 독점하는 형용사는 무엇일까?

여돌은 왜 교복을 자주 입을까?

아이돌의 복장

여돌 그룹이 풍미하던 2016년 5월 음악 프로그램의 풍경. "12일부터 17일까지 음악 방송에 출연한 걸 그룹들은 (…) 44.8%가 테니스 스커트를 입었다."[111]

인용한 이 기사에서 테니스 스커트라고 말하는 짧은 치마는 주름이 잡힌 플리츠스커트의 일종으로, 신인 여돌이 활동 초기에 거의 공식 코스처럼 채택하는 복장이다. 때로는 세일러복을 사용하기도 한다. 이러한 복장은 교복을 닮았다.

소녀시대와 원더걸스가 제2의 여돌 그룹 전성기를 열어젖힌 시기부터 약 10년간 여돌 그룹이 교복을 입고 뮤직비디오를 찍은 주요 곡은 다음과 같다.[112] 물론 이 외에도 많은 여돌이 교복을 입었다.

2007	원더걸스 〈Irony〉 〈Tell Me〉
2008	소녀시대 〈Baby Baby〉
2009	애프터스쿨 〈Ah〉
2010	티아라 〈너 때문에 미쳐〉
2011	걸스데이 〈반짝반짝〉
	파이브돌스 〈이러쿵저러쿵〉
	티아라 〈Roly-Poly〉
2013	에프엑스 〈첫 사랑니〉
2014	에이핑크 〈Mr. Chu〉
2015	씨스타 〈Shake It〉
	AOA 〈심쿵해〉
	여자친구 〈오늘부터 우리는〉
	러블리즈 〈Ah-Choo〉
2016	여자친구 〈시간을 달려서〉
	트와이스 〈Cheer Up〉
	다이아 〈그 길에서〉
2017	우주소녀 〈너에게 닿기를〉
	블랙핑크 〈마지막처럼〉
	프리스틴 〈We Like〉
2018	레드벨벳 〈Bad Boy〉
	이달의소녀 〈favOriTe〉

왜 교복이
문제일까

여돌은 교복을 입는 것으로만 끝나지 않는다. 엠넷 「프로듀스」(2016~) 시리즈와 「아이돌학교」(2017)는 학교 운영 시스템을 도입한 서바이벌 오디션 프로그램으로, 전자는 여돌 버전으로 시작해 남돌 버전과 교대로 제작했고 후자는 남돌 버전 없이 끝났다. 아이돌 세계는 학교 사회와 다를 바 없는 경쟁의 현장이고, 정해진 수의 멤버를 선발하는 서바이벌 오디션 프로그램은 이러한 현실 세계의 축소판이다. 교복을 입은 101명의 연습생이 피라미드 대열로 「프로듀스 101」의 공식 주제가 〈Pick Me〉를 부르며 일사불란하게 춤을 추는 장면, 그리고 「아이돌학교」의 '입학 실기고사'에서 천 명 이상의 여성 지원자가 흰색 상의에 쇼트 팬츠를 입고 도열하여 집단적으로 춤을 추는 예고편 영상은 엽기적이고 공포스럽기까지 하다.

여돌은 왜 교복을 입을까? 어찌 보면 당연해서 이렇게 질문을 하는 것이 어색하게 느껴진다. 교복은 여돌이 데뷔 시절이나 활동 초반에 입는 것이 보편적인데, 아이돌 스스로가 10대가 많고 주요 소비층 역시 10대가 많아서일 것이다. 따라서 여돌에게 교복이란 자신은 물론 아이돌을 소비하는 세대에게도 자연스러운 복장일 수 있다. 그런데 모두가 입는 이 교복이 왜 문제일까. 왜 '로리콘' 의혹이나 교복 물신성 문제가 제기되는 것일까. 사실 교복 자체에 관능적인 요소가 있는 것은 아니다. 그저 학생 또는 그때 수준의 나이라는 직관적인 표징일 수도 있지만 이것을 여돌이 입는 순간 의미가 복잡해진다.

여기서 10대 소녀의 정체성에 대한 질문으로 다시 향하게 된다. 아직 청소년의 순수함을 간직하고 있지만 성인으로 향하고 있는 나이에서, 감춰진 것을 드러내려 할 때 충돌이 발생한다. 다리를 많이 드러내고 가슴과 허리의 라인을 부각한 교복과 관능적인 몸짓이 만나는 여돌의 세계는 '소녀'를 이중적인 존재로 한정해버린다. 여돌이 20대에도 교복을 입는 일이 생기면서 이러한 충돌은 극대화된다. 이는 '삼촌팬'으로 대변되는 30~40대 남성 수용자가 늘어난 것과 연관이 있다. 교복은 학창 시절에 대한 향수를 불러일으키는 매개체가 될 수 있지만, 이 추억도 여성이 아닌 남성의 시선에 가까울 때가 많다. 남성의 욕망에 기댄 재현 방식이다.

플리츠스커트는 교복·테니스복·세일러복 등으로 변형되고 다양한 형태로 리폼되어 여돌의 필수적인 복식이 되었지만, 차별점을 마련해야 하는 여돌 세계의 특수성을 차치하더라도 섹슈얼리티에 대한 안전과 위반 사이에서 줄타기를 할 수밖에 없다. 러블리즈가 처음 도입한 '철벽치마'가 화제의 아이템이 되었다는 사실을 보면 이것을 자연스러운 소비라고 말할 수 없을 것이다. 철벽치마는 속치마를 덧대 속바지의 노출을 철저히 차단하는 치마를 말한다. 여돌이 보편적으로 속바지 위에 치마를 입고 격한 퍼포먼스를 할 때 발생하는 시선 문제를 해결한 복장이다.

아이돌이 입는 교복 양식과 현실의 중고생이 입는 교복이 영향을 서로 주고받으며 이제 그 둘 사이의 간격은 매우 가까워진 듯하다. 이는 실제 교복 브랜드 모델로 아이돌이 선호된다는 사실과도 관련이 있지만, 모사물(또는 시뮬라르크)이 원본을 대체한다는 포스트 모더니즘에 따르면 바나나 맛 우유가 진짜 바나나를 넣어 만든 우유보다 더 진짜 같다고 느끼는 것과 마찬가지로 러블리즈나 여자친구의 교복은 때때로 너무 현실적이어서 역설적으로 비현실적으로 느껴지기도 한다.

나아가 일본풍 교복에 대한 논란도 있었다. 2015년 「아이돌로지」에 실린 반챠의 글은 이에 대한 증명이다. "러블리즈의 쇼케이스를 보고 많은 일본 케이팝 팬은 일본의 교복과도 같은 의상에 놀랐다. 아니, 오히려 일본인의 눈에는 너무 자연스러웠기에 이것이 한국 사회에서 '일본풍 무대 의상'이라고 인식되고 있다는 것을 얼마 동안 알아채지 못했던 사람이 많았을 것이다."[113]

이러한 전략이 일본 시상을 염두에 둔 포석인지는 확실치 않지만, 이제 일본을 둘러싼 영향 자체보다 더 중요해 보이는 지점이 있다. 여돌의 교복과 남돌의 교복이 다르게 소비된다는 것이다.

남돌에게도 교복은 꽤 보편적인 스타일링이다. 그렇지만 남돌이 교복을 입는다고 해서 논란이 되지는 않는다. 남돌용 교복은 서양식으로 테일러드 재킷 또는 블레이저에 넥타이를 착용하는 경우가 많지만, 일본식 남자 교복을 일컫는 가쿠란学ラン과 비슷하게 디자인되기도 한다. 검은색 재킷에 차이나 칼라를 갖춘 것이다. 젝스키스는 콘서트에서 〈학원별곡〉(1997)을 부를 때 가쿠란을 입었고, H.O.T.의 3집 타이틀곡 〈열맞춰〉(1998)의 무대에서 토니 안이 가쿠란 스타일로 디자인한 무대 의상을 입었다. 그 외에 방탄소년단의 〈상남자〉(2014)·세븐틴의 〈만세〉(2015)·업텐션의 〈위험해〉(2015)·SF9의 〈쉽다〉(2017) 등이 남돌이 교복을 입고 활동한 사례다. 「프로듀스 101」 시즌 2(2017) 참여 연습생이 공식 주제가 〈나야 나〉를 부를 때도 교복을 입었다.

남돌은 교복을 입으면 불량 청소년의 반항과 일탈을 재현할 수 있다. 엑소의 초기 대표곡 〈으르렁〉(2013) 뮤직비디오의 배경은 회색빛 어두운 지하 공간이고, 멤버들은 블레이저 형태의 교복을 입고 있다(일부 음악 방송 무대에서는 가쿠란을 입었다). 남돌의 뮤직비디오가 학원물에 가까울 때 지하 주차장, 건축 중인 공간, 회색빛 도시를 배경으로 삼아 제도 교육을 비판하는 경우가 있다. 반면 여돌에게 교복을 입힌 뮤직비디오는 배경도 기법도 다르다. 학교에서 보내는 일상과 연애에 집중하는 양상을 보이며 컬러풀하고 화사한 배경, 초록의 자연이 많이 등장한다. 여돌의 뮤직비디오에서 학교생활은 지나치게 낭만화되거나 아름답게 묘사된다.

남돌이 교복을 입은 모습은 분방하고 자유스럽다. 셔츠는 바지에서 슬쩍 삐져나와 있고 단추는 한두 개쯤 풀어져 있으며 넥타이는 느슨하게 묶여 있다. 이렇게 입고 퍼포먼스를 할 때 이들의 동작은 크고 파워풀하며 공격적인 포즈를 취하거나 과장되게 폼(이른바 '후까시')을 잡는다. 대개 남돌의 교복 패션은 단조로운 편이다. 재킷과 바지는 검은색이나 회색 계열의 무채색이 다수다. 일반적으로 남성의 의상이 여성의 의상에 비해 한정적이고 심플하다는 점을 생각해보면 당연한 일이다. 이는 결국 외양보다는 퍼포먼스에 집중하는 결과를 낳는다. 반면 여돌의 화려한 외양은 시선을 분산시키기에 퍼포먼스가 덜 중요하게 비친다. 여돌이 입는 교복의 스펙트럼은 매우 넓다. 흰색이 거의 반드시 포함되는 편이고 산뜻한 파스텔 톤부터 원색과 체크무늬 등 여러 가지 색채와 패턴을 사용하는 데다 교복의 원형부터 극단적으로 리폼되는 경우까지 스타일링에 있어 극과 극을 달린다.

현실에서는 여학생도 치마가 아닌 바지 교복을 선택할 수 있다. 여돌도 그럴 수는 있지만 데뷔 시기에는 드문 일이다. 이달의 소녀는 교복 브랜드 모델이 되어 2019년 11월 바지 교복을 착용하고 사진을 촬영했다. 그 전에 긴소매 블라우스와 긴바지를 입고 〈Butterfly〉로 활동한 것과 연관이 있을지 모른다. 에프엑스는 데뷔 4년 차에 〈첫 사랑니〉(2013)로 활동할 때 교복을 입었는데, 다섯 명의 멤버 가운데 엠버만이 반바지 교복을 입었다. 거의 무릎까지 오는 바지였다는 점에서 기존의 교복 양식과 달랐다. 아이돌에게 보다 익숙한 반바지 아이템은 짧은 돌핀 팬츠다.

다이아도 〈듣고 싶어〉(2017) 활동 당시 교복을 입었다. 청순함을 강조한 기존의 교복 이미지와 차별화하기 위해 '말괄량이' '사고뭉치' '노는 애'를 콘셉트로 했다고[114] 설명한 바 있다. 멤버중 예빈과 제니는 반바지에 쇼트커트 차림이었다. 하지만 그 이미지가 '섹시한 방향'으로 흘렀기 때문에 에프엑스의 엠버와 같은 느낌은 아니다. 게다가 그 이전 〈그 길에서〉(2016)로 활동할때 다이아는 여자친구를 연상시키는 교복(흰색 셔츠에 테니스 스커트)을 입었다. 여자친구의 음악을 담당한 이기용배가 이 곡을 작사 작곡했다는 사실을 상기하면 다이아가 무엇을 겨냥했는지알 수 있다. 다이아는 결국 여자친구·러블리즈·에프엑스 사이를 혼란스럽게 오간다.

아이돌은 교복을 입고
어떤 노래를 부를까?

교복을 착용한 남돌로 방탄소년단을 가장 먼저 떠올릴 것이다. 2013~2014년에 발표한 《2 COOL 4 SKOOL》《O!RUL8,2?》《Skool Luv Affair》는 이른바 '학교 3부작'이라 불린 연작이다. 각각 10대의 꿈·행복·사랑을 표방했고, 이후에는 '청춘 2부작'이라고도 불리는 《화양연화 pt.1》《화양연화 pt.2》 시리즈를 통해 조금 더 성장한 20대의 이야기를 이어나갔다.

방탄소년단의 '학교 3부작'은 강렬한 힙합과 조합해 제도 교육을 비판하고, '너'(라고 설정된 듣는 이들)에게 삶의 주체로서 진정한 꿈과 행복을 찾아 나서라는 메시지를 전한다. 일상과 사회에 저항하고 자신의 길을 찾으라고 조언하고(〈No More Dream〉), 공부가 전부가 아니라고 하며 남들이 만든 꿈, 즉 물질적인 삶에 대한 회의를 표명한다(〈N.O〉). 이런 노래들은 서태지와 아이들의 〈교실 이데아〉(1994) 〈Come Back Home〉(1995)을 비롯해 1세대 남돌이 부른 〈전사의 후예〉(1996) 〈학원별곡〉(1997)과 비슷한 맥락에서 읽힌다.

세븐틴은 '소년 3부작'을 통해 방탄소년단과 다른 결로 10대 남성의 학창 시절을 포착한다. 〈만세〉 뮤직비디오(2015, 퍼플스트로우 임성관 연출)는 교복을 입은 멤버들이 농구 코트에서 활기차게 농구를 하는 즐거운 시간을 담는다. "소녀"에게 자신을 봐달라고 하고, 그 소녀를 "내 거라고 부를 거"라는 가사와 연결한 장면이다(이는 방탄소년단이 교복을 입고 활동한 〈상남자〉(2014)에서 "널 갖고 말겠다"고, 너에게 달려가겠다고 노래한 것과 비슷하다).

특히나 주변에서 구경하고 있는 소녀가 맞을세라 공을 쳐내는 장면은 "길을 걸을 때 (…) 위험하니까 꼭 안쪽으로 걸어"라는 가사를 반영한 연출로 보인다. 남성은 이때도 보호자가 된다.

반면 여돌 버전 '학교 3부작'은 그와 다른 길을 걷는다. 러블리즈에게는 '소녀(짝사랑) 3부작'과 '사랑(숙녀) 3부작'이, 여자친구에게는 '학교 3부작'이 있다. 교복을 입고 데뷔해 10대 시절을 다룬 '3부작' 시리즈로 스토리텔링 흐름에 동참했다는 것 말고도 두 그룹은 비슷한 점이 많다(그래서 나는 처음에 이 둘을 잠깐 혼동했다). 네 글자로 된 이름을 가지고 비슷한 시기에 데뷔했고(러블리즈는 2014년 11월, 여자친구는 2015년 1월), 긴 생머리를 가진 짝수 멤버로 구성되었다(각각 8인조, 6인조).

무엇보다 둘은 S.E.S. - 소녀시대 - 에이핑크에서 이어지는 청순형 여돌의 후손으로, 2014년 하반기부터 시작된 청순 계보를 이으며 2015~2016년 여돌 그룹 붐을 주도했다. 특히 데뷔 시절의 여자친구는 초기 시절의 소녀시대와 흡사하다. 여자친구의 〈유리구슬〉〈시간을 달려서〉와 소녀시대의 데뷔곡 〈다시 만난 세계〉(2007)를 영상과 사운드를 바꿔 입힌 영상이 돌아다닐 정도다.

여자친구가 2015~2016년 발표한 세 곡 〈유리구슬〉〈오늘부터 우리는〉〈시간을 달려서〉를 '학교 3부작'이라고 부른다(모두 이기용배가 작사·작곡·편곡했고, 뮤직비디오 세 편 모두 쟈니브로스 홍원기가 연출했다). 데뷔곡인 〈유리구슬〉로 활동했을 때 동작이 큰 안무로 활기에 찬 여학생을 묘사하면서 '파워 청순'이라는 수식어를 얻었다. 뮤직비디오에서는 소품으로 뜀틀을 활용했다.

여자친구가 '학교 3부작' 기간에 착용한 복장은 학교생활과 밀접하다. 〈유리구슬〉 활동기에는 앨범 표지처럼 체육복(짧은 돌핀 쇼츠)을 입거나 플리츠스커트에 흰색 티셔츠를 매치했고, 〈시간을 달려서〉 활동기에는 상의를 조끼·카디건·넥타이로, 하의를 진녹색 체크 스커트와 붉은 플리츠스커트로 구성한 교복을 입었다. 〈오늘부터 우리는〉 활동기에는 세일러복을 입곤 했는데, 여름방학과 여행을 소재로 한 뮤직비디오에선 파란 반바지아 데닝 원피스, 흰색과 민트색 원피스 등 화사하고 발랄한 색채로 '사복 패션'을 선보였다.

뮤직비디오를 살펴보자. 세 작품의 이야기는 각각 입학·방학·종업을 테마로 하지만 학교생활 그 자체를 정밀하게 담은 다큐멘터리는 당연히 아니다. 이를 모티브로 하여 파생되는 이미지를 활용한 것이다.

〈유리구슬〉 뮤직비디오는 등교 후 학교에서 보내는 유쾌하고 발랄한 일상을 보여준다. 체육 시간에는 뜀틀과 평균대 운동을 힌다. 점심시간엔 운동장 계단에 앉아 도시락을 먹는다. 수업 시간에는 선생님 몰래 반 친구들과 장난을 치다가 들켜 벌을 선다. 청소 시간에는 빗자루를 들고 장난을 친다.

〈오늘부터 우리는〉의 배경은 여름 방학이다. 어느 한적한 시골로 친구들과 떠난 여행으로 그려진다. 숙소 마당에서 호스로 물을 쏘아대고, 서점에서 만화책을 보고, 슈퍼에서 아이스크림을 사 먹고, 마루에서 수박을 먹고, 밤에는 무서운 이야기를 하다가 베개 싸움을 한다. 숲으로 피크닉을 가면서 가위바위보에서 진 친구가 도시락 가방을 모두 들고, 풀밭에 돗자리를 깔고 앉아 비눗방울을 불어 날리며 해맑게 웃는다.

〈시간을 달려서〉의 모티브는 달리는 이미지다. 멤버들이 달리거나 전철을 타거나 자전거를 타는 것은 그리움과 기다림 때문이다. 꽃잎처럼 눈이 날리고 햇빛이 눈부시게 비치는 교정을 거닐다가 빈 교실에서 낙서가 적힌 노트를 열어 본다. 캐리어를 두고 앉아 버스와 전철을 기다리고, 한강 철교 위로 지나가는 열차를 향해 종이비행기를 날리기도 한다. 이것이 졸업과 종업 당일에 일어난 것인지 아니면 그 후 오랜 세월이 흐른 뒤인지 확실치 않지만, 마지막 장면은 달려가서 반가운 친구들을 다시 만나는 것이다.

이렇게 연출한 학창 시절은 필터를 사용해 아스라하고 아련한 느낌을 주는데, 이는 하이틴 영화나 애니메이션에서 자주 접하는 낭만화된 이미지다. 실제로 여자친구의 퍼포먼스를 담당한 박준희 안무가는 "소녀 감성을 극대화할 수 있는 애니메이션, 영화 등을 멤버들과 함께 보면서 주인공의 마음과 세세한 표정들, 대사에 공감하려고 노력"했다고[115] 전한다.

적절한 순간에 터지는 고음의 노래, 발차기와 풍차 돌리기로 명명될 만큼 파워풀한 안무 등을 통해 여자친구는 건강하고 활기찬 청순 여자 아이돌의 상징을 조립해나간다. 변곡점이 된 '직캠 역주행' 신화도 단단한 여돌 이미지를 굳히는 데 가세했다. 이는 2015년 8월 한 라디오 공개 방송에서 〈오늘부터 우리는〉으로 무대에 섰을 때 빗물에 미끄러져 여덟 차례나 넘어졌지만 끝까지 무대를 마친 일을 가리킨다. 팬이 촬영한 당일의 공연 영상이 유튜브를 통해 확산되었고 『타임』『데일리 미러』등 해외 언론에 소개될 만큼 화제가 되었다. 여자친구는 신생 중소 엔터데인먼트 회사에서 신보인 첫 그룹이었기에 당시까지 입지를 만드는 데 어려움을 겪었지만 이 '꽈당 영상'을 통해 분위기 전환에 성공했다.

'학교 3부작' 세 곡이 수록된 앨범의 제목은 각각 《Season of Glass》《Flower Bud》《Snowflake》이다. 유리·꽃봉오리·눈송이는 언젠가는 깨지거나 지거나 녹아 사라지는 것들이다. 〈유리구슬〉의 주제는 변하지 않는 사랑이다. "그대"만 있다면 (영원한 사랑을) 이룰 수 있다고 노래한다. 유리구슬은 쉽게 깨지고 사라지는 것이 아니라 영원히 비춰주는 존재라고 묘사한 가사에서 알 수 있는 것처럼, 사랑이 깨지기 쉽다는 일반적인 통념을 인지하고 있다.

여자친구가 수수하면서도 다부진 인상을 준다면 러블리즈는 다소 정적이고 모범생 같은 이미지다. 러블리즈가 2014~2015년 '소녀 3부작'《Girls' Invasion》《Hi~》《Lovelyz8》에서 착용한 복장은 여자친구의 교복보다 실제 교복에 가깝다. 〈Candy Jelly Love〉 활동기에는 재킷·타이·조끼·체크 플리츠스커트를 기본으로 하는 동복 및 춘추복을, 〈안녕〉 활동기에는 산뜻하고 발랄한 인상을 주는 흰색 블라우스에 핑크·민트·연보라 플리츠스커트를, 〈Ah-Choo〉 활동기에는 교복은 아니지만 멜빵형 스커트를 중심으로 해 리본 타이를 더한 의상을 선택했다.

'소녀 3부작' 이후 러블리즈는 2016~2017년 〈Destiny〉 〈WoW!〉 〈지금 우리〉로 구성된 '사랑 3부작'을 이어 발표했다. 모두 윤상과 원피스의 작품으로,《A New Trilogy》(2016) 발표 당시 진행한 쇼케이스에서 윤상은 러블리즈를 자신의 "페르소나"로서 "신스팝을 만들 수 있는 가장 완벽한 오브젝트"라고[116] 설명했다.

여자친구와 러블리즈의 3부작 테마는 엇비슷하면서도 조금은 다른 방향으로 간다. 러블리즈의 '소녀 3부작'은 학창 시절이 아니라 소녀가 막 시작한 사랑이 주제다. 아직은 고백을 하지 않은 상태인 첫사랑 또는 짝사랑이다. 〈안녕〉(서지음 작사)은 고백을 하기 직전의 상태를 묘사한다. 〈Ah-Choo〉(서지음 작사)는 사랑하는 마음을 숨기는 것이 "재채기"처럼 참기 힘들다고 노래한다. 〈Candy Jelly Love〉(김이나 작사)에서 그대의 사랑은 "유리처럼 투명"하고 "첫눈처럼 깨끗"하다. 뮤직비디오에서는 알록달록한 젤리 캔디가 튕겨 나가고(〈Candy Jelly Love〉), 꽃 잎과 비눗방울이 날아가고(〈안녕〉), 유리구슬과 팽이가 돌아가 고 굴러간다(이는 '사랑 3부작'의 시작인 〈Destiny〉의 뮤직비디오에 서도 나타난다). 유리구슬·비눗방울·전구 등 영상에 쓰인 소품은 반짝이는 것들이자 깨지기 쉬운 것들이다. 이 동그란 물체들(의 움직임)은 고백의 매개체이자 주인공들의 분신인 셈이다.

'소녀 3부작' '사랑 3부작' 뮤직비디오는 모두 디지페디가 연 출했다. 뮤직비디오의 공간만 놓고 보면 여자친구에 비해 러 블리즈가 좀 더 폐쇄적이다. 활동 범위는 침실과 교실 같은 실 내 공간에 한정되고, 바깥세상으로 향하지 않는다. '소녀 3부작' 의 마지막 곡이자 러블리즈의 대표작 〈Ah-Choo〉 뮤직비디오 의 소재는 숨바꼭질로, 멤버들끼리 하늘거리는 커튼 뒤에, 액자 프레임 안에 숨는 장면을 포착했다. 고등학생 시절보다는 유년 기에 할 법한 장난들이지만, 숨는 행위는 부끄러움과 수줍음이 라는 '소녀 정서'를 대변한다. 수동적이고 퇴행적이라는 인상은 〈Destiny(나의 지구)〉(전간디 작사)에서도 강하게 느껴진다. 단도 직입적으로 '너는 내 운명'이라 단언하는데, "넌 나의 지구"이자 "내 하루의 중심"이라는 가사에 맞게 뮤직비디오에서는 유리구 슬·팽이·전구 등 둥근 물체가 계속 돌아간다. 카메라라는 등장인물을 중심으로 계속해서 회전한다. 움직이는 존재는 '나'가 아닌 '그'다.

여자친구는 노래 속에서 "반짝이는 이슬"과 "투명한 유리구슬"을 찾고, 러블리즈는 뮤직비디오에서 유리구슬·비눗방울·전구 등을 등장시키는데, 앞서 말했듯 이 동그란 오브제들은 반짝이고 투명하며 또 사라지고 부서지기 쉬운 것들이다. 다시 말해 소녀를 규정하는 타인의 시각이다. 이를 매개로 아련함·수줍음·그리움 같은 감정을 소녀 정서의 원형으로 삼는다. 소녀를 부서지고 사라질 수 있는 취약한 존재로, 순간적인 존재로 설정하는 것이다. 그때의 시간을, 그 시절의 소녀로 집약되는 순수성을 이상화, 낭만화해 그리워하는 이 사회는 퇴행적이다.

아이돌이 생산하는 어떤 이미지는 현재의 우리 사회가 기대하는 것을 반영한다. 아이돌이 교복을 착용할 때, 우리가 상상하는 학교와 학교생활, 소년성과 소녀성을 드러낸다. 교복은 현실을 그대로 재현하기도 한다. 서바이벌 오디션 프로그램을 통해 구현되는 교복, 나아가 유니폼의 집단적 도열은 자본주의 경쟁 사회의 집약판 같다. 남돌의 교복은 거꾸로 이 사회와 시스템을 비판하는 도구가 되기도 하지만 여돌의 교복은 아련한 첫사랑이자 다시는 돌아가지 못하는 순수함의 은유로 한정된다.

카메라는 여돌을 어떻게 응시하는가?

보는 남성, 보이는 여성

주로 나이브 프로덕션이 연출한 트와이스의 뮤직비디오는 종종 영화를 모티브로 한다. 〈What Is Love?〉(2018)는 여덟 편의 영화를 패러디해 멤버들에게 배역을 맡기는 것으로 캐릭터라이징을 시도했다. 〈Cheer Up〉(2016)은 머리에 카메라 상자를 쓴 남자가 등장하면서 시작된다. 그가 필터를 바꿔 끼는 순간 멤버들은 영화 속 주인공처럼 변한다. 필터의 종류에 따라 호러·학원물·느와르·첩보물 등으로 장르가 변하고 캐릭터도 그에 맞게 변한다. 과장하면 카메라의 시선에 의해 여성이 관찰되고 변모하고 전환된다.

애프터스쿨의 〈너 때문에〉 뮤직비디오(2009, 콴 연출)도 이러한 구도를 고스란히 보여준다. 핀업 걸처럼 벽에 붙은 여자 멤버들의 사진을 바라보던 한 남성이 나중에는 문구멍으로 그들을 훔쳐보거나 귀를 대고 그들의 대화를 엿듣는 동작을 취한다. 중간에는 여자들끼리 즐거운 시간을 보내는 장면, 한 여자가 질투

어린 시선으로 다른 두 여자의 사이를 지켜보는 장면이 혼란스럽게 배치되어 있다. 엔딩에서는, 염탐하던 그가 의자에 앉아 텔레비전 수상기를 통해 노래하고 춤추는 애프터스쿨을 지켜본다.

영화학자 로라 멀비에 따르면 영화는 기본적으로 남성적 시선을 따른다. 남성이 주체이고 여성이 타자이며, 여성은 남성적 응시의 대상이자 볼거리다.[117] 고전 회화에서 시선의 문제를 지적한 미술평론가이자 사진가인 존 버거의 문장을 활용하면 "남성은 보고 여성은 보인다."[118]

뮤직비디오에도 '보는 남성'과 '보이는 여성' 구도가 많다. 도발적이고 주체적인 여성상을 노래했던 미쓰에이의 〈다른 남자 말고 너〉 뮤직비디오(2015, 나이브 연출)는 한 남자가 망원경으로 여자들(의 신체)을 훔쳐보는 것으로 시작한다. 이 여자 멤버들은 침실에서 잠옷이나 핫팬츠 차림으로 침대 위에 누워 다리를 드러내 놓고 있다. 머리를 말리고 치장도 한다. 창밖 테라스로 나와 "다른 남자 말고 너"라고 지목할 때는 물론이고 이후 거리를 활보할 때에도 그들은 원형 프레임 안에 있다. 이 영상에서 여성은 항상 망원경으로 관찰된다.

이 남자가 여성 주인공들을 훔쳐보는 망원경은 카메라와 같은 역할을 한다. 이때 여성은 자신의 신체적 매력을 드러내 보이고, 남성 관객들은 자신들의 환상을 그 대상(여성)에 투사해 응시한다. 일반적으로 카메라의 시선은 관객의 시선이다. 이것은 여성을 응시하는 남성의 시선과 일치하는 경우가 많고, 어느 순간에는 영화를 보고 있다는 사실을 망각하게 만든다. 어떤 뮤직비디오는 이를 넘어 노골적으로 남성의 관음증적 시선을 드러낸다.

여성의 신체를
분할할 때

디지페디가 연출한 레인보우 블랙의 〈Cha Cha〉(2014) 뮤직비디오는 노골적으로 여성의 신체를 훑는다. 멤버들의 다리·입술·가슴 등을 부각하는 카메라 워크에, 케이크를 손으로 찍어 먹는 장면, 누워 있는 장면, 다리를 벌리고 의자에 앉아 있는 장면 등의 콜라주로 가득한 영상이다. 이후 레인보우 블랙은 트위터 등 소셜 미디어 계정에 '도촬'처럼 보이도록 멤버들의 신체 일부를 찍은 사진을 올렸다.

같은 해 발표된 EXID의 〈위아래〉는 가사에서부터 성적인 암시가 강한 노래다. 역시 디지페디가 연출한 뮤직비디오는 여성의 몸을 파편화하고 조합한다. 바비 인형의 상단부와 생선의 하단부가 한 프레임 안에서 조립되거나 멤버들의 상체와 하체가 분리되어 따로따로 상자에 담겨 있다.

그렇다면 남성 가수의 사례는 어떠할까. 선구적으로 스스로를 성적 대상화한 박진영은 여돌과 달리 무대 밖에서도 서슴지 않고 섹슈얼리티를 드러낸다. 때문에 그가 여성을 대상화하는 것도 당연스럽게 보이도록 만든다. 자신의 소셜 미디어 계정에서 "뭘 아는 애들이 뭘 알고 만든" 것이라고 설명한 〈어머님이 누구니?〉 뮤직비디오(2015, 나이브 연출)는 피트니스 센터에서 운동하고 있는 날씬하고도 글래머러스한 여성에게 박진영이 (도입부 가사와 마찬가지로) 허리와 힙의 사이즈를 묻는 장면으로 시작한다.

"가냘픈 여자"로 관리되어야 하는 이 시대의 통념을 반대하는 것 같지만, 이는 역설적으로 (더 노골적으로) 여성의 신체에 대한 또 다른 물신화를 주장하는 것이다. 그가 직접 쓴 가사처럼 "얼굴이 예쁘다고" "마음만 예뻐서도" 진정한 여자가 아니고 '가는 허리와 큰 엉덩이'("thin waist, big booty")를 동시에 가져야 한다는 것이다. 박진영은 〈어머님이 누구니?〉를 "야하고 섹시하고 퇴폐적인" 노래라고 소개했다. 이 곡이 수록된 앨범명마저 《24/34》인데, 가슴·허리·힙 둘레 중 "두 번째와 세 번째 숫자(허리와 힙 둘레)만" 중요하며 "34/34도 안 되고 24/24도 안 된다"고 말했다.[119]

미쓰에이와 레인보우 블랙, 나아가 박진영의 사례는 여성의 신체를 머리카락·다리·가슴·입술·엉덩이 등으로 분할해 평가한다. 문화 연구자 수잔나 월터스에 따르면 신체의 파편화를 통해 섹슈얼한 여성으로 재현되는 이러한 방식 때문에 여성의 신체 부위는 물건처럼 간주되고 숫자로 측정돼 소비나 소유의 대상이 된다. 신체의 일부가 고치거나 개선해야 할 대상이 될 때 혐오의 대상이 되고, 이러한 과정을 통해 "이전에는 성적으로 보이지 않던 부분들까지도 성애화"된다.[120]

소녀시대의 〈Gee〉 뮤직비디오(2009, 조수현 연출)는 첫 장면부터 멤버들을 쇼윈도의 마네킹처럼 연출한다. 밤이 되자 매장을 닫기 위해 직원 민호(샤이니)가 이를 옮겨 놓는데, 그가 퇴근한 뒤에야 이 마네킹들은 살아 움직이기 시작한다. 마네킹이 바비 인형과 더불어 흰 피부와 날씬한 체형으로 여성의 신체를 대상화할 뿐 아니라 인종차별적이고 성차별적인 물건이라는 점, 나아가 인간을 닮았지만 혼자서 자율적으로 움직이지 못하는 수동적인 존재라는 짐을 생각하면 이러한 설정을 가볍게 넘기기는 어렵다.

오렌지캬라멜의 세 멤버는 〈까탈레나〉(2014) 뮤직비디오에서 인어이자 상품성이 있는 초밥으로 묘사되었다. 여성으로 표현된 해산물은 할인가로 싸게 팔리는 반면 남자로 특정된 문어의 값은 비싸게 책정되는 설정도 있다. 이를 연출한 디지페디는 그 발상을 이렇게 설명했다. "어느 날 초밥이 너무 섹시해 보였다. 연어 초밥을 간장에 담그는 걸 보고 있으니 혀 같은 느낌이 들더라. 회전 초밥집의 시스템도 재미있는 구석이 있어서 뮤직비디오 소재로 괜찮겠다 싶었다." "『인어 공주』에서 시작해『미스터 초밥왕』으로 끝나면 재미있겠다 싶었다."[121] 디지페디는 이 뮤직비디오를 두고 인간으로 환생한 물고기들이 초밥을 먹으며 전생을 회상하는 내용이라고 설명하기도 했지만 연출은 의도한 스토리와 전혀 다르게 보이도록 만든다. 뮤직비디오가 "시각적인 농담"이라는 신념을 가진 디지페디는 유머러스하고 키치적인 뮤직비디오를 제작하곤 했는데 이 농담은 풍자라기엔 무척 위험해 보인다.

여성의 주체적인 시선은
(불)가능한가

성적 대상화sexual objectification란 무엇인가. 대상화는 개인의 성격이나 인격, 존엄을 고려하지 않고 인간을 물건이나 상품으로, 혹은 기타 대상으로 취급하는 것을 말한다.[122] 누구든 대상화의 피해자가 될 수 있지만 성적 대상화는 여성에게 더 밀접한 개념이다. 여성을 꽃이라는 수동적인 존재로 표현하거나 여신으로 신격화하는 것, 남성의 성적인 욕망의 대상으로만 판단하는 것이 예가 될 수 있다. 미디어가 여성을 묘사하는 낡은 방식이 이 용어로 설명되기도 한다.

그렇다면 여돌은 필연적으로 주체가 아니라 대상이 될 수밖에 없는가. 성적으로 대상화되는 전형적인 존재로만 여돌을 이해해야 하는가. 여성 자신의 시선은 과연 불가능한가. 단순한 대상화를 피하는 방법 중 하나는 풍부하고 상세한 설명을 덧붙이는 것이다.

페이크 다큐멘터리 형식으로 연출한 가인의 〈진실 혹은 대담〉 뮤직비디오(2014, 황수아 연출)는 가인이라는 여성 캐릭터 또는 여성 연예인에 대한 7분 40초짜리 해명서다(이 제목과 구성은 마돈나의 삶을 다룬 다큐멘터리 「마돈나의 진실 혹은 대담Madonna: Truth or Dare」(1991)에서 얻은 아이디어로 보인다). 이 영상에 출연하는 저널리스트 허지웅은 가인이 "결핍의 아이콘"으로 "소문이 많은 연예인"이라고 언급하고, 작곡가 이민수는 가인이 가창력이 아니라 "톤으로 조지고" 있다고 과장한다. 가인에 대한 동료들과 주변 인물의 험담도 재집된다. 가인은 남자 인터뷰어(허지웅) 앞에서 눈물을 흘리기도, 감독에게 끼를 부리기도 한다. 이건 가인이라는 캐릭터에 대한 허구이자 현실이다. 그러니까 이모든 것이 다 연기다. 가인은 '가면'을 쓴 채 "집밖을 나가는 순간 연기를 한다"고 말하고, "살아가는 게 연기 아니냐"고 반문한다. 가사를 통해 "떠들어라 실컷" "소문이란 많을수록 좋아"라고 속삭이며. 이건 또 현실이다.

여돌이 대상화를 피하는 또 다른 방법은 주체적인 상징을 사용하는 것이다. 2020년에는 빨간 사과를 소재로 삼은 여돌의 노래가 많이 나왔다. 성서 속 이브(하와) 이미지를 결합한 시도로 보인다. 여자친구는 〈Apple〉로 기존 이미지를 전복했다.

트와이스의 〈More & More〉와 블랙핑크의 〈How You Like That〉 뮤직비디오에도 사과가 나왔다. 과거로 가면 오마이걸은 〈Closer〉(2015)에서 황금 사과를, 이달의소녀는 〈Butterfly〉(2019)와 유닛 1/3의 〈지금, 좋아해〉(2017) 및 이브의 솔로〈New〉(2017)에서 빨간 사과를 베어 물었다. 사과는 유혹, 혹은유혹을 이기지 못한 여성에 대한 단죄를 상징하지만 반대로 자유를 갈망해 금기와 억압에 저항하는 태도로 해석할 수도 있다. 위에 거론한 노래의 뮤직비디오에는 금기를 뜻하는 사과와 함께 자유를 상징하는 나비가 짝으로 등장한 경우가 많다.

다시 가인으로 와보자. 네 번째 미니 앨범 《Hawwah》(2015)는 단순한 대상화를 피하기 위한 두 가지 방식을 모두 사용한다. 해설을 자세히 달았고 주체적인 상징을 사용했다. 《Hawwah》는 가인이 하와와 자신을 동일시한 작품이면서 수록곡에 유기적인 스토리텔링을 더한 콘셉트 앨범이다. 앨범의 제목이자 성경 속 인물인 하와를 "1. 태초의 유혹의 여인 2. 신성성과 악마성을 동시에 가진 양면의 여인 3. 규범(신의 말씀)을 깨는 저항적, 능동적 여인 4. 자신의 삶을 선택하는 자유 의지의 여인"이라고 [123] 구체적으로 설명했다. 타이틀곡 〈Apple〉은 유혹과 금기를 다루고 〈Paradise Lost〉와 〈Guilty〉는 각각 실낙원과 죄를 소재로 삼았다. 사운드 면에서의 성과가 무엇인지를 따져보기에 앞서 새로운 접근 방식으로 평가할 만한 설정이다.

그런데 가인이 〈진실 혹은 대담〉에서 망사 스타킹을 착용하고 〈피어나〉에서 폴 댄스를 선보이는 등 물신화된 소품을 사용한 것은 어떻게 해석해야 할까. 가령 폴 댄스는 여성 오르가즘의 은유일 수도 있다. 과연 이는 여성적인 시선이 투영된 것인가, 아니면 남성적 시선으로 흔히 도입되는 성적 대상화의 클리셰들이 가인의 사용을 통해 전복된 것인가. 가인은 자신의 욕망을 솔직하게 드러내는 여성의 기호인가, 아니면 성적인 대상으로서의 여성을 일차원적으로 보여주는 기표인가.

가인의 뮤직비디오를 여러 편 연출한 황수아에 따르면 아이돌의 영상 작업은 본질적으로 "보여지기 위한 일이고 사랑받기 위한 일"이기에 딜레마가 있다. 그런 조건에서 도전이란 입지를 잃을 수도 있는 일이기에 "어디까지 감수해야 하는가에 대한 부분은 섬세하게 다뤄져야" 한다. 그간의 작업은 "가인이라는 고유의 존재가 갖고 있는 느낌" 때문에 가능했지 "가인이 아니었다면 폭력적으로 끝났을 수도 있었다."[124] 다시 말해 섹슈얼리티를 둘러싼 이러한 위반에는 해당 여돌의 전체적인 인상이나 그간의 행보가 중요하게 작동한다는 것이다.

가인의 솔로 활동은 아이유처럼 아이돌과 아티스트의 중간적 위치를 점하던 로엔엔터테인먼트 소속 가수의 행적과 유사하다. 조영철(프로듀서)·이민수(작곡가)·김이나(작사가)·황수아(영상 감독)로 구성된 네트워크 덕분에 가능했던 측면도 있다. 그렇지만 가인을 포함해 모든 여돌이 이런 위태로운 섹슈얼리티를 예술적으로 안착시키려면 여러 장애물을 넘어야 한다.

마마무의 일부 활동도 도발적이고 주체적으로 보이는 사례에 속한다. 김도훈·박우상 외에 멤버 화사가 작사 작곡에 참여한 〈Hip〉(2019)에서 마마무는 "머리 어깨 무릎 다 HIP해"라는 가사에 맞춰 자신의 신체 부위를 가리키며 노래하고 춤을 춘다. 여성의 당당한 자신감을 보여준다고 볼 수도 있지만, 여성의 신체를 분할해 지시하는 것이 달갑지만은 않을 수 있다. 그렇지만 여기에 마마무가 여러 논란에 신경 쓰지 않겠다며 카메라에 침을 뱉는 척하는 퍼포먼스를 더할 때, 의미를 확대할 만한 여지가 생긴다.

청순과 섹시로 양분되는 것에서 벗어나 다양한 여성 모델을 보여주는 것도 성적 대상화를 피하는 방법이 될 수 있다. 이달의 소녀는 〈Butterfly〉 활동 기간에 검은색 긴바지와 긴소매 블라우스 등 신체의 노출이 거의 없는 의상을 착용해 퍼포먼스에 집중하도록 무대를 구성했다. 디지페디가 연출한 뮤직비디오 또한 이 노선을 따라 그룹의 퍼포먼스를 부각하는 한편 여러 이름 모를 소녀들의 역동적인 신체 활동을 보여주는데, 소녀의 형상은 단일하지도 고정적이지도 않으며 불완전할 수 있다는 사실도 함께 전달한다. 다리에 깁스를 한 소녀, 한쪽 눈에 안대를 한 소녀, 교복과 체육복 같은 단체복을 입은 아시아의 소녀, 벽을 뛰어넘으려는 흑인 소녀, 히잡을 두른 소녀 등 국적·인종·종교·장애의 유무 등이 다른 다양한 소녀들이 등장해 자신의 일과를 보여주기 때문이다(크레디트에 따르면 파리·홍콩·LA 등지에서 활동하는 여러 프로덕션 팀이 제작에 참여했다).

이달의소녀의 〈Butterfly〉 뮤직비디오를 연출한 디지페디는 그간 EXID·오렌지캬라멜·러블리즈 등 많은 여돌 그룹과 영상 작업을 했다. 같은 감독이 만들었다고 믿기 어려울 정도로 각기 스타일과 지향이 다르다. 〈Butterfly〉 외에 디지페디가 연출한 이달의소녀의 몇몇 뮤직비디오는 여자친구의 〈시간을 달려서〉처럼 달리는 이미지를 부각하지만 그 결말은 사뭇 다르다. 이는 영상을 작업하는 디렉터의 스타일보다도 가수의 정체성과 지향점이 얼마나 중요한지를 잘 드러낸다.

만일 모든 역할을 여성이 맡는다면 어떨까. 그것이 대안이 될 수 있을까. 이른바 '조폭' 문화를 다룬 써드아이의 〈Queen〉 뮤직비디오(2020, 김세황 연출)에는 여성 캐릭터만 있다. 조직원도 그 희생자도 여성이다. 남성 호모소셜에서 흔히 나타나는 폭력성과 공격성을 '미러링'했다는 점에서 한계를 지적할 수도 있다. 한편으로 여성들만이 등장하는 '백합물'로서의 접근도 가능하다. 진정한 여성의/여성적인 시선이란 무엇인지, 그것이 가능하기는 한지 나는 여전히 갈피를 잡기 어렵지만, 여러 가지 가능성을 열어놓고 다양한 시도를 하는 것은 중요하다고 생각한다.

여돌이 독점하는 형용사는 무엇일까?

여돌의 유형과 계보

아무래도 수상했다. '걸 그룹 전문 교육 기관'을 표방한 엠넷 서바이벌 오디션 「아이돌학교」(2017)는 '예쁜'이라는 형용사를 키워드로 선택했다. "무엇이든 될 수 있는 가능성을 가진 너희들은 모두 예쁘다"를 '학교'의 설립 이념으로 삼았고, "열정이 예쁜" "끼가 예쁜" "마음이 예쁜" "얼굴이 예쁜" 사람은 모두 지원 자격이 있다고 했다.[125] 이 오디션의 주제가, 아니 교가 또한 〈예쁘니까〉였다. '예쁘다'는 말이 일반적으로 외모로 수렴된다는 사실을 과연 몰랐을까? '멋있다' 같은 형용사는 전혀 고려 대상이 되지 못한 것일까?

음악(인)을 특정 위치에 포진시키고 계보를 만드는 것, 서열을 정하고 순위를 매기는 것은 기자나 평론가들이 많이 하는 일이다. 그렇다면 이런 구분법이나 계보화는 정말 정당한가. 여기 포함되는 나도 반성으로 글을 시작하고자 한다.

이러한 유형화 작업에는 형용사가 많이 동반된다. 우선 「아이돌학교」가 수차례 반복한 '예쁘다'는 여성의 외모를 설명하는 가장 대표적인 형용사다. 여돌은 결국 예뻐야 한다. 여돌만이 아니다. 엠넷 「쇼미더머니 8」 크루 결정전(4화, 2019.8.16)에서 윤훼이가 무대에 올랐을 때, 심사자는 모두 남성이었다. 스윙스는 "모델이 올라온 줄 알았다"고, 매드클라운은 "매력이 있는 윤훼이"라고 말했고, 기리보이는 "예쁘다"고 혼잣말을 하는 척하다가 마이크가 켜져 있는 줄 몰랐다고 능청을 떨었다. 이들의 농담 같은 장난을 두고 윤훼이는 어떤 표정을 짓고 어떤 말을 해야 했을까. 어떤 식으로든 예쁜 외모를 칭찬하는 것이 미덕이라 오인하지만 설리가 JTBC2 「악플의 밤」에서 말했듯 외모에 대한 칭찬도 평가다(4화, 2019.7.12).

여돌의 이미지와
경제적 가치

『걸그룹 경제학』은 언론사 기자와 데이터 엔지니어가 소셜 빅 데이터를 기반으로 여돌 그룹을 둘러싼 담론을 사회 경제학 이론과 접목한 책이다. 이 같은 시도는 어쩌면 여돌에 대한 가장 일반적인 시선과 통념을 보여주는 것이 아닐까. 통계화되고 계량화된 산술적 수치를 통해 본 여돌의 세계는 더욱 가혹하고 냉엄하다.

여기서 나는 책의 의도와는 다른 시각에서 여돌의 이미지가 어떻게 통용되는가가 궁금해졌다. 책은 소녀시대·씨스타·I.O.I· 트와이스의 이미지 경쟁력을 구분하기 위해 다음과 같은 16개 형용사를 사용했다.

① 발랄한/활발한 ② 건강한 ③ 개성 있는/독특한
④ 순수한/풋풋한 ⑤ 아름다운 ⑥ 여성적인
⑦ 성격 좋은 ⑧ 성숙한/세련된 ⑨ 청순한
⑩ 상큼한 ⑪ 몸매 좋은 ⑫ 섹시한 ⑬ 매력적인
⑭ 귀여운/깜찍한 ⑮ 멋있는/카리스마 있는 ⑯ 예쁜[126]

▲ 각 걸그룹의 이미지 경쟁력
『걸그룹 경제학』(유성운·김주영, 21세기북스, 2017)에서 가공

형용사의 사용이 여돌의 성향과 유형을 나누려는 시도에서만 문제인 것은 아니다. 각 형용사의 의미를 명확히 구분할 수 있는 가 하는 문제가 있다. 이는 음악(인)뿐 아니라 전 분야 예술에서 대상의 특징을 정확히 묘사/기술할 수 있는가 하는 근원적인 문제이기도 하다.

먼저 형용사의 사용과 구별에 대한 객관적인 기준을 찾기 어렵다는 점을 지적하고 싶다. 가령 ⑮번은 '멋있는'을 '카리스마 있는'과 묶었다. 걸 크러시와 비슷한 것으로 파악하고 있는 듯하

다. 한편 ⑩'상큼한' ⑭'귀여운/깜찍한'을 나누고 ⑪'몸매 좋은'과 ⑫'섹시한'을 구분했는데, 이들은 어느 정도 교집합이 있는 형용사다. ⑤'아름다운'은 ⑥'여성적인' ⑧'성숙한/세련된' ⑫'섹시한' 등을 모두 포괄할 수도 있는 형용사다.

이러한 형용사의 구분과 적용을 통해 저자는 여돌 그룹을 유형화한다. 소녀시대는 거의 모든 항목에 해당되는 반면 씨스타는 ⑫섹시하고 ②건강하며, 트와이스는 ⑯예쁘고 ⑭귀엽거나 깜찍하다. 여돌은 이러한 평가와 분석으로 대상화되며, 이로써 자본주의의 꽃이라 불리는 광고의 타기팅이 이루어지기도 하고 드라마의 배역이 결정되기도 한다.

같은 책에서 'I.O.I 멤버의 이미지'를 분석한 도표[127] 역시 맥락은 비슷하다. 열한 명의 멤버 각각을 가창력·카리스마·몸매·귀엽다·예쁘다·상큼한·요정·여신 등의 항목으로 나누고 어느 쪽 항목이 더 큰지 그래프로 표시했다. 인상을 표현한 형용사(귀엽다·예쁘다·상큼하다)와 외모나 실력을 가리키는 명사(가창력·카리스마·몸매) 및 캐릭터를 나타내는 명사(요정·여신)가 혼용되어 있는데, 이것은 평상시 여돌을 품평하는 지표들이다. 이에 따르면 주결경은 '예쁜' '여신'이고, 유연정은 '가창력'이 좋다. 청하는 '상큼'하고, 최유정·전소미·김소혜는 '귀엽다.'

여돌을
유형화한다는 것은

청순과 섹시는 여성 가수를 구분하는 가장 전통적이고 고전적인 키워드다. 이제는 많은 여돌이 이항적 도식에서 벗어나려는 다양한 시도를 하고 있지만, 여전히 이 구분법은 유효하다. 한 언론은 애프터스쿨·포미닛·티아라·시크릿·레인보우·씨스타·미쓰에이·나인뮤지스·EXID·AOA 등을 섹시 여돌로 분류했다.[128] 이 유형으로 자신의 취향을 드러내거나 선정성을 문제 삼는 글을 쓰기 위해서다. 이런 구분법은 소녀(성녀)와 창녀 이분법의 반영이다. 여성을 찬사와 경멸의 대상으로 나누어 여성에 대한 통념을 강화하는 것이다.

이번에는 연구 사례를 살펴보자. 한 석사 논문은 '한국 걸그룹 브랜드에서 나타나는 소녀 이미지 지형도'를 그렸다.[129] 이 역시 산업적 관점이 투영된 연구물로, 단순한 청순/섹시 이분법에서 벗어나 다양한 지표를 사용한 편이다. 그럼에도 여성 가수를 유형화하는 일반적인 방법을 따라 연령과 성애적인 정도를 기준으로 삼고 있다. 구체적으로는 다음의 네 가지 소녀 유형으로 여돌을 구분하고 각각 구체적인 세부 유형 및 형용사를 적고 있다.

		성애적			
① 전통적 소녀	롤리타	섹시한	클럽녀	업소 여자	② 성애적 소녀
	옆집 소녀 · 여고생	청순한	여대생	신부	
	10대			20대	연령
③ 유소년적 소녀	여동생 · 요정	신비한	엘프	천사	④ 주체적 소녀
	말괄량이 · 운동 소녀	멋있는	쎈 언니	여전사	

① 전통적 소녀 이미지(롤리타·옆집 소녀·여고생)

: 순수한·연약한·어린·사랑스러운·귀여운·깜찍한

② 성애적 소녀 이미지(클럽녀·업소 여자·여대생·신부)

: 성숙한·섹시한·화려한

③ 유소년적 소녀 이미지(여동생·요정·말괄량이·운동 소녀)

: 발랄한·건강한·활동적인·생기 있는

④ 주체적 소녀 이미지(엘프·천사·쎈 언니·여전사)

: 강한·멋진·아름다운·동경의 대상이 되는

▲ 한국 걸그룹 브랜드에서 나타나는 소녀 이미지 지형도 (표 및 해설)
"한국 아이돌 산업에서의 소녀 이미지 브랜드화 경향에 관한 연구: 한국 걸그룹의 시각커뮤니케이션 기법을 중심으로" (이화영, 서울대학교 석사 논문, 2017, 77쪽)에서 가공

이 분석에 따르면 여돌은 나이가 들수록 '요정→엘프→천사' 또는 '말괄량이→운동 소녀→쎈 언니→여전사'로 변모하는데, 지표와 항목이 객관적이라고 보기 어렵고 복합적인 경우를 표현하지 못한다. ④'주체적 소녀'가 10대에서는 나타나지 않고, ①'전통적인 소녀'가 20대에서는 보이지 않는 것도 이상하다. 또한 ①의 '옆집 소녀'는 ③의 '말괄량이'나 '여동생'의 이미지일 수도 있다. 한편으로 '업소 여자'나 '클럽녀'라는 용어 사용은 문제적이다.

여기에서도 형용사는 문제가 된다. 이미지는 수치화할 수 없을뿐더러 이에 정확하게 대응하는 형용사를 찾기 어렵다는 근본적인 문제가 있다. 이 때문에 성향과 기질을 표현하는 가장 대표적인 형용사를 내세운다 하더라도 단어와 지시 내용 사이에 불일치가 생기기 쉽다. 가령 '청순한' 이미지와 '멋있는' 이미지는 얼마나 다른지 계량할 수 있을까. '청순한' 여돌과 '섹시한' 여돌은 '멋있는' 존재일 수는 없는가. '신비한' 여돌이 '멋있는' 또는 '청순한' 여돌보다 얼마나 덜/더 '성애적'인 것일까.

그렇지만 이 시도의 유의미한 점은 시간의 흐름이나 작품에 따라 여돌이 어떤 이미지로 변해가는지를 살펴볼 수 있다는 사실이다. 예를 들어 투애니원은 '쎈 언니'와 '여전사'가 중심적이지만 여자친구는 '옆집 소녀'와 '여고생' 이미지가 강하다는 것을 보여준다. 소녀시대는 여러 항목에 다채롭게 걸쳐 있는데

〈Gee〉(2009)는 중앙에, 〈다시 만난 세계〉(2007)는 '옆집 소녀',
〈Oh!〉(2010)는 '여대생', 〈Lion Heart〉(2015)는 '신부'에 가깝
게 놓여 있다. 〈Run Devil Run〉(2010)은 '여전사', 〈The Boys〉
(2011)는 '천사', 〈Party〉(2015)는 '요정'과 '엘프' 사이에 위치한
다.**130**

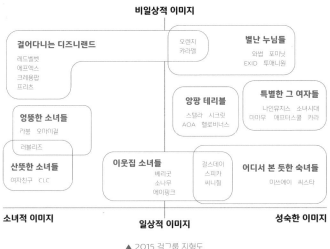

▲ 2015 걸그룹 지형도
© 아이돌로지 2015.7.31.

아이돌 웹진 「아이돌로지」가 그린 '2015 걸그룹 지형도'는**131**
여돌 유형 구분의 전형을 벗어나고자 한다. 여돌을 청순과 섹시
로 구분하는 일반적인 어법을 깨뜨렸을 뿐 아니라, 기존의 한정
적이고 편협한 틀에서 탈피하려는 시도라는 점에서 유의미하다.
　다른 사례들과 마찬가지로 가로축은 연령과 관련되는데, 좌

우를 '소녀'와 '성숙'으로 나눴다. 단순히 산술적인 나이에 따른 배치가 아니라 해당 그룹이 소녀 이미지를 표방하는가를 따져서 배열한 것이다. 반면 세로축은 (비)일상성을 기준으로 배치했다. 일반적인 여돌 구분 방식과 달리 섹시함의 강도를 좌표에 두지 않았다.

지표의 이름이 색다르다. 왼쪽의 '소녀적 이미지'는 '걸어다니는 디즈니랜드' '엉뚱한 소녀들' '산뜻한 소녀들' 등으로, 오른쪽의 '성숙한 이미지'는 '별난 누님들' '특별한 그 여자들' '어디서 본 듯한 숙녀들' 등으로 구분된다. 아래쪽에 위치할수록('이웃집 소녀들' '어디서 본 듯한 숙녀들' 등) 일상적(현실적)인 캐릭터가 된다. 물론 필진이 "연령 이미지와 비일상성이란 지표 역시 일정 부분 상호 의존성"이 있다고 이야기한 것처럼 각 항목 사이가 연속적이거나 중복적이라는 문제는 있다. 여기서도 형용사의 선정은 본질적인 문제로 남아 있다. '별난' '특별한' '엉뚱한'은 엇비슷한 의미를 가지는 형용사다. 한편 '소녀들' '누님들' '그 여자들' 등 여돌을 가리키는 명칭에는 일관성이 보이지 않는다. 가령 '누님'은 누구의 시점에서 부르는 호칭인가.

이 작업에서도 한 여돌 그룹이 음악에 따라 다른 지표로 이동하고 있음을 2007~2015년에 걸친 카라의 예로 설명한다. 이에 따르면 〈Break It〉은 '이웃집 소녀들', 〈Pretty Girl〉 〈Honey〉는 '엉뚱한 소녀들' '산뜻한 소녀들', 〈Step〉은 '앙팡 테리블', 〈숙녀가 못 돼〉는 '어디서 본 듯한 숙녀들', 〈맘마미아〉〈Cupid〉는 '특별한 그 여자들'에 해당한다.

이상의 여돌에 대한 유형화 작업에 음악적인 요소는 많이 반영되어 있지 않다. 아이돌은 음악 스타일보다는 비주얼 이미지에 의해 나뉘는 경향이 있지만 여돌은 이러한 현상이 특히 심하다. 음악성이나 실력이라는 지표는 여돌 그룹의 계보에서 발견하기 어렵다.

반면 여돌 그룹에 비해 남돌 그룹 지형도를 그리는 일은 드문 편이다. 한때 짐승돌이나 육식남으로 2PM을, 초식남으로 2AM을 구분했다. 세븐틴·베리베리·투모로우바이투게더·골든차일드·더보이즈·틴틴·온앤오프·아스트로·데이식스·빅톤 등 "순수하고 풋풋한 소년의 이미지를 강조"한 남돌을 (소녀 이미지를 강조한 여돌과 엇비슷하게) '청량돌'로 묶는 시도가 있었지만 그 이상의 세밀한 구분은 없다.[132] 남돌에게는 '창작돌' '작곡돌'처럼 음악 실력과 관련된 수식어가 더 적극적으로 적용된다.

여기서 유비할 만한 사례는 셰프에 대한 한 접근이다. 가정에서 주방 일을 더 많이 하는 사람은 여성이지만 레스토랑에서 셰프의 지위는 남성이 더 많이 차지한다. 이 현상을 토대로 한 연구서, 데버러 A. 해리스·패티 주프리의 『여성 셰프 분투기』에 따르면 여성의 요리는 사적이고 가정적인 것으로 한정되고, 남성의 요리는 요리 학교와 유명 레스토랑 같은 공적인 공간에서 어싱을 배제함으로써 공신력을 획득했다. 이는 클래식 음악의 역사에서 여성의 영역을 사적인 공간(집)에서 하는 소극적인 활동(피아노 연주)으로 한정한 것과 흡사한 과정이다.

텍사스 주립대학교 사회학과 교수인 두 저자는 요리 전문 잡지에 실린 기사 2천 건 이상을 분석한 결과, 여성 셰프의 요리를 다룬 글이 요리 과정이나 기술이 아니라 음식 그 자체에만 초점을 맞추며, 그 특징을 표현하는 형용사도 제한적이라는 사실을 지적한다. "여성 셰프에게 주어지는 찬사 역시 요리를 만드는 사람의 특성(즉, 특정 메뉴를 구상할 때 필요한 창조성이나 기술)까지 도달하지 못하고 오직 요리 그 자체(기자의 눈앞에 놓여 있는 요리)에만 한정된다. 여성 셰프의 요리에 대한 형용사는 주로 "품격 있는" "꼼꼼한" "단순한" "깔끔한" 등으로 요리의 생산적 측면에 초점을 맞춘다. (…) 여성 셰프가 만든 요리의 맛을 묘사할 때는 "가벼운" "부드러운" "씹는 맛이 있는" 같은 단어가 사용된다. (…) 이런 기사에서 초점은 요리를 만드는 사람에서 요리를 먹는 사람으로 옮겨간다."[133]

여성 셰프와 음식 비평의 관계를 여돌과 음악의 관계에 똑같이 적용할 수는 없을 것이다. 대개 여돌의 작품에 대한 깊은 통찰을 방해하는 것은 외모나 다른 부수적 요소다. 이런 상황이 개별 아이돌 그룹을 다룬 서적에도 비슷하게 반영된다. 아이돌 문화 전반을 다룬 문화연구 분야의 저술은 심심치 않게 발견되지만 단일 아이돌 그룹을 학술적이고 전문적인 관점으로 다룬 '단행본'은 그리 많지 않다(반면 연구물과 논문은 폭증했다). 여돌의 경우는 사례를 찾기 더 어렵다.

그중에 방탄소년단에 대한 서적이 독보적으로 다수를 점하고 그 수는 최근 급증해 철학·팬덤 분석·문화 콘텐츠학·음악 분석·평전·교육 등 다양한 학문 분야를 포괄한다.[134] 그 외에 남돌을 개별적으로 다룬 전문 서적은 KBS PD들의 H.O.T. 분석서 『에쵸티 즐거운 반항』(소상윤·신원섭·윤선원, 랜덤하우스코리아, 1999)과 『엑소 플라네타: 진화하는 아이돌 행성 탐사』(김수수, 이야기공작소, 2015) 정도다. 자서전으로 분류할 만한 책은 『세상에 너를 소리쳐: 꿈으로의 질주, 빅뱅 13,140일의 도전』(빅뱅 지음, 김세아 정리, 쌤앤파커스, 2009)이 있다. 『god 스타덤과 팬덤』(박은경, 한울, 2003)과 『JYJ 공화국: 팬들을 위한 팬들에 의한 팬들의 나라』(이승아, 엑스오북스, 2013)는 팬덤에 대한 저술이다.[135]

여돌을 다룬 저술은 단 두 권 발견했는데 각각 에세이와 실용서(경제학) 항목에 있다. 『대한민국에서 걸그룹으로 산다는 것은』(이학준, 아우름, 2014)과 『걸그룹 경제학: 우리의 일상을 지배하는 생활밀착형 경제학 레시피』(유성운·김주영, 21세기북스, 2017)다. 모두 신문사 기자 출신의 저자가 주도했다는 것도 특이점이다. 여돌에 대해서는 경제·사회적 현상에 관심이 국한되고 그 이상의 학문적 접근이 이루어지지 않는다(반면 학술 논문의 경우는 양상이 다르다는 사실에 유의해야 한다). 이는 우리가 남돌과 여돌에 대해 각각 어떻게 접근하는지 알 수 있는 하나의 지표가 된다.

결국 여돌에게 쏟아지는 전형적인 수사가 칭찬이 된다면 그러한 기대에 부응하기 위해 여돌 역시 계속 노력해야만 한다. 결과적으로 "이러한 기대는 제도화될 수 있다."[136] 이에 따라 여돌을 둘러싼 전형화와 수사학은 유지될 수밖에 없지만, 이는 단순하게 작동하지 않으며 복잡다단해지는 경향이 있다. 가령 섹시 유형은 오래도록 생존했지만 노골적인 방식은 거부된다.

다른 한편으로 '선정적인'이라는 수식어를 빈번히 사용하는 점에 대해서도 반성해야 한다. 우리는 여돌의 노래와 영상을 소비하며 이 단어를 무감하게 사용하곤 한다. 나의 주장을 다음 문장이 가장 잘 대변한다. "일부 '평론가'나 매체가 성희롱이나 다름없는 모욕과 비난을 여성 가수에게 퍼붓는 건, 그저 우리 사회에 만연해 있는 여성에 대한 혐오와 분노를 '상업성과 선정성에 대한 비판'이라는 편리한 알리바이를 동원하여 드러내는 것에 불과하다."[137]

4. 여돌은 어떻게 생존할까

왜 창작하는 여돌은 드물까?

여돌은 왜 자신의 실력을 증명하려 애쓸까?

여돌의 힙합은 (불)가능한가?

여돌의 끝은 어디일까?

왜 창작하는 여돌은 드물까?

작곡과 성별

"남자애들(남자 연습생들)이라 그런가? 자작곡이 엄청 많다."

남돌 그룹 멤버를 선발하는 오디션 프로그램, 엠넷 「프로듀스 X 101」(2019)에서 심사위원 소유의 혼잣말이 포착되었다(1화, 2019.5.3). 뒤집어 말하면 '여자애들'의 자작곡은 없거나 적다는 뜻이다. 위험천만하지만 지극히 현실적인 발언이다.

한국음악저작권협회는 최근 3년간의 저작권료 순위를 기준으로 매년 25명을 정회원으로 승격시킨다. 이 명단에 등재된 음악인 중 아이돌로는 빅뱅의 지드래곤(2011)과 탑(2014)을 위시해 JYJ의 김재중(2013)과 김준수(2014)가 있었다. 2018년에는 슈가(방탄소년단), 2019년에는 비아이(아이콘)·지코(블락비)·우지(세븐틴)·용준형(비스트/하이라이트)·정용화(씨엔블루)·진영(B1A4) 등이 대거 등록되었고, 2020년에는 방탄소년단의 RM과 제이홉이 포함되었다.[138] 반면 보아(2015년)와 아이유(2016년) 외에는 여돌의 이름을 이 정회원 명부에서 찾아보기 어렵다.

창작 영역에서
여성의 지분은[139]

물론 전반적으로 여성 저작자 자체가 적다. 조금 먼 이야기 같지만 클래식의 역사에서 여성의 자리가 있긴 했어도 그건 다른 장에서 지적했듯 음악을 공적인 예술이 아니라 사적인 것으로 치부했을 때로 한정된다. 음악학자 니콜라스 쿡에 따르면 "여성은 역사책이 무시한 영역(연주, 특히 아마추어 연주)에서 활동했고, 역사책이 인정한 영역(주로 작곡)에서 활동하려는 시도는 대개 좌절당했다. (⋯) 여성들이 일반적으로 작곡을 하지 않았기 때문에 체질적으로, 심지어는 생물학적으로 그들이 작곡을 할 수 없다는 식의 본질론적 가정이 만들어졌다."[140] 이러한 논법은 "사회적으로 중요하고 권위 있는 자리에서 여성을 배제하는 데 기여"한다.[141] 지금도 오케스트라의 지휘자는 대부분 남성이다.

오늘날의 대중음악 산업은 그로부터 얼마나 멀리 왔을까. 남성은 작곡가·프로듀서·디제이·엔지니어·매니저 등 음악의 생산에 직접적으로 영향을 미치거나, 특정한 전문 기술을 요하거나, 물리적인 힘이나 체력이 필요하거나, 창의적이고 중요한 영역에서 역할을 수행한다고 여겨지는 반면, 여성은 많은 경우 그런 직업을 할당받지 않았다. 누구의 어떤 음반을 얼마나 발매할 것인지를 결정하는 음반사의 A&R^Artists and Repertoire^ 부서에서도 주요한 직위나 역할은 남성이 담당하는 경우가 많았고, 여성은 업무 결정권을 가진 남성을 보조하는 사무 업무를 주로 수행했다. 여느 일터와 마찬가지로 대중음악 업계에서도 여성의 역할이란 이처럼 부수적이고 주변적이었다.

음악의 창작 영역에서도 전형적인 양상이 드러난다. 작곡과 프로듀싱을 포함해 음악을 통제하고 관장하는 역할은 대개 여성에게 주어지지 않았다. 여성은 작곡가·편곡가·연주자보다는 보컬이 많다. 또는 남성 가수의 백업 싱어로, 뮤직비디오에 등장하는 보조 연기자로 장식적인 역할을 수행해왔다. 악기 연주도 성별로 분리되는 경향이 있다. 여성은 기타보다는 건반 악기를 많이 연주하고, 기타 중에서도 일렉트릭 기타보다는 어쿠스틱 기타를 연주하는 비율이 높다. 최근 들어 이러한 이분적 구도에 균열이 생기고 있지만 남녀 비율은 여전히 불균등하다. 이러한 현상이 고스란히 아이돌 음악계에서도 재현되고 있다.

남돌조차 음악의 창작과 프로듀싱에 적극적으로 개입할 수 있었던 것은 아니다. 전반적으로 아이돌에 대한 인식은 부정적인 편이었다. 많은 경우 아이돌은 창작하는 음악적 주체가 아니었기 때문이다. 물론 창작에 있어 적극성이나 능동성이 결여되었다는 것은 아이돌이 엔터테인먼트 회사의 스타 양성 시스템을 통해 기획되는 상품이라는 점에서 비롯된 문제일 수 있다. 녹음실의 권위가 절대적이었던 1990년대까지는 더 심한 현상이었다. 그렇지만 여러 가지로 상황은 변하기 시작했다.

아이돌이 '공장제 상품'이라는 부정적 비판으로부터 탈피하기 위해 선택한 전략은, 이마저도 엔터테인먼트 회사가 주도하는 경우가 많지만, 아이돌 스스로가 음악을 생산해내는 창의적 존재라는 점을 부각하는 것이었다. 1세대 아이돌인 H.O.T.가 기반을 얻은 뒤인 3집부터 멤버들의 자작곡이 다수 포함되기 시작해 5집에서 전 곡을 멤버들의 창작곡으로 수록했다는 사실은 중요해 보인다. YG엔터테인먼트는 자유분방한 아티스트의 이미지를 강조하고, 이른바 '창작돌'을 양성해 자체 생산 능력을 보유했다는 점을 공공연히 표방한 대표적인 회사다. 원타임 시절에는 송백경과 테디가 적극적으로 곡 작업에 참여했고, 이후에는 지드래곤을 비롯해 강승윤과 비아이 등이 작곡이나 프로듀싱 능력을 겸비한 존재로 부각되었다.

이후 JYP엔터테인먼트(갓세븐·스트레이키즈·데이식스 등), 빅히트엔터테인먼트(방탄소년단·투모로우바이투게더), 큐브엔터테인먼트(펜타곤의 후이·(여자)아이들의 소연·비투비의 임현식) 등도 '창작돌' 또는 '작곡돌' 흐름에 동참했다. 이 외에도 종현(샤이니)과 남우현(인피니트) 등도 창작 작업을 한 남돌이다. 멤버 일곱

명 중 세 명이 한국음악저작권협회 정회원인 방탄소년단의 경우 RM은 언더그라운드 래퍼 출신 경력을 부각했고, 나머지 멤버들 역시 창작의 크레디트를 부여받곤 했다. 민피디, Agust D 등의 별칭을 가지고 있는 슈가는 아이유의 〈에잇(Prod. & Feat. SUGA of BTS)〉(2020) 제목에 프로듀싱과 피처링을 함께 했다는 표식을 명기했다. 또한 믹스 테이프를 발표하여 주목을 받기도 했다.

창작이라는
새로운 돌파구

아이돌을 평가하는 기준은 무엇이 되어야 할까. 음악이 가장 중요하기는 하지만 사운드만이 평가 대상이 된다면 다른 중요한 요소들을 놓치는 것이다. 아이돌은 음악 외에 패션·퍼포먼스·뮤직비디오 같은 비주얼한 면모에 이르기까지 여러 가지 다양한 요소로 완성되는 복합체다. 팬덤 문화 또한 아이돌 문화 형성에 기여한다. 이러한 특성은 아이돌의 음악적 가치가 낮게 평가되는 근거가 되고, 이 때문에 아이돌은 엔터테인먼트 회사가 주도하는 시스템을 따를 뿐인 수동적인 존재로 인식되기도 한다.

이러한 부정적인 시선을 타파하기 위해 아이돌 산업이 찾은 방법 하나는 그룹 구성원이 직접 곡을 쓰는 능력을 보여주는 것이다. 말하자면 '싱어송라이터 아이돌'이 등장한 것인데, 이는 음악에 대한 업계의(나아가 대중의) 인식 변화와도 연관이 있다. 이른바 '별다줄'(별걸 다 줄여 말하는) 시대이기는 하지만 이미 싱어송라이터가 '싱송라'로 약칭되어 사용될 정도로 작곡과 노래를 겸하는 일의 가치를 높이 평가하는 분위기가 만들어졌다. 보컬 학원에서도 싱어송라이터 지망생을 위한 레슨을 쉽게 접할 수 있고, 심지어 '싱송라학과'가 설치된 대학도 있으니 저간의 붐을 짐작할 수 있다.

창작하는 아이돌을 표방하는 것은 엔터테인먼트 회사가 홍보성 문구로 활용하기 위한 마케팅 전략일 뿐이라는 지적이 따르기도 하는데, 아이돌 멤버가 단독으로 곡을 쓰는 경우가 매우 드물기 때문이기도 하다. 그들 대부분은 공동 작곡가로 크레디트에 오른다. 또는 (작곡보다 손쉬운 영역으로 인식되는) 가사 작업에 참여한 경우가 많다. 남돌보다 작업에 참여하는 비율은 적지만 여돌도 마찬가지다. 특히 랩 가사는 여돌 멤버들도 참여한다(고 알려져 있다).

여돌이 창작곡을 발표하거나 곡 작업에 적극적으로 가담하는 현상은 그룹에서보다 원더걸스 출신의 예은(핫펠트)이나 선미처럼 솔로 작업에서 더 흔히 나타난다. 그룹은 이미 고착된 정체성이 존재하기 때문에 개인의 색깔을 드러내기 어렵다. 이때 솔로 활동이 돌파구가 될 수 있다. 원더걸스처럼 그룹의 전성기가 지나버린 경우 이런 경향이 특히 두드러진다. 이러한 현상은 활로를 모색하려는 중소형 엔터테인먼트 회사 소속의 아이돌에게서 더 많이 나타났고, 대개 큰 주목을 받지 못했다.

창작하는 여돌은 남돌보다 현격히 적다. 창작자 양성을 중시하는 것처럼 보이던 YG엔터테인먼트조차도 여돌에게는 그러지 않았다. 투애니원의 씨엘이 나중에 창작의 지분을 할당받기는 했지만 그룹 전성기 시절에는 창작자 역할이 부여되지 않았다. 투애니원의 후배 그룹 블랙핑크도 상황은 마찬가지다. S.E.S.는 동일 소속사의 H.O.T.와는 대조적으로 창작 활동이 적극 권장되지 않았고, 바다만이 작사에 조금 참여했을 뿐이다. 그렇다면 여돌 그룹에는 '창작돌'이나 '작곡돌'이 왜 이렇게 드문 것일까.

아이유,
'싱송라'와 아이돌 사이[142]

여돌로서 창작에 적극적으로 가담하는 독보적인 존재는 아이유다. 아이유는 아이돌이면서 몇 가지 면에서 아이돌의 전형과 다르다. 수년을 거치곤 하는 연습생 시절을 그는 그리 오래 겪지 않았다. JYP엔터테인먼트 같은 회사에 지원하기도 했지만, 오디션을 위해 노래만 준비했다는 아이유의 답변은 당시 업계가 원하던 것이 아니었다. 아이돌은 그룹에서 활동하다가 솔로로 전향하는 경우가 많지만 아이유는 애초부터 솔로 가수로 활동했다.

2008년 데뷔한 아이유는 처음에는 큰 주목을 받지는 못하다가 임슬옹과 함께 부른 〈잔소리〉(2010)부터 반응을 얻기 시작했다. 그런 히트곡이 있기 전에 열일곱이던 2009년 무렵 어쿠스틱 기타를 연주하며 노래하는 영상이 화제가 되었는데, 이때 그가 부른 노래들은 자작곡이 아닌 소녀시대·슈퍼주니어·빅뱅의 노래였다. 아이유는 당시 잠시 일었던 '통기타 열풍'을 반영한 '방라이브' 영상으로 어쿠스틱 기타 연주도 가능한 10대 소녀 가수라는 위상을 획득했으며, 〈좋은 날〉(2010)의 '3단 부스터' 창법으로 가창력도 검증받았다. 더불어 김형석·윤종신·윤상 등 1990년대에 활동한 작곡가가 참여한 앨범 《Real》(2010)과 《Real+》(2011)로 '성인' 취향의 노래들을 노련하게 소화하고, 한국 대중음악의 명곡을 감각적으로 재해석한 리메이크 음반 '꽃갈피' 시리즈(2014, 2017)를 이어나갔다.

이처럼 아이유는 여돌의 이미지를 유지하면서도 아이돌의 이미지를 넘어서는 일련의 작업으로 아이돌과 싱어송라이터의 사이 또는 교점에 위치하는 특이한 좌표를 형성했다. 아이유는 왜 아이돌이면서 싱어송라이터로 소비되었을까. 아이유는 한때 조명받은 바 있는 '홍대 앞 여성 싱어송라이터' 캐릭터와 비슷한 구석이 있다.

직접 곡을 쓰고 부르는 가수를 뜻하는 싱어송라이터는 이전 시대에도 있었지만 1960~1970년대 북미와 영국에서 밥 딜런과 존 바에즈가 등장한 이후 대중화된 개념이다. 어쿠스틱 기타나 피아노 위주의 단출한 사운드를 바탕으로, 개인적이고 비유적인 가사로 노래하는 포크 및 컨트리 스타일의 음악인을 주로 가리킨다. 한국의 홍대 인디 음악 신에서 통용된 여성 싱어송라이터도 그와 비슷한 의미를 갖는다. 특징을 살펴보면 어쿠스틱 기타나 피아노 같은 한두 개의 악기를 중심으로 편성된 '포크' 아니면 '발라드' 류의 음악이며(재즈나 블루스 같은 스타일이 적용될 수도 있다), 다음으로 사색적이고 자기 고백적이며 성찰적인 음악, 단독으로 작사와 작곡은 물론 편곡과 프로듀싱까지 모든 과정을 직접 수행하는 자기 통제로서의 음악, 나아가 '진정한' 음악(인)으로 인식되는 음악이다.[143] 여기에 인간적이고 따스한 질감을 안겨준다는 '어쿠스틱 이데올로기'가 가세하며 음악적 가치를 더했다.

활동 초기 시절 이른바 '아날로그 감성'이 두드러진 아이유의 '방라이브'는 화려하고 인공적인 이미지를 가진 아이돌의 음악과 그 결을 달리하는 것처럼 비쳤다. 그러면서도 싱어송라이터의 전형과 같지는 않았다. 아이유는 자기 성찰적인 노래를 발표하거나 자신의 뿌리를 드러내는 노래를 선곡하는 대신 동료 아이돌의 원곡을 '싱어송라이터처럼' 재현했다. 나중에는 진짜 자신이 가사와 곡을 쓰는 과정을 통해 진정한 음악인으로 거듭나는 과정을 보여주었으며, 싱어송라이터들이 가지고 있는 내면적이고 성찰적인 성향의 노래들을 발표하기도 했다.

아이유가 '국민 여동생'으로 자리 잡으면서도 음악성을 갖춘 음악인으로 발전하는 과정은 그의 수용층을 확대하고 재생산하는 데 기여했다. 삼촌팬의 대상이 되고 '로리콘' 같은 복잡한 논란을 만나기도 했지만 상황을 음악적으로 돌파하면서 논란을 잠재웠다. 치명적일 수 있는 스캔들도 역설적으로 '국민 여동생' 이미지에서 벗어나는 계기로 작동했다. 또한 드라마와 영화에 출연해 연기를 시도하며 배우 이지은으로서도 성장하는 중이다.

결과적으로 아이유는 성장의 아이콘이 되었다. 여러 앨범 제목과 노래 제목에 나이를 연상시키는 숫자를 드러내면서도 음악가로서의 자의식을 보여주었는데, 그것은 경우에 따라 나이를 숨겨야 하는 여타 여돌과는 다른 전략이다. 직접 작사와 작곡을 하며 싱어송라이터로서 자신의 음악을 통제하고 있다는 이미지도 완성했다. 회사와 재계약을 하면서 동료들의 고용 보장과 연봉 인상을 조건으로 제시했다는 일화는 팀을 이끄는 수장이자 책임자로서 리더십과 의리를 보여주기도 한다.[144] 아이유는 이렇게 여러 미담과 융합되며 인성까지 갖춘 음악인으로 거듭났다.

대중이 원하는 것과 자신이 원하는 것 사이의 균형을 이토록 잘 맞춰온 여돌이 또 있을까. 아이돌에서 아티스트로 대접받는 몇 안 되는 사례이자 여성의 사례로는 독보적이다. 아이유는 (안타깝게도) 당분간 여돌의 빛나는 예외가 될지 모른다.

변화하는 시대,
여돌의 기회

아이돌의 음악은 한동안 '소비'나 '덕질'의 대상일지언정 '비평'과 '평가'의 대상은 아니었다(이러한 소비나 덕질의 주체는 소녀들이었다). 1990년대 중후반 한국의 대중음악 평론가들에게도 아이돌 또는 주류의 음악은 탄식과 비난의 대상에 지나지 않았다. 이후 한류의 주체가 되어 산업의 주목을 받지 않았다면, 빌보드 차트 진입을 통해 경제적 지표로 환산되지 않았다면 아이돌 파워는 이념의 틀에 여전히 갇혀 있었을지도 모를 일이다.

여성을 수동적 소비자로, 남성을 능동적 생산자로 한정하는 오래된 통념은 분명 문제적이지만, 작사·작곡·연주 등을 하는 음악인만이 아티스트로 추앙되는 현상에도 이상한 편견이 작동하는 것은 아닌가 의심한다. 물론 작곡이나 프로듀싱 영역은 대중음악의 중요한 요소임에는 틀림없지만 모두가 이를 할 수 있어야 하는 것은 아니다. 모든 아이돌이 '작곡돌' '창작돌'이 될 필요는 없다. 보컬리스트와 퍼포머 등의 역할도 중요하다. 대중음악의 생산과 소비, 유통의 방식이 모두 급변한 상황 속에서 이러한 고전적인 아티스트 개념 역시 흐릿해지고 있다고 생각한다.

여기에는 음악 제작 환경의 변화가 주효했다. 기술적, 비용적 측면에서 이전보다 음악의 생산과 소통을 위한 접근이 쉬워졌다. 음악을 생산하고 수용하는 플랫폼이 변화되고 확장되면서 누구나 컴퓨터와 전문 프로그램을 이용해 음원을 제작하여 유튜브나 사운드클라우드로 전파하고 페이스북과 인스타그램으로 공유할 수 있는 환경이 되었다. 여러 곡을 유기적으로 구성해야 하는 '앨범' 형태가 아닌 싱글 위주로 재편성된 음악 시장의 변화도 작품 활동을 용이하게 했는데, 이는 주류든 인디든 동일한 상황이지만 싱글 히트곡이 보다 중요한 아이돌에게 더 큰 기회로 작용할 수 있다. 이것은 여돌에게도 기회가 된다.

그런 점에서 더 많은 여돌이 창작을 시도할 가능성은 열려 있다. 아이돌 멤버가 작사나 작곡 또는 편곡이나 프로듀싱에 참여하는 등 곡의 창작 과정에 개입하는 일이 과거보다 많아졌고, 이를 통해 개인의 창의성과 실력을 증명할 수 있게 되었다. 물론 인디와 달리 아이돌에게는 회사의 입김과 편곡자나 프로듀서 같은 전문가의 영향이 큰 경우가 많지만, 이런 과정을 통해 점차 성장할 동력을 얻을 수 있다. 또한 창작하는 여돌의 롤 모델이 늘고 있다는 것도 가능성이 될 수 있다.

여돌은 왜 자신의 실력을 증명하려 애쓸까?
아이돌의 역량

"많은 분들이 제가 '직접 썼나?' 주변에서도 이렇게 의심을 많이 받았었어요. 그 의심을 조금 풀었으면 좋겠기도 했고…".¹⁴⁵

소연이 말했다. 소연이 창작자로 참여해 (여자)아이들의 《I Made》(2019)를 만든 과정을 담은 '직캠' 영상 'MADE by SOYEON'(2019.2.28)에서 나온 말이다. 이 영상이 등록된 유튜브 계정을 큐브엔터테인먼트가 직접 운영하고 있으니 이마저도 소속사의 작품이라고 의심할 수도 있겠지만, 이 영상에서 중요한 출발점은 정말 소연이 정말 (여자)아이들의 노래를 작곡한 것일까 하는 사람들의 의구심이다.

이 영상이 나온 뒤에 한 온라인 게시판에 '아이돌들의 작곡 방법'이라는 제목의 글이 올라왔다. 소연이 "'싸아~~~'라는 개념만 잡아주면 옆에 앉아 있는 아저씨가 그걸 소리로 표현해줌"이

라는 내용이고, "입으로 작곡하냐"라는 내용의 댓글이 달려 있다.[146]

문제가 된 장면의 앞뒤를 살펴보자. 이 영상에는 작곡·편곡·프로듀싱·리코딩 등 노래가 완성되는 전반적인 과정이 담겨 있다. 비트를 간단히 만들어두었다가 악기를 정하고, 기본 루프를 만들어 그 위에 버스verse(후렴 전까지 진행되는 서주 부분)부터 '싸비'(후렴)까지 1절을 완성한 뒤 나중에 가사를 입히는 과정을 간략히 설명한다. 소연은 양재천을 걷다가 떠오른 멜로디를 휴대폰에 녹음했는데 그게 나중에 〈Senorita〉가 되었다는 이야기를 한다. 당시 작업 중이던 〈주세요〉에 보컬 스캣을 추가해 편곡하는 과정, 작곡가 후디니와 함께 〈싫다고 말해〉를 편곡하는 과정도 보여준다. 이때 소연은 "'쉭~ 쉭~' 이런 밥솥 같은 소리" 등을 넣자고 말한다. 후디니 역시 소연과 커뮤니케이션을 하면서 "이게 '샤~'하게 나올 것"이라는 식의 표현을 사용한다.

"입으로 작곡하냐"는 논란은 바로 이런 부분과 관련이 있다. 그런데 소연이 입으로 하는 표현 자체에 문제를 제기한 것이라면, 스튜디오에서 사운드 효과나 비트 또는 멜로디 등을 '입으로' 표현하는 일이 흔하다는 답을 줄 수 있을 것이다. MBC 「놀면 뭐하니?: 유플래쉬」에서 유재석이 808 비트에 대해 물으니 관록의 베이시스트 이태윤이 "둠치칫"이라는 의성어로 설명한다(7화, 2019.9.7). 이를 지켜본 유희열도 뒤이어 다음과 같이 덧

붙인다. "우린 녹음실에서 사실 '입으로' 설명하잖아. 기타든 베이스든 드럼이든 '이걸 어떻게 칠까' 물어보면 입으로 다 해."

그런 점에서 "입으로 작곡하냐"라는 반응은, 자신이 의도한 사운드 효과를 평범한 의성어로 설명할 뿐 전문적인 표현을 사용하지 않고 있으니 소연이 음악을 잘 알지 못하거나 잘하지 못할 거라는 추측을 반영한다. 또한 녹음과 프로듀싱의 전반적인 과정을 소연이 직접 관장하지 않을 것이라고 예측하기 때문에 나온 반응으로 보인다.

「놀면 뭐하니?: 유플래쉬」는 전소미의 백업 보컬을 녹음할 때 자이언티가 디렉팅을 하는 과정도 보여준다(13화, 2019.10.19). 그는 전소미에게 어러 차례 지침을 주거나 요청을 하는데 그때 사용하는 표현을 살펴보면 '전문성'과 거리가 있다. "산뜻스타그램으로 해주세요." "조금만 못되게." "'지이잉(?)' 해줘." "공기 4공기를 추가해주세요." "페디큐어 칠하면서 친구랑 통화하듯이." 이에 대해서는 "현미경 디렉팅"이라는 자막을 내보낸다. 소연의 작업에 대한 반응과는 상반되는 연출이다.

전체적으로 곡을 만드는 상황이나 맥락을 보지 않고 지엽적으로 일부분만을 보았기 때문에 이러한 논란이 발생했다고 볼 수도 있을 것이다. 그렇지만 그것이 전부가 아니다. 어쩌면 아이돌이 작곡은 물론 편곡이나 프로듀싱과 같은 전문적인 영역에 접근하는 것 자체를 문제 삼고 있는지도 모른다. 그렇다면 정말 남녀 아이돌 전반이 논란의 대상이가.

여성, 창작이라는
이중고

"음악 이론은 아예 몰랐다. 지금도 악보를 못 보고 코드도 모른다."[147]

작곡가이자 프로듀서로 잘 알려진 용감한형제의 언급을 상기해보자. 어두웠던 과거를 딛고 자수성가한 스토리가 회자되었을 때 이 고백이 문제가 되었던가. 오히려 기성 교육을 받지 않아 길러진 그의 창의적 능력이 더 초점이 되지 않았던가.

용감한형제처럼 "악보를 못 보고 코드도 모른" 채로도 곡을 완성하는 이러한 경향이 '창작돌' 논란의 핵심이다. 작곡 및 편곡을 전문으로 하는 직업 대중음악인에게도 해당되는 일이겠지만 이런 작업 방식이 아이돌에게는 더 문제시되어왔다.

이전부터 아이돌이 직접 작곡이나 프로듀싱을 했다고 하면 색안경을 끼고 보곤 했다. 실제로 그저 크레디트에 이름만 올리는 경우가 있었기 때문이다. 지드래곤이 〈거짓말〉(2007, 지드래곤 작곡) 〈마지막 인사〉(2007, 지드래곤·용감한형제 작곡) 등 빅뱅의 히트곡에 공동 작곡자로 명시되었을 때, YG엔터테인먼트는 "뽕뽕거리는 효과음과 드럼 소리, 질감 있는 베이스의 진행은 요즘 가요 차트를 도배하다시피 하는 작곡가 용감한형제가 만든 것이지만 (…) 멜로디와 랩은 모두 지드래곤이 만든 것"이라고[148] 공식 입장을 표명해야 했다. 이러한 해명의 진위 여부와 함께 '작곡가가 다 만들어준 반주에 멜로디만 흥얼거려 만든 걸 작곡이라고 볼 수 있는가'라는 문제도 제기되었지만, 용감한형제의 작곡법은 논란이 되지 않았다. 사실 용감한형제가 하는 작곡·편곡·프로듀싱 방식도 전통적인 음악학이나 창작론의 입장에서 보면 '전문적'이지 않은 것이다.

이제 지드래곤의 창작 능력은 크게 의심을 받지 않는다. 실제 작곡 여부에 대한 논란이 제기된 초창기에도 능력을 증명하기 위해 본인이 직접 작업하는 장면을 보여준다든가 노트북 바탕화면까지 보여주는 수고를 하지는 않았다. 「무한도전」 같은 예능 프로그램에 나와 결과물을 보여주기만 하면 끝이었다. 논란이 생겼을 때에도 당사자가 나선 것이 아니라 회사 차원에서 응대를 해주었다.

반면 여돌에게는 이중 잣대가 적용된다. 소연이 만일 "악보도 못 보고 코드도 모른다"라고 고백했다면 용감한형제와 같은 대우를 받을 수 있었을까. 소속사 대표가 대신 응대하는 수준으로 끝나도 되었을까. 소연 본인이 해결하는 수순을 밟는다는 건 당연한 것 같지만 또 이상하다.

오늘날의 대중음악에서 작곡·편곡·프로듀싱을 둘러싼 창작

시스템의 전반적 변화에 대해 살펴볼 필요가 있다. 아이돌 음악의 기반이 되고 있는 힙합이나 일렉트로니카 같은 스타일은 변화를 선도하는 쪽에 속한다. 특히 협업으로 곡을 만드는 경우가 많다. 한 곡에 참여하는 여러 창작자의 경험과 역량도 다를 수 있다. 이른바 '톱라이너'라 불리는 메인 멜로디를 맡는 사람과 랩 메이킹이나 비트 메이킹을 하는 사람이 다를 수 있다. 게다가 동일한 공간에 있지 않아도 공동 작업이 가능하다. 작곡가와 아마추어(또는 다른 역량을 가진 작업자)의 교류도 다양한 수준에서 형성된다. 이를테면 "작곡가는 작곡할 때 전권을 발휘하고 상대적으로 곁가지 사항만 아마추어에게 넘겨줄 수도 있고, 아니면 아마추어가 작곡의 상당 부분을 담당할 수도 있다." 이를 통해 "새로운 아마추어주의가 활성화"될[149] 수 있다.

작곡가이자 프로듀서 빅싼초가 (여자)아이들의 소연과 공동으로 작업한 일화를 살펴보자. 우선 소연이 빅싼초에게 「퀸덤」 경연을 위한 신곡 제안을 하는 것으로 시작된다. 기본 루프와 베이스를 넣은 파일을 빅싼초가 전해주자 소연은 프로그램 제목이 '여왕(의 지위)'이라는 것에 착안해 곡 제목을 'Lion'으로 지었다고 알려준다. 이어서 빅싼초는 소연이 직접 쓴 멜로디를 듣고 "진짜 좋은 노래"라고 평하고는 편곡에 돌입하는데, 그에 따르면 "그 뒤로 소연이는 「퀸덤」 연습하고 방송 진행을 하느라 (작업실에) 많이 오지는 못했지만 그럼에도 불구하고 수시로 편곡을 체크했고" 거듭 수정을 요청했다. 빅싼초가 '어훙.mp3'라는 파일로 작업물을 보내면 소연이 거기에 가이드를 녹음해서 '으르렁.mp3'로 보내고, 빅싼초는 또 수정해서 '어훙어훙.mp3'로, 다시 소연은 '사자어훙어훙.mp3'로 보내며 수많은 버전을 거쳐서 〈Lion〉이 완성된다. 이를 통해 빅싼초는 소연의 "천재성과 완벽주의, 집요함"을[150] 칭찬한다.

이 일화를 소개한 영상은 빅싼초와 박해일, 재리포터로 구성된 프로듀싱 팀 여미 톤Yummy Tone의 유튜브 계정에 2019년 11월 올라왔다. 이 영상의 전반적인 내용은 소연의 창작 능력을 선배이자 동료가 인정하는 것이지만, 사실 소연이 그로부터 몇 달전 겪은 논란을 해명하는 기능도 한다. 이를 통해 작곡가·편곡가·프로듀서의 협업 과정을 알 수 있을 뿐 아니라 소연의 창작력과 통제력도 파악할 수 있다.

2019년 3월 소연의 소속사인 큐브엔터테인먼트의 유튜브 공식 채널은 소연의 작업 과정을 영상으로 공개했다(해당 영상은 논란 후 삭제되었다). 여기서 소연의 노트북이 나왔고, 일부 유저가 바탕 화면에 있는 가상 악기와 플러그인의 크랙 파일을 발견하고 소연이 불법 복제 프로그램을 사용했다는 의혹을 제기했다. 이후 소연은 팬카페를 통해 공식 사과를 하기에 이른다. 작곡가로서의 소연을 포털 사이트에 검색해보면 '능력'이 아니라 이 논란에 대한 기사나 게시글로 넘쳐난다. 실력 논란이 윤리적인 문제로 비화하는 애석한 결과를 낳은 것이다.

얼마의 시간이 흐른 지금 소연의 능력을 의심하는 일은 이제 없을지도 모른다. 「퀸덤」에도 소연이 직접 (여자)아이들의 공연 무대를 구성한 과정을 비롯해 노래의 리코딩과 디렉팅을 하는 장면이 연출되어 있고, 멤버들은 한입으로 소연이 음악부터 의상과 무대까지 창작 작업을 주도했다고 증언한다. 게다가 앞에서 이야기한 것처럼 〈Lion〉의 공동 작곡자이자 편곡자인 빅싼초는 작업 과정을 영상으로 제작해 소연의 실력을 극찬한 바 있다.

더불어 소연은 이러한 작업 후기를 통해 아이돌의 음악이 단순히 사운드의 창작만으로 이루어지지 않는다는 사실을 알려준다. 작사와 작곡, 나아가 편곡과 프로듀싱은 의상과 무대 등 아이돌의 모든 스타일링과 연결된다. 곡을 쓰는 단계부터 안무 팀, 비주얼 팀과 콘셉트를 공유하며 작업을 하는 소연은 "이젠 곡을 쓴다고 다가 아니"며 "음악만큼 비주얼도, 그 안에 녹아 있는 스토리도 중요"하다고[151] 전한다.

여돌은 왜
남돌의 춤을 커버하는가

여러 아이돌이 출연한 KBS2「해피투게더 3」의 한 장면(514화, 2017.8.31). 예린은 자신이 속한 그룹인 여자친구의 안무가 겉보기보다 힘들다고 말하고 〈귀를 기울이면〉 후렴 부분의 춤을 추었다. "점프" "일사불란한 팔과 다리" "그 와중에 표정도 활짝" 등의 문구가 자막으로 쏟아졌다.

예린의 댄스를 본 출연자들은 그렇게 힘들어 보이지 않는다며 한마디씩 거들었다. 출연자들이 체력이 떨어진 것이 아니냐고 하자 예린은 "우리 안무는 (눈으로) 볼 때는 덜 힘들어 보인다"고 해명하다 못해 결국 체력이 떨어진 것 같냐고 말했다. 그러자 "스스로 인정"이라는 문구가 자막으로 떴고 출연자들은 웃었다.

태민은 이 안무에 디테일이 많고 테크닉이 들어 있다고 평하면서 넥오플렉스Neck-O-Flex라는 전문 용어를 언급했다. 다른 남돌 멤버에게도 발언 기회가 주어졌다. "이어지는 카이의 평가는?"이라는 자막과 함께 카이(엑소)가 말했다. "남자 안무를 저희가 하니까, 저는 솔직히 별로 안 힘들어 보이는데…" 그러자 출연자들이 웃고 "카이 사이다"라는 자막이 나타났다.

"남자 안무"를 한다는 카이의 말에는 여돌 그룹보다 남돌 그룹이 추는 춤이 더 강력하고 어렵다는 함의가 있다. "카이 사이다"라는 자막 역시 그의 평가가 솔직하고 정당하다는 암묵적 동의를 보내는 것처럼 보인다. 사실 여돌 스스로도 그렇게 생각하는 듯하다. 「퀸덤」에서 AOA 지민은 메인 댄서 찬미에게 말한다 (7화, 2019.10.10). "그동안 우리 맞춰주느라고 안무를 쉬운 것만 했잖아." 이 언급은 여돌 그룹으로서 자신들의 춤이 전반적으로 '쉬운 것'이었다고 고백하는 것이다.

아이돌 멤버는 전 영역을 어느 정도 수행할 수 있는 능력을 갖춰야 하지만, 그룹 안에는 각 영역을 대표하는 스페셜 멤버들 ('메댄' '메보' '메랩' 등)이 있다. 아이돌에게 실력은 크게 노래와 댄스에 대한 것으로 나뉘고, 가창력·랩 실력·창작력(작곡이나 프로듀싱 능력)·춤 실력 등으로 세분된다. 물론 이 외에 배우 활동을 겸업한다면 연기력이, 나아가 예능 프로그램에 적절한 입담이나 개그 등의 다양한 능력이 더해질 것이다.

여기서 댄스에 대한 이야기를 하자. 여돌이 남돌의 댄스를 커버하는 현상이 흔해졌다. 우주소녀는 엑소의 〈Love Shot〉 〈Monster〉·BTS의 〈I Need U〉, 이달의소녀는 NCT 127의 〈Cherry Bomb〉·BTS의 〈불타오르네〉 댄스를 커버한 영상을 제작했다. 출중한 댄스 실력으로 유명한 최유정(위키미키·I.O.I) 과 채연(아이즈원)은 남녀 아이돌을 불문하고 많은 댄스 커버를 했다. 청하의 경우 태민의 '젠더리스'한 〈Move〉 댄스를 커버하여 호평을 받았다. 이러한 댄스 커버 영상은 연습실이나 지하 주차장 같은 공간에서 트레이닝복이나 긴 상하의, 또는 레깅스 차림을 하고 원 테이크로 촬영한 것이 대다수다. 마치 남돌의 뮤직비디오 같다.

동료나 선배 아이돌의 춤을 커버하는 것은 춤 실력을 증명하는 흔한 방법이지만, 여돌이 남돌의 춤을 커버하는 것은 더 부각된다. 동작이 크고 난이도가 높은 남돌의 춤이 여돌의 춤보다 표준적이거나 우위에 있다는 전제가 있기 때문이다. 이를 통해 남돌의 춤이 이상적인 것이고 추종되어야 할 것으로 비친다. 헤비메탈에서 속주 기법이 상찬받는 것과 같은 이치가 아닐까. 거꾸로 여돌의 남돌 댄스 커버에서는 남돌의 댄스가 여돌에게 불가능한 난이도가 아니라는 짐이 드러나기도 한다.

실제로 여돌은 이른바 '여성적인 춤'의 전형에서 벗어날 때 높은 점수를 받는다. 「퀸덤」은 아이돌 멤버 개인의 춤 실력을 경합하는 무대를 마련했다(8화, 2019.10.17). 빨간 슈트와 중절모를 착용하고 마이클 잭슨의 춤을 춘 오마이걸 유아가 1위를, 절도 있는 팝핀을 선보인 마마무의 문별이 2위를 차지했다. 그 뒤로 섹시한 측면을 부각한 (여자)아이들 수진의 〈Senorita〉와 AOA 찬미의 〈Strip〉이 이어졌다. 이러한 순위는 우위로 여겨지는 춤이 무엇인지를 보여순다.

남돌이라고 해서 크게 다르지는 않다. 「퀸덤」의 남돌 버전 「로드 투 킹덤」에는 대개 '청량돌'이 출전했다. 이 시리즈의 경연에서는 참여 그룹이 기존 콘셉트대로 무대를 준비하면 상위권 성적을 얻기 어렵다. 1차 경연(3화, 2020.5.14)에서 펜타곤은 〈Very Good〉(블락비)을 통해 상의를 탈의한 멤버가 밧줄에 포박된 구속적 상황을 그렸다. 더보이즈는 〈괴도〉(태민) 무대에서 테이블 위를 뛰어오르거나 멤버들의 등을 뛰어넘는 등 아크로바틱한 동작을 넣었다. 이는 경연 대회라는 속성 때문이기도 하지만, 남돌이나 여돌 모두 크고 역동적인 동작, 자극적인 콘셉트, 화려하고 스펙터클한 퍼포먼스를 실력의 지표로 꼽고 있기 때문이다.

그런데 여돌이 추는 남돌의 댄스가 항상 멋있게 연출되는 것만은 아니다. 여러 여돌이 예능 프로그램에 출연해 남돌의 춤을 커버한 장면을 편집한 영상 '걸그룹들의 보이그룹 댄스!(부제: 나도 박력할 수 있돠!)'를 보자.[152] 우주소녀·에이프릴·I.O.I·여자친구·AOA·EXID·오마이걸·트와이스 등 영상에 등장하는 여돌 그룹 멤버 대다수가 엉성하게 춤을 춰 웃음을 자아낸다. 개개인의 실력이나 기본기 때문만은 아니다. 영상에 등장하는 여돌은 많은 경우 짧은 드레스나 스커트를 입고 있다. 남돌이 불편한 옷을 입고 하이힐을 신은 채 춤을 춘다면 어떨까.

여돌에게는 남돌 댄스 커버가 실력을 증명하는 방법이 되지만, 반대의 상황은 그렇지 않다. 남돌이 여돌의 댄스를 커버하는 것이 자신들의 실력을 증명하는 증거가 되지 않는다는 것이다.

오랜 기간 남돌의 여돌 댄스 커버는 조권(2AM) 같은 남돌에게 '개인기'였다. 누군가는 조권이 "흥에 넘쳐 격렬하게 너무나 잘 추기 때문"에 웃긴다고도 했지만,[153] 조권의 댄스는 여돌의 댄스를 희화화하는 데 일조했다고 생각한다. 하지만 조권은 시간이 흐르면서 변화했다. 엠넷 「골든탬버린」에서 가인과 똑같은 분장을 하고 〈피어나〉 합동 퍼포먼스를 한 것(3화, 2016.12.29), 드래그 퀸drag queen(여성적인 모습을 모방하여 분장하고 공연하는 남성 또는 그러한 행위) 쇼를 소재로 한 뮤지컬에서 마돈나의 〈Material Girl〉을 부르는 모습은 더 이상 우스꽝스럽지 않다.

이는 이른바 '페미니즘 리부트'의 영향과도 무관치 않을 것이다. KBS2 드라마 「조신로코-녹두선」(2019)과 같이 '여장 남자'를 이제는 희화적이거나 우스꽝스럽게 묘사하지 않는 것처럼, 남돌 그룹도 더는 여돌의 댄스를 가볍게 여기지 않는다. 「로드 투 킹덤」에서 펜타곤과 온앤오프는 블랙핑크의 〈Kill This Love〉를, 더보이즈와 원어스는 선미의 〈주인공〉을 리메이크해 무대를 마쳤다(6화, 2020.6.4).

여돌의 힙합은 (불)가능한가?

아이돌과 힙합

여성 래퍼들의 경합을 다룬 서바이벌 오디션, 엠넷 「언프리티 랩스타 1」첫 화(2015.1.29). 이 무대에 AOA 멤버 지민이 등장하자 다른 출연자들은 의아해한다. 그리고 지민의 외모를 거론하기 시작한다.

지민은 경연을 앞두고 "아이돌이라고 저를 무시해도 괜찮"다면서 "제가 랩에 대한 열정이 있다는 것을 보여드리고 싶다"고 포부를 밝혔지만 자기소개를 하는 프리스타일 싸이퍼 미션부터 삐그덕거린다. "나는 섹시하다" "핫한 걸 그룹" 같은 가사를 이어가다가 다음에 열심히 하겠다며 얼버무리자 출연자 제시는 "아직 힙합에 대해 잘 모르는 것 같다"고 잘라 말한다. 뒤이어 가사를 직접 쓰지 않는 음악가를 인정하지 않는다는 내용으로 랩을 하는 릴샴의 공연 장면이 흐르고, 당황한 지민의 얼굴이 클로즈업된다. 지민은 곤혹스럽다. "잘하면 '아이돌이니까', 못해도 역시 '아이돌이니까'…. 약간 이중 잣대…(6화, 2015.3.12)." 그러니까 여돌 래퍼는 여성 래퍼이자 여성 아이돌이라는 이중적인 곤경에 처한다.

그렇지만 지민은 아이돌이라는 사실을 인정하고 노선을 바꿨다. 자신은 독보적인 여성 래퍼 윤미래도, 힙합으로 성공한 여돌 씨엘도 아니라고 못 박고 그들과 차별화되는 자신만의 색깔을 드러내려 했다. 단편적이기는 하지만 힙합 문화와 자극적인 쇼 비즈니스에 대한 비판도 했다. 이 전략은 성공적이었다. 심사위원과 출연자들은 지민의 경험을 존중하고 가사 쓰기 능력을 칭찬하기에 이른다. 초반부에서 래퍼로서의 자질과 실력을 의심받던 지민은 결국 두 개의 트랙을 차지하고 세미파이널까지 진출하는 반전의 주역이 되었다. 우승은 치타가 했지만, 화제성과 성장 측면에서 「언프리티 랩스타 1」의 최대 수혜자는 지민인 셈이다. 이러한 과정은 여타 경연 프로그램에서 참가자들이 성장과 발전을 이루어내는 서사와 크게 다르지 않다.

세 시즌에 걸쳐 진행된 「언프리티 랩스타」에는 지민 말고도 여돌 그룹의 래퍼가 잔뜩 나왔다. 시즌 2(2015)에는 효린(씨스타)·유빈(원더걸스)·전지윤(포미닛)·엑시(2016년 우주소녀로 데뷔)·예지(피에스타) 등이, 시즌 3(2016)에는 미료(브라운아이드걸스)·나다(와썹)·유나킴(디아크)·제이니(GP 베이직/디유닛)·하주연(쥬얼리) 등이 참가했다. 「프로듀스 101」에서 탈락했던 전소연은 시즌 3에 참가한 후에 2018년 여돌 그룹 (여자)아이들의 일원이 되었다.

「언프리티 랩스타 1」에서는 한국의 힙합 문화에서 소수를 점하는 여성 래퍼조차 여돌 그룹의 래퍼를 경시하는 태도를 보여주지만, 이는 연예 저널리즘의 입맛에 맞게 노골적으로 '악마의 편집'이 적용된 결과이기도 하다. 또한 「쇼미더머니」 시리즈와 달리 「언프리티 랩스타」 시리즈는 제작진이 참가자를 직접 캐스팅했는데, 이 때문에 나중에 「프로듀스」 시리즈의 투표 조작 문제가 불거졌을 때 공정성 논란이 제기되었다. 이러한 오디션 프로그램은 무대가 절실한 출연자들을 궁지로 몰아넣고 자극적인 화제를 만드는 경우가 많은데, 거기서 논란이 발생하면 책임은 방송사와 제작진이 아니라 오디션에 참여한 래퍼 개인에게 전가된다.

자극적인 연출로 시청률을 노리는 수가 대개 진부하고 지나치긴 해도 사실 오디션의 본질은 순위 싸움이므로 참여자들 사이에는 갈등이 발생한다. 「언프리티 랩스타 2」를 연출한 고익조 PD는 말한다. "남성 래퍼에 대항해서 여성 래퍼들이 보여주는 결속력은 대단하지만 여성 래퍼끼리 모여 있을 땐 그 안에서도 편견과 고정 관념이 있다. (…) 쉽게 말해 예쁜 래퍼, 몸매가 좋은 래퍼는 일단 얕보는 경우가 있고, 대단한 카리스마를 발휘하지 않는 이상 자신의 실력을 인정받기까지 배의 노력이 필요한 것 같다."[154] 오디션 제작진이 여성 참여자를 이런 방식으로 구분하는 한 힙합의 문화로 정착된 '디스'는 실력대결이 아니라 여자들의 감정싸움으로 축소된다. '여적여(여자의 적은 여자)' 또는 캣파이트라는 볼거리를 유도하고자 동료 여성을 적으로 만들고 싸움을 과장하며 각각의 캐릭터를 단면화하는 것이다. 결국 여성들 간의 연대와 존중도 의도적으로 누락된다. 남성으로 편성된 사회자·심사위원·창작자 집단 사이에서 여성 출연자는 이렇게 불공평한 위치에 놓인다.

「언프리티 랩스타 1」은 여돌 래퍼 한 명만을 캐스팅했다. 1화(2015.1.29)에서 제시는 먼저 만들어진 힙합 경연 프로그램 「쇼미더머니」가 시즌을 세 번 치르는 동안 여성 래퍼가 부재했음을 설명하면서 여자 래퍼 대표로 나오고 싶었다고 말했다. 또 다른 여성 출연자 치타의 언급은 그보다 자극적이다. "피곤하겠죠. 여자들만 모인 거니까." 이 발언은 다양한 각도에서 해석할 여지가 있고 전후 맥락이 있었을 테지만 방송은 이 언급만을 선택했다.

「언프리티 랩스타 3」에 이르면 점입가경이다. 아이돌 출신을 더는 문제 삼지 않았지만, 가장 논란이 되었던 4화(2016.8.19)에서 출연자들은 "니코틴 때문에 누런 이"(제이니) "어린 게 벌써 된장녀의 기미"(육지담) "기집애들이 뭉치니 말이 많아"(하주연) 등 여성에 대한 편견을 강화하는 인신공격으로 디스전을 벌였다. 이 프로그램이 공식 홈페이지를 통해 표방한 키워드는 "리얼 걸 크러시real girl crush"였다.

왜 여돌 래퍼의
이름은 잊혔을까[155]

한국의 힙합은 애초 정통성과 진정성이라는 의제가 뜨거운 감자였기에, 아이돌의 음악을 위한 재료가 된 순간 양날의 검이 되었다. 과거 아이돌 그룹에서 랩은 가창을 가장 못하는 멤버가 맡았다. 아이돌 그룹 안에서 래퍼란 노래 속 브리지bridge에 끼어 한 소절 정도 부르는 양념 역할에 불과했고, 그마저도 그다지 주목받지 못하는 한직이었다. 가령 1세대 대표 남돌 그룹 H.O.T.가 시도한 랩은 이른바 갱스터 랩의 반항적 이미지만을 차용했다는 비판을 받았다.[156]

무엇보다 '요정'이나 '여신'이 되어야 하는 여돌 그룹 계보에서 그와 대척점에 있는 이미지를 송출하는 랩과 힙합은 더더욱 가깝지 못했다. 귀여움(순수함)과 섹시함으로 이분되던 초창기의 여돌 그룹에서 랩의 지분은 거의 없었다. 1990년대 후반에 활동한 디바와 베이비복스가 랩을 시도한 바 있지만 '쎈 언니' 이미지를 환기하는 수준에 머물렀을 뿐 본격적으로 힙합을 도입한 것은 아니었다.

베이비복스는 1997년 발표한 첫 앨범에서 타이틀곡 〈머리하는 날〉을 비롯해 〈남자에게(민주주의)〉나 〈미혼모〉처럼 여성의 자의식이 담긴 노래에 랩을 넣었지만 대중적인 인기를 얻지 못했고, 이듬해에는 순화된 '요정' 콘셉트로 방향을 바꿔 〈야야야〉(1998)를 발표했다(이후 섹시하면서도 강렬한 방향으로 또 다시 변화한다). S.E.S.와 핑클 같은 1세대 여돌 그룹에는 래퍼가 따로 없었다. 랩 자체가 많이 사용되지 않았다. 랩이 필요한 경우 차선책으로 남성 래퍼의 목소리를 넣는 방식을 선택하기도 했는데, S.E.S.의 〈I'm Your Girl〉에는 신화의 에릭과 앤디가 랩을 넣었다. '여성판 솔리드'로도 불린 이뉴는 데뷔곡 〈독립선언〉(1997, 조원선 작사)을 통해 연애 관계에서 주체적인 면모를 드러내려 했지만 랩 파트는 남성이 담당했다. 당시 영미권의 트렌드를 따라 이런 여성 그룹에게 "한국의 TLC"라는[157] 수식을 유행처럼 붙이곤 했지만 결과적으로 이 경향은 정착하지 못했다.

이 시기, 적극적으로 '힙합 전사'를 표방한 여돌 그룹이 없었던 것은 아니다. 4인조(나중에 3인조) 오투포0-24는 "0시부터 24시까지 항상 힙합과 함께한다"는 의미의 팀명부터 1집 앨범명 《Live In Hip Hop》(1999)까지 구석구석 힙합을 소환했다. 타이틀곡 〈뒤집어(자유)〉는 '갱스터 힙합'을 도입했으며 "청소년들이 꿈을 갖고 자유롭게 살 수 있게 해달라는 메시지"를 담은 노래라고 소개했다.[158] 뮤직비디오는 학교 문제를 다루고 방황하는 청소년을 묘사한다. 하지만 후속곡인 〈첫사랑〉에서 귀여운 소녀 이미지로 전환했고, 2집 《Growing Up》(2000)의 타이틀 곡 〈Blind Faith〉는 표절 시비에 휘말리는 등 혼란스러운 활동을 하고 약 2년 만에 활동을 마감했다.

그로부터 10년 정도 흐른 뒤, 힙합을 도입해 가장 성공한 여돌 그룹 모델은 투애니원이지만 비슷한 시기에 지피 베이직·디유닛·와썹 등의 데뷔가 이어졌다. 이들은 비슷한 행로를 밟았다.

'걸 파워girl power'의 머리글자로 팀명을 만들어 2010년 데뷔한 지피 베이직GP Basic은 당시까지 평균 연령이 가장 낮은 여돌 그룹이었다. 초등학생과 중학생으로 이루어진 이들은 말하자면 '투애니원의 어린 버전'처럼 느껴진다(투애니원보다 1년 늦게 데뷔했다). 세 번째 싱글 〈Jelly Pop〉(2011)에서 빛나는 소녀의 자신감을 그리며 일렉트로닉 힙합을 구현했고, 트랩 힙합을 표방한 〈삐까뻔쩍〉(2014)은 가쿠란 스타일의 남자 교복과 교련복을 입고 센 이미지를 연출한 뮤직비디오로 반전을 시도했다. 그렇지만 불안정한 활동을 하다가 사라졌다. 지나치게 어린 나이 때문에 활동에 제약도 있었고 음악이 주는 파워나 표현력도 약했다.

2012년 데뷔한 3인조 여돌 그룹 디유닛D-UNIT도 있었다. 이름에 명시한 것처럼 멤버를 고정하지 않고 앨범에 따라 다른 멤버로 유닛을 편성하는 체계로 팀을 운영했다(지피 베이직의 제이니가 2013년 잠시 객원 멤버로 참여한 바 있다). 여러모로 YG엔터테인먼트와 연결 고리가 있었는데, YG엔터테인먼트 출신의 디엠과 쿠쉬가 세운 회사(디비즈니스엔터테인먼트)에서 나온 점, 멤버 중 하나인 유진이 YG엔터테인먼트 연습생을 거쳤다는 점을 보면 그렇다. 음악 스타일도 비슷했다. 빅뱅이 준비했던 곡이라고 홍보한 〈I'm Missin' You〉(2012), 멤버 전우람RAM의 자작곡에 도끼가 피처링한 〈Crush〉(2012), 지코가 프로듀싱한 〈얼굴 보고 얘기해〉(2013) 등 남성 힙합 뮤지션과의 작업이 눈에 띄었다. 그렇지만 팀의 정체성 자체가 고정적이지 않았고, 정규 2집까지 낸 뒤 2016년 해체했다.

와썹은 데뷔곡 〈Wa$$up〉(2013)에서 퍼포먼스의 한 요소로 트월킹twerking을 선보였다. 이 춤은 1980년대 후반 미국에서 유행한 뉴올리언스 힙합의 하위 장르인 바운스를 기원으로 하며 자세를 낮추고 엉덩이를 앞뒤로 과격하게 움직이는 것이 특징이다. 이 선정적이고도 도발적인 시도는 당시의 한국 정서와는 사뭇 다르다는 이유로 폐기되어야 했다(이 춤은 2020년 퀸 와사비가 예능 프로그램 「굿걸」에서 선보여 화제가 되었지만 방송통신심의위원회에서 제재를 받았다). 와썹은 〈Nom Nom Nom〉(2013)으로 자유분방한 이미지를 이어가다가 〈Dominant Woman〉(2017)에서 주체적인 여성상을 그리기도 했다. 그러나 이는 "빽 없이 잘나가"고 "내가 벌어 빽 내 돈으로 사"는 여성으로 묘사되는 데 그쳤다.

여돌에게 힙합은 강한 여성 이미지를 만드는 변주 중 하나일

뿐이다. 물론 여돌뿐 아니라 남돌의 경우도 힙합이란 이미지 차용 또는 부분적인 이용에 머무른다는 비판을 받지만, 남돌에 비해 팬덤이 빈약한 여돌은 새로운 시장을 노리고 힙합을 도입하는 경우가 많다. 힙합 자체에 깊숙이 파고들기보다 틈새 이미지를 찾으며 '걸스 힙합' 또는 '힙합 여전사' 같은 유형을 만들어내는 것이다. 걸 크러시가 그러한 것처럼 콘셉트의 스펙트럼을 넓히기 위해, 차별화를 위해, 주체적이고 독립적인 여성 이미지를 만들기 위해 도입하는 편이다. 이는 일렉트로닉으로 대변되는 강한 사운드를 기반으로 브라운아이드걸스·포미닛·애프터스쿨 등이 인기를 얻은 것과 비슷한 시도였다.

랩과 힙합을 내세운 여돌 그룹은 안정적인 엔터테인먼트 회사가 아니라 신생 기업이 시도한 경우가 대부분이었다. 대체로 그룹에 대한 기획이 정교하지 않고 무리수를 두는 일이 많으며 회사의 지원도 부족해 불화를 겪기도 하고 잦은 멤버 변동으로 안정적인 활동이 어려웠다. 이는 아이돌 엔터테인먼트 업계의 전반적인 문제이지만 힙합 여돌 그룹의 운영에 있어서는 더욱더 두드러지는 한계다. 퍼포먼스 진행을 위해 힙합을 도입했을 뿐 장르에 대한 이해가 없다는 평단의 혹평과 대중적 감성과의 괴리로 이러한 그룹은 결국 해체하거나 사라진다.[159] 이런 악순환 때문에 몇 안 되는 사례는 대부분 실패로 끝이 나고 이후에 여돌이 더욱 시도하기 어려운 유형이 되고 만다. 여성 래퍼로서의 경력도 (여돌의 수명도 그렇지만) 더 쉽게 단절된다.

여전히 시장은 '힙합 여전사'를 그렇게 달가워하지 않는다. 힙합이 남돌의 대세 장르로까지 떠오른 지금도 여돌이 힙합을 전면화해 성공한 경우는 흔치 않다. 투애니원만은 거의 예외로 남아 있는데 힙합, 스트리트 컬처, '쎈' 여성의 이미지를 도입했다고 하더라도 고급화 혹은 하이엔드 전략으로 이에 대한 거부감을 상쇄해야 했다(그 어떤 여돌 그룹보다도 많은 명품에 의해 포장되었다). 또한 케이팝 토양에서 여돌의 힙합이란 강한 여성과 순종적 여성 사이를 오가는 이중적 태도를 가질 수밖에 없다.

여돌의 랩은
(불)가능한가

한마디로 한국 힙합 여돌의 역사는 단절과 실패의 역사다. 그럼에도 여돌은 또다시 시도하고 도전한다. 왜일까.

대중음악 프로덕션의 최근 트렌드 하나는 한 곡에 여러 명의 창작자가 개입하는 것이다. 과거에는 한 명의 작사가나 작곡가가 하나의 곡을 전담했다면, 이제는 아이돌 음악은 물론 힙합에서도 창작이 영역별로 세분되는 경향이 있다. 두 분야 모두 일렉트로닉 또는 EDM 같은 장르와 결탁하면서 이러한 성향은 더욱 가속화되고 있다.

힙합 음악을 구성하는 비트·랩/엠시잉MCing·주요 선율 등은 한 사람이 작업할 수도 있지만 따로따로 전문화할 수 있다. 또한 샘플링을 활용하면서도 얼마든지 훌륭하게 곡 작업이 가능한 데다 외국의 음원을 정식으로 구매하는 일이 빈번해지면서 곡을 각자의 필요에 맞게 다듬어 새로운 음악으로 재구성할 수 있게 되었다. 컴퓨터와 인터넷, 프로그램 등 테크놀로지의 발전은 악기나 기계에 대한 접근 역시 용이하게 만들었다.

게다가 힙합의 상품 가치가 높아지고 진입 장벽이 낮아져 주류가 된 지금, 랩 창작이 예전보다 그리 어렵지 않다. 이는 스리 코드three-chord와 DIYDo It Yourself 에토스로 1970년대 후반 영국과 미국에서 일었던 펑크 록 운동에 비견될 만하다. 펑크는 코드 세 개만 가지고 곡을 쓰고 연주할 수 있고, 나아가 음반의 녹음·제작·유통까지 '누구나 할 수 있다'는 대담한 태도를 기초로 한다. 단순하고 거친 음악으로 저항과 미학을 조화롭게 결합한 펑크처럼 오늘날 한국의 힙합 역시 성별을 불문하고 기회의 땅이 될 수 있다.

랩은 대개 1인칭 시점으로 자신의 경험과 감정을 전달하기 때문에 래퍼가 가사에 관여하는 것은 필연적이다. 다른 사람이 썼다고 해도 소화하는 래퍼 본인의 입맛에 맞게 직접 수정하는 경우도 많다. 그렇게 해야 진정성 있는 힙합으로 평가받는다. 랩 창작곡을 발표하는 아이돌 그룹 멤버가 없었던 것은 아니지만,

아이돌 스스로 발화하는 상황은 어색하다고 평가된다. 통상 아이돌은 상품으로 취급되기 때문이다. 그렇지만 힙합도 상품이라는 사실을 상기해야 한다. 곡의 창작에 참여하는 일부 아이돌 멤버는 자신이 속한 범위 안에서 자의식을 표출할 수 있는 도구로써 힙합을 진정성 있는 장르로 받아들이는 듯하다.

힙합을 시도하는 남돌과 여돌의 조건은 다르다. 케이팝 프로듀서의 이야기를 다룬 책 『K팝 메이커스』에서 프로듀서 피독은 방탄소년단 멤버들이 "이미 음악을 하던 친구들"이었기 때문에 "같이 음악 듣고 노는" 분위기에서 "교류하는 느낌으로 작업했다"고 전한다. 피독은 힙합 영화를 같이 보면서 멤버들에게 음악적 배경에 대한 이야기를 들려주었고, 음악을 같이 듣다가 과제를 내주기도 했다. "〈봄날〉은 제가 비트와 트랙을 만들어놓고 멤버들에게 각자 (가사를) 써보라고 했어요. RM이 한강에 가서 쓱 써 왔는데 너무 좋은 거예요."[160]

방탄소년단과 피독처럼 작업실이나 숙소에서 함께 얼마간 머물고 지내면서 "음악을 듣고 노는" 분위기를 여돌은 누릴 수 있을까? 여돌은 많지만 그들이 함께 일할 수 있는 여성 작곡가와 여성 프로듀서의 수는 적다. 남성 프로듀서와 여돌이 작업한다고 할 때 동성끼리 만난 경우보다 거리낌 없이 소통하는 환경이 조성될 수 있을지 의심스럽다. 여돌에게도 더 다양한 인맥과 경험이 필요하다. 더 많은 여성 작곡가와 프로듀서가, 더 많은 여성 전문가들의 협력이 필요하다.

여돌 그룹의
래퍼들

1) 윤미래 12표(30%)

2) 제시 10표(25%)

3) 씨엘(CL) 4표(10%), 치타 4표(10%)

5) 엘리(LE) 3표(7.5%)

이 순위는 「언프리티 랩스타 2」가 방송 중이던 2015년 10월, 한 온라인 매체가 남성 래퍼 20인에게 '국내 최고 여성 래퍼'를 물은 설문 조사 결과다.[161] 언제 적 윤미래냐고 할지 모르지만 여전히 부동의 여성 래퍼 모델로 통한다는 사실을 알 수 있다. 제시와 치타 등은 「언프리티 랩스타」에 출연한 바 있다.

왜 투표인과 피투표인의 성별을 나누어 진행했는지 의심스럽지만, 이건 압도적인 성비의 불균형을 이루고 있는 랩/힙합 음악의 현황을 알 수 있는 지표라고 치자. 그런데 여성 래퍼의 순위가 남성 래퍼에 의해 만들어지면서 남녀 래퍼 사이에 암묵적인 위계가 또다시 발생한다. 반대로 여성 래퍼가 남성 래퍼 순위

표를 만들지는 않는다. 심사위원과 프로듀서가 모두 남성이던 「언프리티 랩스타」가 떠오른다.

이 목록에서 또 다른 포인트는 여돌 그룹 멤버가 두 명이 있다는 점이다. 해당 순위 5위인 EXID의 엘리는 2008년 JYP엔터테인먼트가 진행한 싸이월드 오디션에서 1위를 차지한 래퍼였다. 그 이전에는 사이먼 도미닉·바스코·이센스 등을 배출한 부산 언더그라운드 힙합 크루 지기 펠라즈에서 엘리Elly라는 이름으로 활동했다. 팀 활동을 하면서 쓴 자작곡이 있고, 시크릿·쥬얼리·케이윌·트러블 메이커·현아·허각·휘성 등의 노래에 작사가로 참여한 이력이 있다.

여돌 그룹의 일원이 된 엘리에게 음악 스승이라 할 인물은 신사동호랭이다. 엘리는 그의 작업 과정을 주시하다가 "자연스럽게 곡을 쓸 수 있게 되"었다. 그는 엘리의 "타고난 정체성을 흔들지는 않"으면서 주류 아이돌 팝의 어법을 익히게 한 것으로 보인다. 공동 작곡한 노래에 대해서 권리의 분배도 깔끔하게 해 주었다.[162] 그렇지만 그가 정말 좋은 선배이고 스승이었는지는 의문스럽다. 그로부터 배웠다면 이른바 '뽕끼' 섞인 멜로디 삽입, 명확한 기승전결 구성 등 장점과 단점이 명백한 그의 작법에 영향을 받을 수밖에 없다. EXID의 소속사 바나나컬쳐엔터테인먼트도 적극적으로 엘리와 그룹의 활동을 지원하지 못했다. 멤버 하니의 무대를 담은 '직캠'으로 〈위아래〉가 발매 수개월 후에야 인기를 얻게 된 이른바 '역주행' 이슈가 없었다면 그룹도, 엘리도 어떻게 되었을까. 이들의 굴곡은 이후에도 계속되었다.

엘리보다 먼저 활동한 여돌 그룹의 래퍼로 브라운아이드걸스의 미료가 있다. 미료는 2000년 허니 패밀리의 객원 멤버로 데뷔한 1세대 힙합 뮤지션이다. 힙합 아티스트 경연 프로그램의 초기 모델인 엠넷 「힙합 더 바이브」(2002)에도 출연했다. 프로그램에서 마련한 성별 대결 프리스타일 랩 배틀, '여자 MC 대씨비 매스(다이나믹 듀오 전신)'에서 보여준 미료의 활약은 힙합 팬들 사이에서 오래도록 회자되었다. 브라운아이드걸스에선 랩 파트의 상당 부분을 작사했다.

그렇지만 솔로 활동의 결과는 그렇게 신통하다고 말하기 어렵다. 첫 솔로 앨범 《MIRYO aka JOHONEY》(2012)의 경우 사운드 프로덕션은 브라운아이드걸스 시절에서 나아가지 못했고 노래의 내용은 사랑 이야기로 한정되었다. 싱글 〈Queen〉(2015) 〈Dreams〉(2017) 〈Come〉(2018) 〈True〉(2018) 등을 남겼지만 큰 호응을 얻지는 못했다. 2012년 「쇼미더머니 1」에 프로듀서로, 2016년 「언프리티 랩스타 3」에 도전자로 참가했지만 이전보다 발전된 기량을 보여주진 못했다.

투애니원의 리더인 씨엘은 위의 순위에서 보이는 것처럼 차세대 여성 래퍼로서 인정을 받은 경우다. 기대와 달리 창작의 지분은 크지 않았지만 차츰 비중을 높였다. 아홉 곡이 실린 투애니원 2집 《Crush》(2014)에서 씨엘은 자신의 솔로곡인 〈멘붕〉을 비롯해 다섯 곡의 작사와 작곡에 참여했고, 이후 솔로로 활동하면서 발표한 〈나쁜 기집애〉(2013) 〈Hello Bitches〉(2015)에서도 공동 작사가로 이름을 올렸다.

씨엘은 첫 미국 데뷔 싱글 〈Lifted〉(2016)로 북미 진출을 시도했다. SM엔터테인먼트의 보아가 SBS 「K팝스타」에서 그랬던 것처럼 YG엔터테인먼트가 주도한 오디션 프로그램 JTBC 「믹스나인」(2017~2018)의 심사위원으로 출연하고, 2018년 평창 동계올림픽 폐막식 무대에 서는 등 외면상으로는 어느 정도 자리를 잡는 듯했지만 거기까지였다. 투애니원은 2016년 해체를 선언했고 그 뒤로 씨엘의 솔로 음반은 발표되지 않았다. 게다가 YG엔터테인먼트가 많은 범죄 혐의로 조사를 받게 되면서 정상적인 활동도 이어갈 수 없었다. 결국 2019년 12월 YG엔터테인먼트와 계약이 해지되었다.

씨엘이 당시 창작한 곡이 모두 탁월하다고 생각하지는 않는다. 가령 '나쁜 기집애'가 어떻게 '멋진 여성'으로 수렴되는지 명확하지 않을뿐더러, 솔로의 음악이면서도 투애니원과 빅뱅의 스타일에서 크게 벗어나지 않았다. 그렇지만 왜 씨엘의 활동은 중단된 걸까. YG엔터테인먼트를 떠난 지 한 달도 되지 않아 미발표곡을 공개했다는 점도, 노래 대부분이 단호한 이별과 새로운 시작을 알리고 있다는 점도 일말의 의혹의 여지를 주지만, 씨엘은 이제 YG엔터테인먼트 같은 회사의 후광 없이 단독으로 자신의 능력을 입증해야 한다.

미료·엘리·씨엘은 관록의 여돌 그룹 래퍼였다. 한때 언더그라운드 혹은 오버그라운드에서 유의미한 활동을 하며 찬사를 받기도 했지만 솔로로 안정적인 커리어를 쌓지 못했고 소속사 문제도 불거지는 등 더 이상 장밋빛 미래는 보장되지 않고 있다. 게다가 여돌의 수명은 짧다.

사실 이들이 작업한 음악적 결과는 대부분 그렇게 흥미롭지 않다. 그런데 이것을 단지 개인의 부족한 실력 때문이라고만 할 수 있을까. 과연 공정한 게임의 결과였을까. 이제까지 남성 힙합 음악가가 기나긴 세월 동안 축적해온 시장과 시스템에 여성 및 아이돌 래퍼가 편입되어 활동하고 있다. 그나마 그 숫자는 형편없이 적다. 이들을 포함해 여돌 래퍼들의 성장은 쉽게 정지되고 경력은 단절된다.

엘리는 자신에게 돌아온 비판적인 반응이 음악적인 '평가'가 아니라 그 외의 다른 부분들에 대한 '비난'이라고 말한다. 이러한 비난은 여성 래퍼에게 더 가혹하다. 엘리는 술 마시고 공연하는 남자 래퍼에게는 멋있다고 말해도 여자 래퍼가 똑같이 한다면 다른 반응이 돌아올 것이라고 생각한다. "여성 음악가들이 현실적으로 할 수 있는 게 별로 없죠. (…) 아이돌을 떠나서, 여자는 하면 안 되는 게 너무 많은 것 같아요."[163] 여돌은 래퍼 정체성을 강조하면 활동의 폭이 좁아진다. 씨엘도 돌파구를 찾으려 했다. "힙합을 매우 좋아하고 그게 제 베이스지만, 저를 래퍼로만 한정 짓고 싶지는 않아요. 노래도 많이 했고 춤도 좋아하기 때문에 (…) 다양하게 할 수 있는 사람이 되고 싶어요."[164]

여돌 래퍼에게 기량을 충분히 발휘할 수 있는 기회는 많지 않고 긍정적인 반응이나 깊이 있는 평가가 보장되어 있지도 않다. 즉 래퍼로서 장기적인 커리어를 쌓을 만한 토대가 없다. 여돌의 힙합은 가능할까. 아니, 여돌의 힙합에 대한 '공정한 평가'란 가능할까. 이에 대해 음악평론가 미묘는 우회적인 제안을 한 바 있다. 여돌의 랩이 '진정한' 랩으로 인정받을 수 없다면 그들이 하는 '랩과 닮은 것'을 기술로 인정하자는 것이다.[165] '못하는 랩'이 아니라 '다른 랩'이라고 평가해야 한다는 의미다. 이러한 기준을 적용한다면 여돌의 랩은 기존의 장르 그물망을 넘어선 독자적인 음악 영역이 된다. 그렇지만 이 제안이 얼마나 실효성이 있는지, 오래도록 고착된 통념을 과연 바꿀 수 있을지에 대해서는 의문이 남는다.

지민은 「언프리티 랩스타」에, 지민의 그룹 AOA는 「퀸덤」에 출전했다. 여돌의 일부 멤버는 독립적으로 랩에 도전하고, 팀 활동을 할 땐 여돌 정체성을 따른다. 무엇이든 기회라고 생각되면 붙잡아야 한다. 그것이 독이 든 성배일지언정 일단 들어볼 수밖에 없다. 하지만 몇 년 사이 상황은 크게 변했다. 「언프리티 랩스다」는 시리즈가 거듭될수록 여돌 출연자가 늘었다. 이제 어돌이 여타의 힙합 음악인들과 경연을 펼쳐도 더 이상 논란이 되지 않는다. 여돌 래퍼들의 실력 논쟁도 이전처럼 부각되지 않는다.

엠넷에서 이 시리즈가 끝난 뒤 편성된 프로그램은 「굿걸: 누가 방송국을 털었나」(2020)였다. 치타·이영지·윤훼이 같은 래퍼 외에도 제이미·에일리 같은 R&B 계열의 보컬리스트, 효연(소녀시대)·전지우(카드)·장예은(CLC) 등의 여돌 그룹 멤버들, 페미니스트 래퍼 슬릭, 트월킹을 통해 센세이션을 일으킨 퀸 와사비가 출연했다.

「굿걸」 출연진의 캐릭터와 강점은 제각각이다. 프로그램이 다루는 장르를 좁은 의미의 힙합으로 한정하지 않으니 정통성과 진정성에 대한 신경전은 불필요했고, 영역이 다른 서로가 화합하고 공존하는 무대를 꾸밀 수 있었다. 「쇼미더머니」를 고스란히 물려받은 「언프리티 랩스타」의 과도한 경쟁적 모드도 없었고, 이른바 '여적여'라는 구도도 깼다. 제목에 '언프리티' 대신 '굿'이라는 형용사를 쓴 것에 어울리게 여성 아티스트끼리의 연대와 화합이 강조되었고 이를 통해 모두가 성장할 수 있음을 이 프로그램은 증명했다.

여돌의 끝은 어디일까?
조금 다른 엔딩을 꿈꾸며

JTBC 「캠핑클럽」(2019)의 주인공은 1세대 여돌 그룹 핑클이었다. 이효리는 간간이 음악을 발표하거나 예능 프로그램에 출연하며 건재함을 알렸고, 옥주현은 뮤지컬 주연 배우로 활약하고 있으며, 성유리와 이진은 연기자로 커리어를 쌓아왔지만 그룹 활동을 중단한 지 14년이 흐른 뒤였다.

핑클과 비슷한 시기에 데뷔한 1세대 남돌의 상황은 달랐다. 신화는 지금까지 해체 없이 활동한 최장수 남돌이라는 끈끈한 멤버십을 과시해왔다. H.O.T.는 MBC 「무한도전 – 토토가 3」(2018)를 통해 콘서트를 열었고, 젝스키스는 2016년 재결성해 앨범을 발표했다. 지오디는 JTBC 「같이 걸을까」(2018)에서 순례길에 동행하고 2019년 데뷔 20주년 기념 앨범을 발표하며 변치 않는 우정을 증명했다.

핑클의 예능 프로그램 편성이 반가울 수밖에 없었다. 희박한 '여성 버전' 예능에 대한 갈증으로부터 시작된 형식이기는 하지만, 은퇴하거나 활동을 중단한 여돌 그룹이 재결성을 하고 공연을 하거나 앨범을 발표하는 일이 거의 없었기 때문이다. 예능 프로그램에 멤버가 다 함께 출연해 음악으로 맺은 우정을 과시하는 일도 많지 않았다. 핑클과 양대 산맥을 이루었던 S.E.S.의 경우 MBC 예능프로그램 「무한도전 – 토요일 토요일은 가수다」(2014)에 두 멤버만 출연했고(임신 중인 유진은 불참할 수밖에 없었다), 2017년에는 '20주년 스페셜 앨범'을 발표한 바 있다. 히트곡을 남긴 과거의 가수를 찾아가며 향수를 자극하는 JTBC 「투유 프로젝트 슈가맨」 시리즈에도 여돌 그룹의 출연은 그리 많지 않았다(시즌 1의 경우 15화(2016.1.26)가 되어서야 파파야가 처음 등장했고, 25화(2016.4.5)에 투야와 디바가, 36화에 키스와 클레오 (2016.6.21)가 출연했다. 시즌 2에서 12화(2018.4.8)에 쥬얼리가, 시즌 3에서 12화(2020.2.21)에 씨야가 출연했다).

14년 만에 '완전체'로 만나 카메라 속에 담긴 핑클 멤버들은 참 편안해 보였다. 데뷔 21주년을 맞아 캠핑을 떠나며 여행을 통해 멤버들은 과거의 자신과, 또는 다른 멤버들과 화해했다. 그리고 정식 공연은 아니었지만 작은 공연으로 오랜 팬들과 희로애락을 공유했다.

3년 차·7년 차
징크스의 덫

아이돌 수명에 대한 업계의 속설로 '7년 차 징크스'가 있다. 공정거래위원회가 배포한 '대중문화예술인의 표준전속계약서'가 을(아티스트)의 전속 계약 기간을 7년으로 권고하고 있기 때문이다.[166] 이에 따라 데뷔한 아이돌 대다수도 7년짜리 계약으로 활동을 시작하고, 최초 계약 기간이 지난 이후에는 멤버 간의 선택이 달라지면서 그룹이 해체되기 쉽다.

데뷔 후 7년 무렵에 해체한 여돌 그룹은 투애니원·미쓰에이·레인보우·포미닛·씨스타 등이다. 이 시기에 일부 멤버가 탈퇴해 큰 변화를 겪거나 활동이 중단된 경우로는 카라·애프터스쿨·원더걸스·시크릿·나인뮤지스·달샤벳 등이 있다. 애프터스쿨의 원년 멤버는 모두 '졸업'했고, 원더걸스의 선예는 결혼을 했다. 에프엑스에서는 설리가 탈퇴했다. 소녀시대는 7년 차 무렵 제시카가 탈퇴했지만 이후 활동을 이어갔다. 에이핑크·AOA·브라운아이드걸스도 10년 이상 활동한 축에 속한다.

'3년 차 징크스'라는 말도 있다. 데뷔 후 3년 이상이 지나면 1위 자리를 차지하기 어렵다는 것이다. 이제는 정상에 오르기까지 그보다 오래 기다려야 하는 실정이다. 이러한 시효 만료 선고는 아이돌의 약점인 나이와 연관이 있다. 남돌에게는 군대 문제가 장기적인 활동을 가로막는 큰 걸림돌이 되지만 사실 나이는 여돌에게 더 치명적이다. 남돌은 나이가 들수록 여돌보다 훨씬 더 많은 종류의 사건에 휘둘릴지언정 견고한 팬덤을 바탕으로 긴 생명력을 보여주기도 한다. 여돌의 일부가 실력파로 인정받으면서 팬덤이 강화되기는 했지만 모든 여돌에게 그런 뜨거운 지지가 따르는 것은 아니다. 소속사 문제나 나이 문제로 깨지지 않는 그룹을 유지하는 '신화'와 같은 사례는 여돌에게는 불가능에 가까운 것일까.

여돌은 성장 전략을 수립하기도 쉽지 않다. 여자가 나이를 먹게 되면 더는 '소녀' 감성을 이끌어낼 수 없다는 통념 때문이다. 20대 초중반을 넘기면 '여자의 전성기'가 지나가버린다는 말로 여성의 가치를 평가하는 한국 사회의 편견이 여돌에게는 더 엄격하게 적용되는 편이어서, 어린 나이에 데뷔하는 아이돌의 속성상 전환기의 선택지는 그렇게 많지 않다. 1세대 아이돌이 활동하던 시절에는 청순으로 시작해 섹시로 끝나는 것이 여돌의 숙명처럼 보였다.

그 뒤에는 몇 가지 길이 더 생긴 것 같기도 했다. 그렇지만 보아와 태연처럼 탁월한 가창력으로 아티스트 대우를 받는 가수가 되지 않으면, 수지나 윤아처럼 미디어가 선호하는 외모로 광고와 스크린, 브라운관을 부지런히 오가지 않으면 나이가 든 여돌은 사라진다. 이효리처럼 특유의 예능감과 사회의식으로 명망을 얻는 사례는 더 흔치 않다. 튼튼한 엔터테인먼트 회사의 뒷

받침이 없으면 생존은 더 어렵다. 남돌이라고 해서 이러한 시장의 그물망을 피해 나갈 수는 없지만, 나이 앞에서 여돌의 활동은 더 제한적이다.

JTBC「효리네 민박」에서 이효리는 직원으로 출연한 아이유와 정상에서 내려오는 법에 대해 이야기한다(7화, 2017.8.6). 이효리는 "박수 칠 때 떠나는 것보다 차근차근 내려오는 모습을 남들에게 보여주는 것"이 어렵다고 하고, 아이유는 반대로 '다음에는 안 될 거야'만 생각하느라 당장의 행복한 순간을 누릴 수 없었다고 고백한다. 그렇지만 이들은 최정상의 자리를 오래도록 차지했거나 그러고 있는 딱 두 가지 케이스일 뿐이다. 그러니 이들의 고민은 아쉽게도 예외가 된다.

합숙 시스템의
이면

AOA 지민이 전 동료였던 민아를 10년 동안 괴롭혀왔다는 폭로가 있었다. 해명한 태도와 방식도 문제로 지목되었다. 그에 대한 비난이 개인에게만 집중되었다. 오래전에 발생해 장기간 지속된 문제였음에도 소속사인 FNC엔터테인먼트가 합당한 대처 없이 방관했다는 사실은 부각되지 않았다. 멤버 간의 불화나 가혹 행위가 있었을 당시에 적절한 조치와 교육 또는 치료에 나섰

어야 했다. 사건이 노출된 뒤에도 피해자와 가해자 개인 스스로 해결하거나 비난받도록 방치한 회사는 그 뒤로 숨어버린 형국이 되었다. 이 폭로전이 시작되었을 때에도 미온적인 태도를 보이다가 결국 지민이 그룹을 탈퇴하고 방송 활동을 중단한다는 공고만을 발표하는 데 그쳤다.

안전장치 하나 없는 상황은 AOA만의 문제는 아니다. 멤버들이 합숙을 하는 아이돌 훈련 및 활동 시스템은 고강도의 연습으로 단시간에 합을 맞추고 활동 기간에 촘촘한 스케줄을 기민하게 소화해야 할 때 기동력이 발휘되지만, 멤버 개개인의 의견이나 사정은 가볍게 묵살된다. 소속사에서 정해준 멤버와 좋든 싫든 한 숙소에서 지내야 한다. 살인적인 스케줄로 피곤하고 과민해진 상황에서도 사생활은 없다. 정신적으로나 정서적으로 아직 성숙하지 못한 청(소)년들이 맞닥뜨리는 현실은 녹록지 않다.

데뷔 후 3~5년이 넘는 기간 동안 경쟁 일변도의 숨 막히는 복마전에서 살아남더라도 많은 것이 기다리고 있다. 각종 사건 사고가 발생해도 남돌은 두터운 팬덤의 응원과 지지를 받기도 하지만, 팬층이 허약한 여돌은 그러지 못한다. 활동하면서 발생하는 크고 작은 문제와 이에 따른 비난을 회사가 아니라 온전히 개인이 감당하고 책임져야 하는 구조에 놓인다. 이런 상황 속에서도 아이돌은 여론의 기대에 따라 사회적 공인으로서, 또는 숭배되는 우상으로서 모든 것에 흠집이 없는 존재가 되어야 한다.

"사회와 떨어져 생활하는 이 친구들의 인성 교육은 누가 담당하고 있는 걸까? 이 친구들이 아이돌로 성공하지 못할 경우 사회로 다시 돌아가 적응하며 살 수 있는 기본적인 장치는 마련되어 있는 걸까?"[167] 이 질문은 이미 이효리가 8년 전에 던졌다. 그렇지만 지금까지 어느 것도 해결되지 못했다.

떠난 이들을 위한
진혼곡

2014년 9월 3일 새벽, 5인조 여돌 그룹 레이디스코드는 대구에서 방송 녹화를 마치고 서울로 올라오다가 교통사고를 당했다. 매니저의 과속으로 바퀴가 빠지면서 차가 가드레일과 충돌했다. 이 사고로 두 멤버 권리세와 고은비가 사망했다.

이들뿐일까. 2016년 마마무와 여자친구가, 2018년 오마이걸이 행사와 공연에 참가하기 위해 이동하다가 교통사고를 당했다. 남돌도 사정은 마찬가지다. 2006년 슈퍼주니어 김희철은 철심 여러 개를 넣어야 하는 큰 사고를 당했다. 2019년 남돌 머스트비의 차량이 가드레일을 들이받아 매니저가 사망했다. 이런 사고는 빡빡한 스케줄 때문에 무리하게 이동하다가 졸음운전을 하거나 과속을 하면서 발생하는 경우가 대부분이다.

2019년 늦가을, 스스로 이 세상과의 인연을 끊었다는 두 여돌의 부고를 우리는 연달아 받았다. 2018년 10월 리얼리티 프로그램 「진리상점」을 열었고, 2019년 6월 JTBC 「악플의 밤」을 진행했으며, '고블린'과 '도로시'를 자신의 페르소나로 호명한 솔로 앨범(2019)을 발표하는 등 부지런한 행보를 보여주었지만 그동안 설리가 겪었을 아픔의 크기와 깊이를 가늠할 수는 없을 것이다. 또한 설리와 절친한 사이로 알려진 구하라 역시 큰 고통을 겪고 있었다. 이들의 부음은 갑작스러웠지만 또 어느 정도는 예측 가능한 일이었다. 그렇지만 아무도 이들의 죽음을 막을 수 없었다. 이 죽음에 대해 우리가 섣불리 왈가왈부할 수는 없다고 생각한다. 다만, 단순히 개인적이고 단편적인 사건 사고로 치부할 수 없다는 점은 분명해 보인다.

아이돌에게는 단정한 품행과 도덕적 무결점이 요구된다. 이는 특히 여돌에게 더 엄격히 적용된다. 여돌의 신체마저도 자신의 것이 아니다. 언론은 개인의 소셜 미디어 계정마저도 공적인 기삿거리로 삼는다. 이들이 유명을 달리한 뒤에야 몇몇 포털 사이트는 연예 섹션 뉴스에서 댓글 서비스를 폐지했지만, 가십성 기사는 여전히 연예면과 사회면을 도배하고 있다. 미디어는 도덕주의와 선정주의라는 모순적 잣대로 아이돌, 특히 여돌의 일거수일투족을 전시하고 감시한다.

이에 따라 여돌의 입지는 좁아진다. 가령 『82년생 김지영』 독서 인증이 방탄소년단 RM과 달리 여돌이라면 지탄받을 일이 된다. 이 소설이 페미니즘 리부트의 '티핑 포인트' 중 하나이기 때문이다. 책뿐인가. 'Girls can do anything'이라고 적힌 휴대전화 케이스 사진을 자신의 소셜 미디어 계정에 올렸다가 파문이 일자 '협찬'을 받은 것이라고 해명한 여돌도 있었다.

이성애 기반의 연예 산업에서 여돌이 주요 수용자인 남성의 심기를 거스르는 일은 용납되지 않는다. 여성의 권익과 평등에 대한 주제에 여돌이 접근하기라도 하면 '메갈' '페미' 등 두 글자로 압축된 낙인을 받는다. 일종의 '백래시backlash'다. 이는 "사회나 정치적 변화로 인해 자신의 중요도와 영향력, 권력이 줄어든다고 느끼는 불특정 다수가 강한 정서적 반응과 함께 변화에 반발하는 현상"으로서 "주로 성적, 인종적, 종교적 소수자에 대한 차별의 기제로 작용한다."[168] 이에 따라 여돌, 나아가 여성 연예인의 역할은 한정적이 되고, 팬덤의 기반을 흔들 수 있는 입장이나 견해를 표명하는 일은 더욱 어렵게 된다.

이 모두 여돌에게 지금 일어나고 있는 일이다. 과거부터 지금까지 변한 건 그리 많지 않다. 이런 시대에서 여돌이 자신만의 꿈을 오래도록 펼치며 살아가는 일은 가능할까.

노래 및 작사가 목록

책에서 언급된 노래 가운데에서 가사의 일부 표현, 가사의 줄거리를 적은 경우에 한해 가나다순으로 저작권자를 밝힙니다. 아래 기재된 가수의 이름·노래의 제목·작사가 의 이름·발표한 연도는 사단 법인 한국음악저작권협회(komca.or.kr)가 제공한 정 보를 따랐습니다. 한국음악저작권협회에 등재되지 않은 일부 정보는 멜론(melon. com)·위키백과(ko.wikipedia.org)·매니아디비(maniadb.com)를 참고했습 니다.

가수명	곡명	작사가명	연도
9와 숫자들	언니	송재경	2016
(여자)아이들	한(一)	소연	2018
(여자)아이들	Lion	소연	2019
(여자)아이들	Latata	전소연	2018
가인	진실 혹은 대담	김이나	2014
가인	피어나	김이나	2012
가인 (FEAT.박재범)	Apple	박재범·김이나	2015
가인	Guilty	매드클라운·전다운·미친감성·KZ	2015
가인	Paradise Lost	김이나	2015
김창기	형과 나	김창기	2000
김현철	형	김현철	1989
나인뮤지스	돌스(Dolls)	윤희중·한재호·김승수·송수윤	2013
넥스트	아버지와 나 Part 1	신해철	1992

노땐스	달리기 *2002년 S.E.S.가 리메이크	박창학	1996
뉴이스트	노래 제목	BUMZU · 김종현 · 황민현 · 강동호 렌(REN) · ARON	2019
동방신기	Humanoids	HAZEL SALEZ · KENZIE · 이경남 TROELSEN THOMAS · 이솔비	2012
드림캐쳐	날아올라(Fly High)	SEION	2017
드림캐쳐	Chase Me	심재훈 · 이수민 · 오종훈 · 김보은	2017
드림캐쳐	Good Night	SUPER BOMB 1 · SUPER BOMB 2 SUPER BOMB 3 · 김호은	2017
드림캐쳐	Scream	LEEZ · OLLOUNDER · 김호은	2020
디바	Good Girl	3534	2004
러블리즈	그대에게	정태수	2015
러블리즈	안녕(Hi~)	서지음	2015
러블리즈	Ah-Choo	서지음	2015
러블리즈	Candy Jelly Love	김이나	2014
러블리즈	Destiny(나의 지구)	전간디	2016
레드벨벳	7월 7일 (One Of These Nights)	서지음 외	2016
레드벨벳	빨간 맛(Red Flavor)	KENZIE 외	2017
레드벨벳	짐살라빔(Zimzalabim)	이스란 외	2019
레드벨벳	행복(Happiness)	유영진 외	2014
레드벨벳	Bad Boy	문희연(문서울) · JQ 외	2018
레드벨벳	Bad Dracula	조윤경 외	2016
레이디스 코드	나쁜 여자	슈퍼창따이	2013
류수정	Tiger Eyes	서지음	2020
리미(Rimi)	잘나가는 Rimi	리미(추정)	2009

마마무	고양이(Cat Fight)	이우상 · 문별 · 황유빈	2016
마마무	Girl Crush	장윤서 · 박우상	2015
마마무	Hip	화사 · 김도훈 · 박우상	2019
몬스타엑스	Stand Up	이주헌 · I.M · YE-YO A · YE-YO B	2020
미쓰에이	남자 없이 잘 살아	J.Y.PARKTHEASIANSOUL	2012
미쓰에이	다른 남자 말고 너	SAM LEWIS · 블랙아이드필승2	2015
미쓰에이	Bad Girl Good Girl	박진영	2010
박지윤	난 남자야	박진영	2002
박진영	어머님이 누구니?	HO JESSICA HYUN JOO · J.Y.PARK THEASIANSOUL · J'KYUN	2015
방탄소년단BTS	21세기 소녀	SUPREME BOI · RAP MONSTER HITMAN BANG · PDOGG	2016
방탄소년단BTS	상남자	SUPREME BOI · RAP MONSTER SUGA · HITMAN BANG · PDOGG	2014
방탄소년단BTS	Idol	SUPREME BOI · RM · HITMAN-BANG · PDOGG · TAMPOSI ALI CAMPOLO ROMAN ANTHONY	2018
방탄소년단BTS	Intro: 화양연화	SLOW RABBIT · SUGA	2015
방탄소년단BTS	No More Dream	SUPREME BOI · RAP MONSTER J-HOPE · SUGA · HITMAN BANG PDOGG	2013
방탄소년단BTS	N.O	SUPREME BOI · RAP MONSTER SUGA · HITMAN BANG · PDOGG	2013
베이비복스	남자에게(민주주의)	한경혜	1997
베이비복스	머리하는 날	한경혜	1997
베이비복스	미혼모	김진아	1997
베이비소울(러블리즈)	조각달	BABY SOUL	2019

볼빨간사춘기	나비와 고양이(feat. 백현)	안지영	2020
블랙핑크	뚜두뚜두	TEDDY	2018
블랙핑크	불장난	TEDDY	2016
블랙핑크	붐바야	TEDDY · JOHNSON REBECCA ROSE	2016
블랙핑크	Kick It	TAEO(태오) 대니청(DANNY CHUNG) · TEDDY	2019
블랙핑크	Kill This Love	TEDDY · JOHNSON REBECCA ROSE	2019
비	나쁜 남자	박진영	2002
비투비	Stand Up	윤혜주 · 전수정 · 김민호 · 황성진	2012
빅마마	언니	이적	2006
빅뱅	Bad Boy	G-DRAGON · T.O.P	2012
빅뱅	Monster	G-DRAGON · T.O.P	2012
샤이니	누난 너무 예뻐(Replay)	YOUNG H.KIM 외	2008
서태지와 아이들	교실 이데아	서태지	1994
서태지와 아이들	Come Back Home	서태지	1995
선미	보라빛 밤	이선미	2020
선미	보름달	용감한형제	2014
선미	주인공(Heroine)	이선미 · TEDDY	2018
선우정아	고양이(feat. 아이유)	선우정아	2017
세븐틴	기대	계범주 · 에스쿱스 · 전원우 · 버논 민규	2016
세븐틴	만세	계범주 · 에스쿱스 · 우지 · 전원우 버논 · 민규	2015
세븐틴	박수	BUMZU · 우지 · 호시 · 민규 · 도겸 부승관 · 윤정한	2017

세븐틴	포옹	우지	2019
소녀시대	소원을 말해봐(Genie)	SCHJOLDAN FRIDOLIN HARAMBASIC · NERMIN JENSSEN · ROBIN · SVENDSEN RONNY · WIK · ANNE JUDITH	2009
소녀시대	힘내!(Way To Go)	김정배	2009
소녀시대	힘들어하는 연인들을 위해 (Let's Talk About L)	YOUNG H. KIM	2009
소녀시대	Lion Heart	JOY FACTORY · 1월8일 1 1월8일 2 · 1월8일 3 · 최소영 외	2015
소녀시대	Mr. Mr.	조윤경 · 김희정 외	2014
소녀시대	Oh!	YOUNG H. KIM · 김정배	2010
소녀시대	The Boys	유영진 외	2011
신화	고양이	신진혜 외	2015
싸이	아버지	싸이	2005
씨스타	Touch My Body	블랙아이드필승2 블랙아이드필승1	2014
씨엘	나쁜 기집애	테디 · CL	2013
씨엘	Hello Bitches	대니청(DANNY CHUNG) · TEDDY CL · BUENDIA RYAN	2015
아스트로	장화 신은 고양이	박우상	2016
아이린&슬기	Monster	KENZIE 외	2020
아이유	사랑니	아이유 · 고릴라	2011
아이유	삼촌(Feat. 이적)	아이유 · 이적	2011
아이유	이름에게	이지은 · 김이나	2017
아이유	좋은 날	김이나	2010
아이유	Blueming	아이유	2019

아이유	Love Poem	아이유	2019
아이즈원	라비앙로즈 (La Vie en Rose)	예아나이스 · FERDY JAY JAY [MosPick]	2018
아이즈원	비올레타	김승수 · 최현준	2019
아이즈원	Fiesta	서지음 · 김승수 · 고현정 · 최현준	2020
악동뮤지션	Dinosaur	이찬혁	2017
에이핑크	고양이	MAYBEE	2012
에이핑크	Secret Garden	이찬미	2013
에프엑스	Dracula	조윤경 외	2014
에프엑스	Hot Summer	KENZIE 외	2011
에프엑스	NU 예삐오(NU ABO)	HANSEN MICH · TROELSEN THOMA · CUTFATHER(HANSEN, MICH) · LARSEN ENGELINA LOPEZ JOSE AQUIRR	2010
에프엑스	Stand Up!	신재평	2011
엑소	늑대와 미녀(Wolf)	KENZIE 외	2013
엑소	으르렁(Growl)	서지음 외	2013
엑소	Lucky	김이나	2013
엑소	Monster	KENZIE 외	2016
엑소	Power	김혜정 · JQ 외	2017
여자친구	여름비(Summer Rain)	서용배 · 임수호(이기)	2017
여자친구	여름여름해 (Sunny Summer)	BLACK EDITION(1) 이단옆차기2	2018
여자친구	오늘부터 우리는 (Me Gustas Tu)	서용배 · 이기	2015
여자친구	유리구슬	서용배 · 이기	2014
여자친구	시간을 달려서(Rough)	서용배 · 이기	2016

여자친구	Apple	이스란 · 김진 · 은하 · 유주 · 구여름 HITMAN BANG · 황현 · FRANT PDOGG · 노주환 · PHILLIPS RICHARD · ROBINSON HANNAH ALEX NESE · CHENDY	2020
여자친구	Flower(Korean Ver.)	김병석 · 변장문 · 이관	2019
예리(레드벨벳)	스물에게	예리	2019
오마이걸	비밀정원	서지음	2018
오마이걸	Dolphin	서정아	2020
오마이걸	Liar Liar	서정화(서지음) · 김미현(미미)	2016
오마이걸	Twilight	서지음 · 미미 외	2018
오투포O-24	뒤집어(자유)	김태훈	1999
와썹	Dominant Woman	NADA(나다) · 낯선 · KOONTA	2017
우주소녀	이루리	비오 · 엑시 · KZ · D'DAY	2019
우주소녀	행운을 빌어	진리 · 엑시 · 영광의얼굴들	2019
우주소녀	Happy	블랙아이드필승2 · 전군 블랙아이드필승1	2017
위클리	언니	이스란 외	2020
유닉원(Unique One)	잘 가 Rimi	유닉원(추정)	2009
이달의소녀	Hi High	지들로(GDLO) · 황현 · 정병기	2018
이진아	고양이에게	이진아	2019
이효리	10 Minutes	MAYBEE	2003
이효리	Bad Girls	이효리 외	2013
이효리	U-Go-Girl	E-TRIBE	2008
있지	달라 달라	별들의전쟁1 · 별들의전쟁2	2019
있지	ICY	PENOMECO(페노메코) J.Y.PARKTHEASIANSOUL	2019
정밀아	언니	정밀아	2020

제시	쎈언니	JESSICA H.O · 237	2015
젝스키스	학원별곡	박기영	1997
지드래곤	늴리리야(Niliria) (G-Dragon Ver.)	테디 · G-DRAGON	2013
지코	너는 나 나는 너	ZICO	2016
지피 베이직(GP Basic)	Jelly Pop	CAT.P · JQ	2011
징검다리	여름	이정선	1978
청하	Be Yourself!	VINCENZO · ANY MASINGGA FUXXY	2020
치타	100km	치타	2014
키보이스	해변으로 가요	이철	1969
태연	내게 들려주고 싶은 말 (Dear Me)	황유라 · 유지원 외	2020
투모로우바이투게더	Cat & Dog	SUPREME BOI · DROLET CELESTIN DANIEL ITUTA DAREL	2019
투애니원	날 따라 해봐요	테디	2010
투애니원	내가 제일 잘 나가	테디	2011
투애니원	착한 여자	테디 · G-DRAGON	2014
투애니원	Fire	테디	2009
투애니원	I Don't Care	테디 · KUSH	2009
투애니원	Pretty Boy	테디	2009
트와이스	힘내!(Don't Give Up)	채영	2017
트와이스	Cheer Up	SAM LEWIS	2016
트와이스	Dance The Night Away	휘성	2018
트와이스	Feel Special	J.Y.PARKTHEASIANSOUL	2019
트와이스	Heart Shaker	별들의전쟁2	2017

트와이스 ·	Knock Knock	심은지 · 이우민 · WAKISAKA MAYU	2017
트와이스	TT	SAM LEWIS	2016
펜타곤	Summer!	진호 · 우석	2019
혁오	Tomboy	오혁	2017
현아	빨개요	BLUESUN · 소크라테스 · 서재우	2014
화사(마마무)	마리아(Maria)	화사 · 박우상	2020
효린	9 Lives	HAYLEY AITKEN · OLOF LINDSKOG · GAVIN JONES	2020
AOA	너나 해 *원곡 가수 마마무(2018)	김도훈 · 박우상 · 지민	2019
AOA	사뿐사뿐(Like A Cat)	차쿤 · 용감한형제	2014
AOA	심쿵해	차쿤 · 용감한형제	2015
EXID	위아래	LE · 신사동호랭이 · 범이 · 낭이	2014
H.O.T.	전사의 후예	유영진	1996
H.O.T.	H.O.T(House of Trust)	장용진	1998
I.O.I	Dream Girls	임나영 · 최유정 · FAMOUSBRO	2016
NCT 127	내 Van(My Van)	김동현 · 태용 · 마크	2018
NCT 127	Interlude: Regular to Irregular	김경민 · 히치하이커	2018
NCT 127	Run Back 2 U	김민석 · DOUBLE DRAGON	2018
NCT 127	Summer 127	CIANO · 김인형 · 마크 · 이태용 김태성 · 권태양 · 배민수 외	2017
NCT 127	Superhuman	이스란 · 박선희 RICK BRIDGES(릭브릿지스) 아멜리(AMELIE) JQ 외	2019

주

1 "2009년의 작곡가, 테디 인터뷰 "작곡, 엔지니어링, 스타일링까지""" 텐아시아 강명석 2009.4.22.

2 "유영진 '나 같은 작곡가가 하나 있는 것도 재미있는 일'-1" 텐아시아 강명석 2010.6.9.

3 KBS1 「명견만리」 '방탄소년단과 K-Pop의 미래'(67화, 2018.2.23.) 중에서

4 이후 한국 여돌 그룹 역사에 대한 서술의 일부는 이 책의 저자 최지선이 아래 책에 작성했던 내용을 재구성했다.
   "한국 아이돌 그룹의 역사와 계보, 1996~2010년"(차우진·최지선) - 『아이돌: H.O.T.에서 소녀시대까지, 아이돌 문화 보고서』 이동연 엮음, 이매진, 2011 112~158쪽

5 『She Bop II』 Lucy O'Brien, Continuum, 2002 pp.66~98
   『The Rolling Stone Illustrated History of Rock & Roll』 Greil Marcus, Random House, 1992 pp.189~191("The Girl Groups")

6 "소녀시대 인기에 숨은 비밀" 한겨레21 안인용 2011.2.24.

7 "여성그룹 가요계에 새바람" 경향신문 1993.8.15.

8 "대중가요계 걸그룹 선풍" 한겨레신문 1993.9.25.

* 이 기사에서 언급된 걸 그룹은 S.O.S. 칼라, 와일드로즈, 쩜프, 트위스, 코메트, 크림, 화이트 등이다.

9 "한국 걸그룹 인기, 질리지 않는 노래에 달렸다(일본 연예기획자 아키모토 야스시 인터뷰)" 한겨레신문 남지은 2010.9.13.

"일본 귀여운 것들 비켜!" 한겨레신문 안민정 2010.9.30.

10 [문화기획] 워너원·트와이스… 3세대 아이돌 그룹의 진화 DNA" 월간중앙 이은주 2017.11.17.

"아이돌 세대론 : ① 2020 아이돌팝 세대론" 아이돌로지 스큅 2020.6.12.

"케이팝 4세대가 온다" 아이즈 김윤하 2020.6.25.

11 "아이돌 세대론 : ① 2020 아이돌팝 세대론" 아이돌로지 스큅 2020.6.12.

12 "'여성판 HOT' 돌풍: 여고 3인조 댄스그룹" SES 경향신문 1997.12.22.

"YG, '여자 빅뱅' 이름은 투애니원" 연합뉴스 이은정 2009.3.27.

"여자빅뱅 2NE1 "워밍업했을 뿐인데…" 헤럴드경제 홍동희 2010.3.31.

13 "'불화설' 베이비복스 vs 디바, 10년 만에 눈물로 화해" 노컷뉴스 봉준영 2011.10.19.

14 브라운아이드걸스 《Your Story》(2006) 앨범 소개 중에서

15 "걸그룹은 이제 뭘 하고 사나" 아이즈 강명석 2014.1.22.

16 "아이돌 포화시대" GQ 하박국 2013.7.15.

"격변하는 아이돌" 아레나 차우진 2013.10.8.

"댁의 아이돌은 어떻습니까" 미묘 GQ 2013.2.3.

"아이돌의 시대는 끝났는가" 미묘 GQ 2015.3.4.

17 멜론의 모기업의 변화는 곧 음악 산업의 변화와 직결되어 있다. 전통적인 음반사였던 서울음반을 이동통신업체인 SKT가 2005년 인수해 2008년 로엔엔터테인먼트로 이름을 바꾸었으며, 2016년 '인터넷정보매개서비스업체' 카카오(카카오M)가 이를 인수해 통합했다.

18 "2016 걸그룹② 트와이스의 콘셉트 VS I.O.I의 콘셉트" 아이즈 황효진·서성덕 2016.5.10.

19 "악마의 편집을 왜 하지 말라고만 할까: 〈쇼미〉〈프듀〉 한동철 PD 인터뷰" 하이컷 2016.7.21.~8.3.

20 "박희아 "아이돌의 목소리가 더 크게 들렸으면"" 채널예스 최진영 2020.6.16.

21 색채에 대한 분석은 다음의 서적을 참고했다.

『영화 색채 미학』 강성률 지음, 커뮤니케이션북스, 2017

『컬러 인문학: 색깔에 숨겨진 인류 문화의 수수께끼』 개빈 에번스 지음, 강미경 옮김, 김영사, 2018

『색의 인문학: 미셸 파스투로가 들려주는 색의 비하인드 스토리』 미셸 파스투로 지음, 고봉만 옮김, 미술문화, 2017

『색채의 상징, 색채의 심리』 박영수 지음, 살림, 2003

『색채와 문화 그리고 상상력』 신항식 지음, 프로네시스, 2007

『색채의 예술』 요하네스 이텐 지음, 김수석 옮김, 지구문화사, 2015

『하룻밤에 읽는 색의 문화사: 혁명의 색 빨강부터 이슬람의 녹색까지 세계를 지배한 색 이야기』 21세기연구회 지음, 정란희 옮김, 예담, 2004

22 "Another crackhead theory based on the physics of LIGHT IN THE LOONAVERSE, from yours truly..." u/bragen reddit.com

"A wildly theological LOONAVERSE theory that I hope is unique and somewhat understandable" u/bragen reddit.com

23 『예술에 있어서 정신적인 것에 대하여』 바실리 칸딘스키 지음, 권영필 옮김, 열화당, 1979 83쪽

24 레드벨벳 〈행복(Happiness)〉(2014) 싱글 소개 중에서

25 "Velvet" en.wikisource.org

26 오마이걸 《Pink Ocean》(2016) 앨범 소개 중에서

27 『Pink and Blue: Telling the Girls From the Boys in America』 Jo B. Paoletti, Indiana University Press, 2012

28 "When Did Girls Start Wearing Pink?" smithsonianmag.com Jeanne Maglaty 2011.4.7.

29 2016년 데뷔 보도 자료 중에서

30 "아이돌이 여름에 한꺼번에 나온 이유" 아이즈 박희아 2018.7.30.

31 "걸그룹 여름 대전 리뷰" 가온차트 김진욱 2017.9.25.

32 "씨스타 '여름 대표 걸그룹' 수식어, 5년 걸렸어요" OSEN 2015.6.28.

33 엑소 《The War》(2017) 앨범 소개 중에서

34 『예술에 있어서 정신적인 것에 대하여』 바실리 칸딘스키 지음, 권영필 옮김, 열화당, 1979 79쪽

35 동방신기 《O-正.反.合.》(2006) 앨범 소개 중에서

36 "NCTmentary EP1. Dream Lab" 유튜브 SMTown 2018.2.9.

37 2019년 데뷔 보도 자료 중에서

38 이달의소녀 1/3 《Love & Live》(2017) 앨범 소개 중에서

39 "세 번의 파도가 밀려온다: 3부작 음악을 택한 아이돌 그룹들" 케이콘텐츠 김윤하 2016.5.~6.
   "아이돌의 세계관의 방향성" GQ 김윤하 2020.6.4.

40 "아이돌이 초능력을 쓸 때" 아이즈 강명석 2017.5.17.

41 "우주 아이돌 뮤직비디오 작전 (上)(下)" 멜론 나원영 2020.5.29.~6.26.

42 "빅뱅 "앞으로도 애들이고 싶다…멋있을 때까지 활동"" 연합뉴스 이은정 2015.5.4.

43 브라운아이드걸스 《Basic》(2015) 앨범 소개 중에서

44 『Feminine Endings: Music, Gender, and Sexuality』 Susan McClary,

University of Minnesota Press, 1991 p.9·10·17(이 책은 『페미닌 엔딩: 음악, 젠더, 섹슈얼리티』(송화숙 옮김, 예솔, 2017)로 번역되었다)

『Harvard Dictionary of Music 2nd ed.』 Willi Apel, Harvard University Press, 1970(위의 책 p.51 재인용)

45 『음악이란 무엇인가』 니콜라스 쿡 지음, 장호연 옮김, 동문선, 2004 130·131·150쪽

46 "4월 16일에 듣고 싶은 아이돌 노래" GQ 전혜선 2020.4.16.
"레드벨벳 '7월 7일'은 세월호 추모곡?" 서울신문TV 김형우 2016.3.23.
"랩몬스터 "'봄날' MV 세월호 연상? 해석은 각자의 몫" 노컷뉴스 김현식 2017.2.18.

47 "Throwing like a Girl: A Phenomenology of Feminine Body Comportment Motility and Spatiality" Iris Marion Young 『Human Studies』 Vol. 3, No. 2, April 1980 pp.137~156

48 이달의소녀 1/3 《Love & Live》(2017) 앨범 소개 중에서

49 "Stan LOONA_ How The K-pop Rookies Are Striving To Become The 'Ultimate Girl'" mtv.com Taylor Glasby 2019.4.3.

50 이성애적 시각으로만 팬덤을 바라보는 태도에 대해서는 비판도 존재한다. 퀴어 문화 연구자 권지미에 따르면 남돌 그룹에는 "비-이성애적 감정으로 남성 아이돌을 좋아하기에 팬덤 내에서 배제당하는 존재"가 있기 때문이다. 이러한 태도는 "레즈비언이나 트랜스젠더퀴어적 정체성을 가진 이들"만이 아니라 "남성을 무조건적인 강렬한 이성애적 감정으로 좋아하는 여성들"도 가질 수 있는 것이다("누가 '케이팝 남성 아이돌의 팬덤'이 될 수 있는가" 중앙대학교 대학원신문 권지미 2020.11.4). 이 논리를 적용하면 여돌 그룹의 팬덤에도 다양한 태도를 가진 남성 및 여성 팬이 존재하지만 이들의 다층적인 시선이나 욕망은 배제되거나 탈락된다.

51 『걸그룹 경제학』 유성운·김주영 지음, 21세기북스, 2017 314쪽

* 책에서 거론된 상세한 내용은 다음과 같다.

남돌)

빅뱅 〈마지막 인사〉(8회), 〈하루하루〉(7회), 〈거짓말〉(6회), 〈에라 모르겠다〉(3회)

FT아일랜드 〈사랑앓이〉(6회)

여돌)

원더걸스 〈Tell Me〉(7회), 〈So Hot〉(6회), 〈Nobody〉(5회), 〈Be My Baby〉(3회), 〈Why So Lonely〉(3회), 〈2 Different Tears〉(3회)

트와이스 〈TT〉(4회), 〈Cheer Up〉(4회), 〈Signal〉(3회), 〈Knock Knock〉(3회)

씨스타 〈나혼자〉(3회), 〈Touch My Body〉(3회), 〈Give It To Me〉(3회), 〈Shake It〉(3회)

투애니원 〈Fire〉(4회), 〈I Don't Care〉(4회), 〈Lonely〉(3회)

브라운아이드걸스 〈Love〉(4회) 〈Abracadabra〉(3회)

티아라 〈너 때문에 미쳐〉(3회), 〈Lovey-Dovey〉(3회)

소녀시대 〈Gee〉(8회)

걸스데이 〈Something〉(4회)

마마무 〈넌 Is 뭔들〉(4회)

미쓰에이 〈Bad Girl Good Girl〉(4회)

시크릿 〈Shy Boy〉(4회)

씨스타19 〈있다 없으니까〉(4회)

여자친구 〈시간을 달려서〉(4회)

애프터스쿨 〈너 때문에〉(4회)

52 "음원 차트, 아이돌 영향력 어느 정도일까?" 가온차트 김진우 2019.5.20.

53 "2020 상반기 리뷰" 가온차트 김진우 2020.7.13.

54 "걸그룹의 섹시하고 복잡한 모험: 걸스데이, 레인보우블랙, 달샤벳" 채널 예스 차우진 2014.2.4.

55 『가요, 케이팝 그리고 그 너머』 신현준 지음, 돌베개, 2013 266쪽

56 "SPIN's 20 Best Songs of 2011" spin.com Charles Aaron 2011.12.9.

57 "To Anyone: The Rise of Korean Wave" pitchfork.com James Brooks 2011.11.2.

58 "Why K-pop Girl Groups Are Finally Getting Their Due" ew.com Caitlin Kelley 2019.5.3.

59 "'한밤' 블랙핑크 한복 의상 비화 "조선시대 무관 공복+선비 일상복"" 뉴스엔 황혜진 2020.7.1.

60 "[스브스타] 블랙핑크 지수, '한복 의상'에 이어 손톱에도 '훈민정음' 담아" SBS 지나윤 2020.7.3.

61 "블랙핑크 한복 디자이너 "한복, 세계패션 트렌드로 자리잡을 것"" 연합뉴스 이상서 2020.7.6.

62 『Performing Rites: On the Value of Popular Music』, Simon Frith, Harvard University Press, 1996 p.166

63 "[현장 21] ② 요즘 노래 가사 어떠세요?" SBS 2012.11.20.

64 빅마마 《For the People》(2006) 앨범 소개 중에서

65 위클리 《We Can》(2020) 앨범 소개 중에서

66 "나쁘게 봐 주세요, 씨엘 〈2〉" GQ 정우영 2013.7.9.

67 『Performing Rites: On the Value of Popular Music』 Simon Frith, Harvard University Press, 1996 pp.169~170

68 "왜 오빠를 응원했는지 미스테리한 태연/ 소녀시대 Oh! 원래 후렴 가사 비하인드 썰" 유튜브 팔베개 2019.12.14.

69 "25 Essential LGBTQ Pride Songs" rollingstone.com Jerry Portwood·Suzy Exposito·Rob Sheffield·Justin Ravitz 2019.06.1.

  "50 Top LGBTQ Anthems: Critic's Picks" billboard.com Patrick Crowley 2018.6.1.

70 소녀시대 《Mr.Mr.》(2014) 앨범 소개 중에서

71 "제이큐 "레드벨벳 '빨간 맛', 정말 잘 쓴 가사"" 스타뉴스 공미나 2019.8.14.

72 우주소녀 《As You Wish》(2019) 앨범 소개 중에서

73 우주소녀 《As You Wish》(2019) 앨범 소개 중에서

74 오마이걸 《비밀정원》(2018) 앨범 소개 중에서

75 『The Sex Revolts: Gender, Rebellion and Rock 'n' Roll』 Simon Reynolds·Joy Press, Harvard University Press, 1995

76 베이비소울 〈조각달〉(2019) 싱글 소개 중에서

77 "The girl crush defined" edition.cnn.com Lauren Gold 2010.8.3.

  "girlcrush" urbandictionary.com wotcher 2004.7.7.

  "걸 크러쉬girl crush" ko.dict.naver.com

78 "ITZY, 블랙핑크, CLC, (여자)아이들의 노래 속 여성상" 아이즈 김리은 2019.2.25.

79 "73 Questions With CL" 유튜브 Vogue 2018.3.29.

80 『페미니즘을 팝니다: 우리가 페미니즘이라고 믿었던 것들의 배신』 앤디 자이슬러 지음, 안진이 옮김, 세종서적, 2018

81 『YG는 다르다』 손남원 지음, 인플루엔셜, 2015 149쪽

82 『지금 여기 힙합: 열광하거나 비난하거나』 김수아·홍종윤 지음, 스리체어스, 2017 71~76쪽

83 "힙합이 '여성을 소비하는 방식'을 꼬집은 래퍼" 일다(ildaro.com) 블록

(박준우) 2013.8.20.

『노래하는 페미니즘』 박준우 지음, 한길사, 2019 147~151쪽

84 "마마무의 퀴어 팬덤 "무지개무무"의 퀴어문화축제 후원 달성기" 서울퀴어문화축제 블로그 뉴스레터 제17호

"케이팝과 퀴어가 무슨 관계냐고요? - 2020퀴어돌로지① 케이팝 (K-pop)과 퀴어의 만남" 일다 박주연 2020.6.28.

85 "AOA는 지금" 하퍼스바자코리아 황인애 2019.11.27.

86 『포스트모던 신화 마돈나』 조르주 클로드 길베르 지음, 김승욱 옮김, 들녘, 2004 233~238쪽

87 "Where Is My Chest?(Responding to Hate Comments)" 유튜브 Amber Liu 2017.10.16.

88 "'Flat-chested' K-pop star responds to 'cruel' body comments" 유튜브 BBC News 2017.12.16.

89 "'콘셉트 요정' 오마이걸, '모두의 요정'이 되다" 스포츠서울 홍승한 2020. 4.28.

90 이 주제에 대한 서술의 일부는 이 책의 저자 최지선이 아래 책에 작성했던 내용을 재구성했다.

"대중음악과 여성"(최지선) -『대중음악의 이해』 김창남 엮음, 한울, 2012 221~222쪽('종교적인 또는 신비로운 유형: 주술사, 여신과 요정' 중에서)

91 『표준국어대사전』 요정2·여신2·신(神)9 항목

92 오마이걸 《Nonstop》(2020) 앨범 소개 중에서

93 『대한민국에서 걸그룹으로 산다는 것은』 이학준 지음, 아우름, 2014 154·196쪽

94 『여성 혐오를 혐오한다』 우에노 지즈코 지음, 나일등 옮김, 은행나무,

2012 13쪽

95 『소녀들: K-pop 스크린 광장』 조혜영 엮음, 여이연, 2017 14~18쪽

96 "Catfight" en.wikipedia.org

97 "선우정아, 아이유와 부른 싱글 '고양이' 발표" 연합뉴스 이은정 2017. 12.28.

98 소녀시대 《Lion Heart》(2015) 앨범 소개 중에서

99 "러블리즈 수정, "이번 앨범 다섯 글자로 표현하면 '나는 호랑이''" 엑스포 츠 이정범 2020.5.20.

100 "뉴키드(Newkidd) 첫 컴백 무대 대기실 사진 공개 "소년 섹시 뱀파이어 변신''" 서울경제 정다훈 2019.11.29.

"'음악중심' 빅스, 숨막히는 뱀파이어 퍼포먼스 '다칠 준비가 돼 있어'" TV 리포트 이우인 2013.2.2.

101 『Carmilla』 Sheridan Le Fanu, 1872('IV. Her Habits A Saunter' 중에 서)

102 『포스트모던 신화 마돈나』 조르주 클로드 길베르 지음, 김승욱 옮김, 들 녘, 2004 182~186쪽

103 선미 《Full Moon》(2014) 앨범 소개 중에서

104 오마이걸 《Remember Me》(2018) 앨범 소개 중에서

105 "dreamcatcher" dictionary.cambridge.org

106 "드림캐쳐 "타이틀곡 '스크림' 모티브는 마녀사냥 … 악플은 신경 안 써" [인터뷰①]" OSEN 지민경 2020.2.19.

107 『여성괴물, 억압과 위반 사이』 바바라 크리드 지음, 손희정 옮김, 여이연, 2017 31쪽

『페미니즘 영화이론』 쇼히니 초두리 지음, 노지승 옮김, 앨피, 2012 177~202쪽

108 빅뱅《Still Alive》(2012) 앨범 소개 중에서

엑소《EX'ACT》(2016) 앨범 소개 중에서

109 레드벨벳-아이린&슬기《Monster》(2020) 앨범 소개 중에서

110 『여성 연쇄살인범의 초상』 토리 텔퍼 지음, 최내현 옮김, 눌민, 2020 14
쪽

111 "테니스 스커트와 걸그룹의 상관관계" 아이즈 이지혜 2016.5.23.

112 아래 논문에 실린 목록을 추가, 수정, 변형하였다.

"국내 걸그룹 교복이미지 패션에 나타난 롤리타 콤플렉스" 신파람·이효
진, 『한국의 류산업학회지』 2017 365~372쪽

113 "흔들리는 주름치마 자락: 돌아온 소녀세계(ゆれるプリーツの裾——ま
た巡り合った少女の世界)" 아이돌로지 반챠 2015.5.11.

114 "같지만 다른 교복, '교복 아이돌' 시대를 헤쳐가는 다이아의 작전" 스포
츠경향 하경헌 2017.8.22.

115 "여자친구 '시간을 달려서' 퍼포먼스 탄생기" 텐아시아 박수정 2016.
1.29.

116 "윤상 "러블리즈는 가장 완벽한 오브젝트"" 스타투데이 박세연 2016.
4.25.

117 "Visual Pleasure and Narrative Cinema" Laura Mulvey 『Screen』
Volume 16, Issue 3, Autumn 1975 pp.6~18

118 『Ways of Seeing: Based on the BBC Television Series』 John Berger,
Penguin Books 1972, p.47

* 존 버거가 쓴 원문은 "men act and women appear"이다.

119 "[#Hashtag] 박진영 - 어머님이 누구니" 멜론 2015.4.13.

"'여자 엉덩이 클로즈업' 금기라도 깨는 양 … 박진영의 '어머님이 누구
니'" 한겨레신문 안인용 2015.4.17.

120 『이미지와 현실 사이의 여성들: 여성주의 문화이론을 향해』 수잔나 D. 월터스 지음, 김현미·김주현·신정원·윤자영 옮김, 또하나의문화, 1999 78~79쪽

121 "뮤직비디오의 예술 | ② 디지페디 "'까탈레나'는 〈인어공주〉 더하기 〈미스터 초밥왕〉""" 아이즈 황효진 2014.4.3.
"비주얼 메이커 – 디지페디" 보그 이미혜 2015.12.3.

122 "Sexual Objectification" 『Analysis』 Volume 75, Issue 2, 2015.4. pp.191~195

123 가인 《Hawwah》(2015) 앨범 소개 중에서

124 "[비하인드 크레딧_뮤직비디오 감독 황수아] Ep02" 유튜브 Idology Webzine 2018.11.15.

125 "엠넷, 새 걸그룹 육성 프로젝트 '아이돌 학교' 7월 편성" YTN 강내리 2017.3.28.

126 『걸그룹 경제학』 유성운·김주영 지음, 21세기북스, 2017 144쪽

127 위의 책 276~278쪽

128 "덕질 아재의 걸그룹 내 멋대로 보기: 사라지는 '섹시 코드'" 서울경제 최덕현 2019.5.19.
"골반댄스 흔들고 성인 화보… 10대 연예인 노출 위험수위" 조선일보 김수혜·김경화 2010.8.24.

129 "한국 아이돌 산업에서의 소녀 이미지 브랜드화 경향에 관한 연구: 한국 걸그룹의 시각커뮤니케이션 기법을 중심으로" 이화영, 서울대학교 석사논문, 2017

130 위의 논문 '2세대 아이돌 걸그룹의 소녀 이미지 지형도'(90쪽) '3-4세대 아이돌 걸그룹의 소녀 이미지 지형도'(94쪽)

131 "2015 걸그룹 지형도" 아이돌로지 2015.7.31.

* 이 지형도는 한겨레신문의 기사 "포화상태라고요? 걸그룹 생태계는 '다양종 진화'"(2015.7.26.)에도 실렸다.

132 "요즘 신인 보이그룹이 청량 이미지를 버린 이유" GQ 박희아 2020.4.16. "누나들 마음 저격! 소년미 넘치는 풋풋한 남자 아이돌 10" 데일리 2019.11.3.

133 『여성 셰프 분투기: 음식에 가려진 레스토랑에서의 성차별』 데버러 A. 해리스·패티 주프리 지음, 김하현 옮김, 현실문화, 2017 87쪽

134 방탄소년단을 다룬 책의 일부는 외국어로 번역되기도 했다. 역으로 해외 저자들의 저술도 있다. 그 외에 어린이용 전기, BTS의 이름을 넣은 철학서, 실용서, 소설 등 너무 많아서 다 옮길 수 없을 정도다. 이하는 발간일 순.

『BTS를 철학하다』 차민주 지음, 비밀신서, 2017.10.

『THIS IS 방탄DNA: 방탄소년단 콘텐츠와 소셜 파워의 비밀』 김성철, 독서광, 2017.12.

『BTS, 음악: 그들의 음악 & 에피소드』 홍기자 지음, 찜커뮤니케이션, 2017.12.

『BTS 예술혁명: 방탄소년단과 들뢰즈가 만나다』 이지영 지음, 파레시아, 2018.4.

『BTS: 어서와 방탄은 처음이지(BTS 평전 1)』 구자형 지음, 빛기둥, 2018.5.

『BTS 마케팅: 초연결시대 플랫폼 마케팅을 위한 완전한 해답』 박형준 지음, 21세기북스, 2018.10.

『BTS : 케이팝의 아이콘』 안드리안 베슬리 지음, 김지연 옮김, A9Press, 2019.2.

『BTS: THE REVIEW - 방탄소년단을 리뷰하다』 김영대 지음, RHK,

2019.3.

『방탄소년단과 K팝』 서병기 지음, 성안당, 2019.5.

『BTS: 서툴지만 진실되게, 두려워도 당당하게』 맬컴 크로프트 지음, 홍정인 옮김 미르북컴퍼니 2019.6.

『BTS와 아미 컬처』, 이지행 지음, 커뮤니케이션북스, 2019.7.

135 엔터테인먼트 수장의 저술도 있다. 박진영은 두 종의 서적을 출간했는데, 음악 자체보다는 여러 현상에 대한 자신의 의견을 개진한 에세이다 (『미안해』 김영사, 1999. 개정판 2008. 『무엇을 위해 살죠?』 은행나무, 2020). 반면 『이수만 평전』(안윤태·공희준, 정보와사람, 2012)은 이수만 본인이 개입한 서적은 아니다.

136 『여성 셰프 분투기: 음식에 가려진 레스토랑에서의 성차별』 데버러 A. 해리스·패티 주프리 지음, 김하현 옮김, 현실문화, 2017 108쪽

137 "스.압.주.의: 정말 지금 케이팝은 매력적인 '음악'일까" 웨이브 최민우 2014.12.18.

138 "지코·비아이·우지… 저작권협 정회원에 '작곡돌' 대거 포함" 연합뉴스 이은정 2019.2.13.

"방탄소년단 RM·제이홉, 저작권협회 정회원 승격" 연합뉴스 김효정 2020.1.22.

139 이 주제에 대한 서술의 일부는 이 책의 저자 최지선이 아래 책에 작성했던 내용을 재구성했다.

"대중음악과 여성"(최지선) - 『대중음악의 이해』 김창남 엮음, 한울, 2012 206~207쪽('음악 산업 속의 여성' 중에서)

140 『음악이란 무엇인가』 니콜라스 쿡 지음, 장호연 옮김, 동문선, 2004 130~131쪽

141 『문화 이론 사전』 앤드류 에드거·피터 세즈윅 지음, 박명진 외 옮김, 한나

래, 2003 491쪽

142 이 주제에 대한 서술의 일부는 이 책의 저자 최지선이 아래 책에 작성했던 내용을 재구성했다.

"'홍대앞 여성 싱어송라이터' 현상에 대한 단상"(최지선) – 『대중음악』통권 4호, 2009년 하반기 212~229쪽

143 "singer-songwriter" allmusic.com

"Female Identity and the Woman Songwriter" Charlotte Greig, 『Sexing The Groove: Popular Music and Gender』 Sheila Whiteley(editor), Routledge, 1997

144 KBS2 「대화의 희열」 8화(2018.10.27.) 중에서

145 "(여자)아이들 (G)I-DLE – 'MADE by SOYEON'" 유튜브 United CUBE 2019.2.28.

"(여자)아이들 (G)I-DLE – 'MADE by SOYEON' Part. 2" 유튜브 Johnn L 2019.2.28.

2부 영상은 큐브엔터테인먼트 공식 계정에는 없고 개인 사용자가 (큐브엔터테인먼트의 허락하에) 편집하여 올린 것으로 보인다.

146 "아이돌들의 작곡방법 ㅋㅋㅋ" 에펨코리아 하루중세번 2019.3.1.

147 MBC 「휴먼다큐 사람이 좋다」 202회(2016.12.18.) 중에서

148 "아이돌 스타와 '공동 작곡자'" 한겨레21 정민영 2009.5.13.

149 『튜링스 맨: 컴퓨터 시대의 문화 논리』 제이 데이비드 볼터 지음, 김상우 옮김, 커뮤니케이션북스, 2017

150 "아뮤아귱소스공개#02 (여자)아이들-LION편 1부 (feat.천재전소연과 사자의 탄생설화)" 유튜브 Yummy TONE 2019.11.18.

151 "왕이 된 (여자)아이들" GQ 이예지 2019.12.24.

152 "[The RED] – 걸그룹들의 보이그룹 댄스! (부제 : 나도 박력할 수 있똬!)"

유튜브 아이돌 돋보기 2016.8.19.

153 "조권의 댄스는 왜 다른가" 시사인 미묘 2018.8.27.

154 "[여성 래퍼의 오늘] ② "저희가 그런가요?" 女 래퍼 'YES or NO'" 이데일리 강민정 2015.10.28.

155 힙합과 여성 래퍼 또는 여성 혐오 등 광의의 주제에 대해서 다음의 책이 참고가 될 수 있다. 전자는 힙합 평론가의 저술, 후자는 문화 및 여성주의 연구자의 저술이므로 둘의 포커스는 조금 다르다.

『힙합: 블랙은 어떻게 세계를 점령했는가』 김봉현 지음, 글항아리, 2014

『지금 여기 힙합: 열광하거나 비난하거나』 김수아·홍종윤 지음, 스리체어스, 2017

156 아이돌과 힙합이라는 주제에 대해 참고한 글은 다음과 같다.

김영대·블록 "아이돌로지의 특집 아이돌x힙합" 아이돌로지 2014.8.12.~17.

서성덕·김봉현·딥플로우 "지코부터 용준형까지, 랩하는 아이돌" 아이즈 2014.2.5.

강일권 "아이돌들의 힙합 조지기, 방관하는 현실" 리드머 2012.11.13.

강일권 "리드머 첨삭지도 8강: BTS Please… 갱스터 힙합이란 말이죠…" 리드머 2014.2.14.

남성훈 "힙합과 아이돌의 민망한 동거동락(洛)" 리드머 2013.7.11.

157 "여성 댄스그룹 바람 거세진다" 경향신문 1997.7.28.

"여성 3인조 그룹 해외서 먼저 인기" 조선일보 1997.5.26.

"이아영·현영·진경 트리오 이뉴 R&B에 댄스까지 '여성 솔리드' 뜬다" 경향신문 1997.6.19.

"앨범 '독립선언'으로 데뷔 선언: 여성트리오 이뉴 흑인음악풍 첫앨범 선보여" 조선일보 1997.7.14.

158 MBC「생방송 뮤직캠프」(1999.5.15.) 중에서

159 "리드머 첨삭지도 4강: '걸그룹과 갱스터 힙합'? 기자님들 알고 씁시다" 리드머 남성훈 2012.8.17.

160 『K팝 메이커스』 민경원 지음, 북노마드, 2018 18~19쪽

161 "[여성 래퍼의 오늘]④男 힙합 가수 20人이 뽑은 女 래퍼 'TOP5'" 이데일리 김은구 2015.10.28.

162 『아이돌의 작업실』 박희아 지음, 위즈덤하우스, 2018 62~64쪽

163 위의 책 84쪽

164 『YG는 다르다』 손남원 지음, 인플루엔셜, 2015 159쪽

165 "아이돌 랩에서 대체 뭘 들어야 할까" 아이돌로지 미묘 2016.8.13.

166 "[제10062호]대중문화예술인(가수중심) 표준전속계약서(2014.9.19. 개정)" 공정거래위원회 ftc.go.kr

167 "이효리의 디스토피아로부터: 아이놀, 아니 아이들에게" 씨네21 이효리 2012.9.3.

168 "아이린 '82년생 김지영' 독서 인증에 사진 불태운 누리꾼들" 한겨레신문 이재호 2018.3.20.

여신은 칭찬일까

여성 아이돌을 둘러싼 몇 가지 질문

초판 1쇄 발행 2021년 01월 29일

발행	산디	출판신고	2017년 5월 15일
글	최지선		제2017-000125호
편집	다미안	전화	02 336 9808
디자인	이솔이	팩스	02 6455 7052

ISBN   979-11-90271-10-3 03330

책값은 뒤표지에 있습니다.

sandi@sandi.co.kr
instagram.com/sandi.books
twitter.com/sandi_books